영유아와 영양

문혁준 · 김혜경 · 박복매

창지사

머리말

영유아기의 충분한 영양 공급은 일생 동안의 성장과 발달에 지대한 영향을 미치며, 이 시기에 형성된 음식에 대한 태도 및 식습관 또한 전 생애에 걸쳐 영향을 미치게 된다. 이러한 관점에서 Spodek, Saracho와 Davis(1991)는 영유아를 대상으로 한 바람직한 영양교육은 영유아의 건강과 성장, 인성 및 사회적 발달에 필수 요소라고 제안하였다.

취업여성 인구의 증가와 가족 형태의 변화에 따라 영유아교육기관에서 하루를 보내는 영유아들이 늘어남에 따라 대부분의 영유아교육기관은 영유아에게 간식 및 식사를 제공하고 있는 등 영유아의 영양에 대한 많은 책임이 부모에게서 영유아교육기관으로 이전된 것이 현실이다. 따라서 영유아교육기관에서는 영유아에게 영양학적으로 질 높고 다양한 식품을 접하고 섭취할 수 있는 기회와 환경을 제공하는 것이 필수적이며, 위생적인 급식 및 식품안전에 각별한 관심이 요구된다.

특히 교사의 역할은 영유아의 영양에서 매우 크다. 우선, 교사는 영유아에게 필요한 영양소와 제공 방법을 기본적으로 알아야 한다. 왜냐하면, 영유아기에 적당한 영양을 공급받지 못하면 성인기에 시력 감퇴, 치아 약화, 그 밖의 다른 신체적인 문제가 발생할 수 있기 때문이다. 아울러 교사는 영양과 관련된 다양한 활동을 제공하여 영유아가 영양에 관한 기초 지식을 자연스럽게 얻을 수 있게 도와주어야 한다. 이러한 영양 관련 활동들은 영유아의 과학 및 수학적 개념과 지식을 발달시키며 사회성 발달, 미술 및 언어적 경험을 제공하고 있기 때문에 영양 관련 활동 계획 및 전개가 교육적으로 이루어지도록 노력해야 한다.

이상의 영유아기 영양이 가지는 의의에 근거하여 본서가 계획되었다. 내용 구성은 이 분야에 관한 전문 서적이 많지 않은 상태에서 학부 교재로 널리 쓰일 뿐만 아니라 영유아 영양에 대해 좀 더 체계적으로 이해하고자 하는 영유아교육기관 관련 교직원들에게 유용한 지침서로 사용될 수 있도록 하는 데 중점을 두었다.

본서는 한 학기 강의 계획에 맞추어 10장으로 구성하였으며, 이론과 실제가 겸비된 저자들에 의해 공동 집필되었다. 각 장의 내용은 1장 영유아의 영양, 2장 영유아 영양평가, 3장 식품과 영양소, 4장 영유아의 영양과 식생활 관리, 5장 영유아의 특수 영양관리, 6장 영유아 식품안전관리, 7장 영유아교육기관의 급간식 관리, 8장 영유아의 식습관 지도, 9장 영유아의 영양교육, 10장 영유아를 위한 요리 활동의 실제이다.

넘치는 의욕과 열정으로 시작하였으나 집필 후의 소감은 항상 아쉬움이 남는다. 앞으로 부족한 부분을 보완해 나갈 것을 약속드리며, 기탄없는 비판과 충고를 부탁드린다.

마지막으로 어려운 여건에서도 기꺼이 출판을 맡아 수고해 주신 창지사의 노고에 진심으로 감사드린다.

2021년 2월

저자 일동

차 례

01장

영유아의 영양

1 영유아 영양의 이해
2 영유아기의 성장과 발달

독립적인 한 성인으로 완성되는 성장기 중에서 가장 극적인 변화를 보이는 시기가 태어나서 생후 5~6세까지의 기간인 영유아기라고 할 수 있다. 이 시기의 아동은 급격한 신체적 성장과 더불어 운동 능력을 갖추게 되고 언어를 통한 소통과 인지적 능력이 급격히 발달된다. 따라서 적절한 영양으로 신체적·지적 발달을 뒷받침해야 하는 중요한 시기이다. 또한 영유아는 음식에 대한 욕구 표현이 분명해지고 독립성이 증가되어 스스로 음식을 먹을 수 있게 되므로 평생의 건강을 지키는 좋은 식습관을 갖기 위한 출발점이 된다.

1. 영유아 영양의 이해

영유아기는 태어나서 5세까지의 기간을 말한다. 좋은 식사는 영유아의 건강과 발육을 도울 뿐 아니라 먹는 즐거움과 심리적 안정감을 얻게 함으로써 정상적인 신체적·정신적 발달을 이루게 한다. 적절한 식품의 섭취는 영유아 영양과 건강의 중요한 출발점이 된다. 따라서 영유아의 성장발육 단계를 이해하고 적절한 영양을 유지하는 것이 매우 중요하다.

> ✽ 영양(nutrition)
>
> 신체가 식사를 통해 음식물을 섭취하여 소화, 흡수 과정을 거쳐 잘 이용함으로써 바람직한 건강 상태를 유지하는 것

1) 영유아 영양의 중요성

영유아기는 성인으로 성장하는 성장기 중에서 가장 극적인 변화를 겪는 시기이다. 그러므로 영유아가 신체적·지적·정서적 영역에서 잘 성장할 수 있도록 노력해야 함은 부모뿐 아니라 사회적·국가적인 차원에서 건강한 미래 인재의 육성을 위

해 당연한 일이다.

영유아기에 적절한 영양이 공급되지 못하면 성장, 발육의 지연뿐 아니라 뇌조직 발달에도 영향을 줄 수 있으므로 평생의 건강을 좌우한다고 볼 수 있다. 성장 발달은 영양 상태에 민감한 결정적 시기(critical period)가 있어서 이 시기에 영양 불량 상태가 계속되면 나중에 영양 상태가 회복되더라도 성장 발달이 정상으로 완전히 회복되지 못한다. 보통 30개월까지를 성장의 결정적 시기로 여기므로 영유아기의 완전한 영양 공급은 매우 중요하다.

개인의 성장과 발달은 유전인자와 환경인자의 상호작용을 통해 이루어진다. 여러 환경인자 중 가장 중요한 요인은 영양으로 유전 정보의 발현에 직접적인 영향을 준다. 예를 들어, 우리나라에서 부모 세대에 비해 요즘 자녀 세대의 신장이 커지고 체격이 좋아진 것은 경제발전과 식생활의 향상에 따른 영양 개선이 중요한 역할을 한 것으로 보고되었다. 그러므로 유전적으로 잠재된 개인의 성장 역량을 최적의 영양적 환경을 통해 최대한 발휘될 수 있도록 배려하여야 한다.

(1) 영아의 영양적 특징

영아기는 생후 1년간의 시기로 일생 중 가장 빠른 성장과 발달의 과정을 겪게 되고 많은 변화를 맞이하게 된다. 영아는 출생 후 외부 환경에 접하게 되나 온도 변화와 병원성 유기체와 같은 환경적 위험으로부터 성인에 의해 보호받고, 안전하고 적당한 상태에서 필요한 영양소들을 제공받는 수동적인 존재이다. 영아의 성장에 필요한 적절한 영양소를 공급하고 음식 제공은 주변 사람들의 따뜻한 사랑과 보호와 함께 이루어져야 하며 이를 통해 영아의 성장과 발달이 정상적으로 이루어질 수 있다.

영아기의 영양 발달적 특징

① 급속한 성장과 발달을 이룬다.

우리나라의 신생아는 평균적으로 체중이 약 3.3kg이고 신장이 약 50cm이다. 건강한 아기는 생후 1년 동안 체중이 빠르게 증가하여 출생 시 3배 정도가 되며, 신장은 약 1.5배(약 25cm 증가)가 되고 3세까지 매년 7~10cm가량 자라서 만 4세가 되면 2배가 된다.

② 영양 섭취 방법이 달라진다.

영아의 영양 섭취 형태는 태어난 후 모유나 조제유를 먹다가 생후 4~6개월이 되면 반고체인 이유식을 먹게 되는 등 많은 변화가 있다. 이 시기의 영양부족은 심각한 영양장애를 일으킬 수 있으며, 반대로 영양 과잉은 세포 수의 증가를 동반한 비만을 유발할 수 있다.

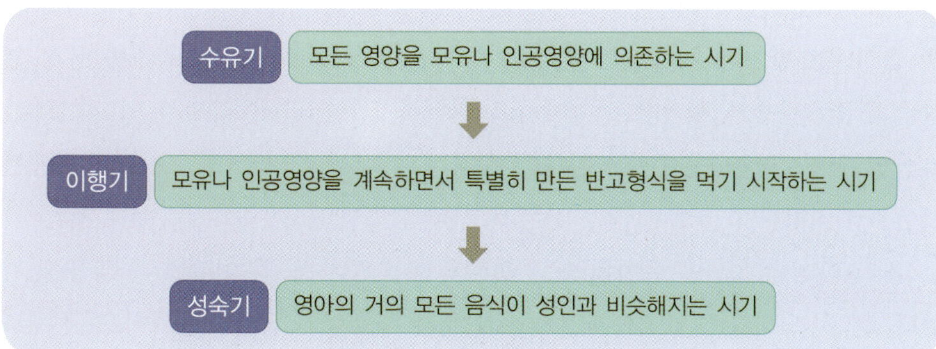

| 그림 1-1 | 영양 섭취 발달 단계

③ 여러 가지 발달이 이루어진다.

영아기는 식품의 맛, 냄새, 색채, 조직감, 형태에 대한 감각 기능이 발달하므로 반복적 경험에 의해서 바람직한 식습관과 식생활이 확립될 수 있는 시기이기도 하다. 영아에게 제공되는 다양한 색, 온도, 질감을 가진 음식이 영아의 식품에 대한 기호도를 형성할 수 있게 해 준다.

④ 외부 환경 변화에 따른 적응력이 매우 낮다.

영아기는 신체 내 각 장기와 기관이 성인에 비해 성숙하지 못하며 병균에 대한 저항력과 환경에 대한 적응력이 매우 낮고, 소화흡수 기능도 미숙하다.

(2) 유아의 영양적 특징

유아기는 생후 1~5세 까지의 시기로 학습과 탐구 및 사회활동의 시작과 더불어 신체활동량이 증가하는 반면, 출생 후 급속하게 성장해 온 첫 1년에 비해 성장 속도가 감소한다. 이 기간은 신체 크기, 활동량 및 영양적 요구량에 있어서 성별 간의 뚜렷한 차이는 없지만 같은 또래 가운데에서는 개인차가 심하여 특정 영양소의 필요량을 일률적으로 평가하고 권장하기가 어렵다. 따라서 이 시기에는 유아의 연령보다는 신체의 크기와 활동량에 따라서 영양소 필요량을 결정하는 것이 바람직하다.

또래집단의 식습관은 유아의 식품 섭취와 음식의 수용 및 거부에 큰 영향을 미친다. 이 시기의 유아는 지속적인 성장과 함께 활동량이 급격히 증가하고, 신체조절 능력이 점차 향상되며, 뇌 발달이 거의 완성되는 시기이므로 영양 섭취에 유의하여야 한다. 또한 이 시기에 형성된 식습관은 일생 동안 식품에 대한 기호도나 영양 상태 및 건강 상태에 영향을 주기 때문에 바른 식사 지도가 반드시 필요하다.

유아기의 영양 발달적 특징

① 발육이 왕성한 시기이다.

영아의 성장 속도보다는 빠르지 않지만 여전히 성장과 발달이 왕성하여 영양소 필요량을 체중 kg당으로 환산하면 모든 영양소가 성인의 2~3배가 된다. 이를 충족시키기 위해서는 양적으로 많은 영양소 공급뿐만 아니라 질적으로도 우수한 영양소가 공급되어야 한다.

② 개인마다 영양 요구량이 다르다.

유아의 발육 상태는 개인 간 차이가 크다. 따라서 일률적으로 음식의 섭취량을 결정하지 말고 유아의 성장 속도나 정서적인 상태 및 활동량을 고려하여 음식의 양을 정한다.

③ 음식을 소화하고 흡수하는 능력이 발달 중이다.

장기의 발달이 아직 완성되지 않아 소화흡수 능력이 떨어지기 때문에 소화가 잘 되는 식품을 선택하거나 소화하기 쉽고 잘 씹을 수 있도록 식품을 잘게 썰어 조리한다. 유아는 단순하고 담백한 맛을 좋아하므로 음식을 너무 짜거나 맵지 않게 조리하고, 자극적인 조미료나 향신료는 사용하지 않는다. 또한 소화기관의 발달은 미숙하지만 영양요구량이 큰 시기이므로 여러 차례 나누어서 음식을 제공해야 유아들이 부담 없이 필요량을 섭취할 수 있다.

④ 적응력, 면역력이 약하다.

유아는 환경 변화에 따른 적응력이 매우 낮기 때문에 영양불균형 또는 영양 섭취 방법이 적절하지 않으면 정상적인 성장과 발달을 할 수 없다. 또한 면역력이 성인보다 약하기 때문에 식생활 전반에 있어서 위생관리를 더욱 더 철저하게 해야 한다.

⑤ 섭식 기술이 향상된다.

유아는 생후 2년이 되면 말을 배우면서 자신의 의사를 표현할 줄 알게 되고, 스스로 자신이 원하는 음식을 찾으며 독립적으로 먹는 기술을 배우게 된다. 손가락을 이용하여 컵을 기울일 수도 있게 되고, 어른들의 식사 행동을 모방하려 한다. 젓가락으로 음식을 찔러 본다거나 숟가락질을 하고자 하는 의욕이 왕성하게 일어나는 시기이다. 그러나 아직까지는 조절 능력이 미숙하여 음식을 제대로 입 속에 넣기까지는 시간이 걸리므로 유아가 음식을 흘리는 것은 아주 자연스러운 일이다. 떨어뜨린 음식을 다시 숟가락 위에 올려놓고 입으로 가져가는 행위의 반복을 통하여 식사에 이용되는 도구를 익숙하게 사용할 수 있게 된다. 포크나 젓가락으로 찍어 먹는 능력은 4~5세가 되어야 가능해지고 젓가락을 자연스럽게 사용하는 데는 좀 더 많은 시간과 노력이 필요하다.

| 표 1-1 | 섭식 기술의 발달

연령	특 징
2세	• 작은 컵을 한 손에 잡고 마신다. 약간 흘린다. • 손가락 방향을 위아래로 뒤집지 않고 입 속에 집어넣는다. 약간 흘린다. • 빨대를 이용할 수 있다.
2½세	• 약간 흘린다. • 손가락을 쓸 때와 손을 쓸 때를 구분한다. • 입을 다물고 씹는다. • 포크를 사용하지만 주먹으로 쥔다.
3세	• 컵, 잔, 숟가락 사용 시 흘리는 양이 적다. • 음식을 씹기 위해 턱을 회전시킨다.
4세	• 액체와 고체가 든 숟가락을 별로 흘리지 않고 다룬다. • 말하기 전에 음식을 먼저 삼킨다 • 손가락에 포크를 잡고 먹는다.
5세	• 용도에 따라 숟가락과 포크를 적절히 사용한다.
6세	• 나이프로 바른다.

⑥ 식품에 대한 기호와 식습관이 형성되기 시작한다.

미각이 발달하여 식품에 대한 기호가 형성되고, 음식의 좋고 싫음이 분명해져 편식이나 식욕부진이 나타날 수 있다. 식품에 대해 좋아하고 싫어하는 기호성이 수시로 변하므로 변덕스럽고 때로는 고집스러워 보인다. 그러나 식품에 대한 기호 변화는 보통 있을 수 있는 현상이며, 유아뿐 아니라 성인에 있어서도 일어날 수 있는 일이므로 지나치게 걱정하거나 먹는 것을 강요하면 오히려 역효과가 나타난다. 유아기에는 자아와 사회성의 발달로 인해 사물을 수용·거부하는 의사를 나타내며, 취사선택 능력이 뚜렷하게 형성된다. 따라서 음식 선호에 대한 확실한 의지를 표명한다. 그 결과 식욕부진, 식품 기호, 편식, 식품 거부, 무분별한 간식 섭취 등의 행동이 나타날 수 있다.

식품에 대한 기호가 나타나는 것은 자아의식이 발달하면서 심리적 변화가 많은 3세 전후에서 7세 전후이다.

| 표 1-2 | 유아들이 좋아하거나 싫어하는 음식

유아들이 좋아하는 식품	유아들이 싫어하는 음식
• 씹기 쉽고 단맛이 나는 과자, 크래커, 빵, 국수 등의 탄수화물 식품 • 우유, 치즈, 요구르트 등의 유제품 • 닭고기, 소시지, 햄버거 등의 고기류 외에 과일이나 과일주스 • 단 음식, 부드러운 음식 • 입 안에 넣기 쉽고 씹기 쉬운 음식	• 씹기 힘든 고기 또는 질감이 딱딱한 음식 • 미나리, 쑥갓, 당근, 양파, 파, 양배추, 간 등과 같이 향이 강한 음식 • 매운 음식, 짠 음식, 고추나 겨자, 생강과 같은 향신료가 든 음식 • 가시가 많거나 비린내가 많이 나는 생선

유아들은 같은 음식이라도 조리 방법, 제공 방법, 크기, 맛, 색 등의 영향을 많이 받으므로 씹기 힘든 음식은 잘게 썰어 부드럽게 조리하고, 맛이나 향이 강한 식품은 다른 식품에 조금씩 섞어 조리하며, 제공 방법 및 환경을 바꿔 보도록 한다. 새로운 식품을 도입할 때는 여러 가지 식품을 섞어 주는 것보다 한 가지씩 도입해 주고, 만지고 냄새를 맡아 보면서 좋은 이미지가 기억에 남도록 해 주어야 한다.

▶ 영유아기 영양 계획

영유아기의 영양은 균형 잡힌 적절한 영양을 공급해야 한다는 점은 성인의 영양 관리와 같으나, 다음과 같은 영유아 시기의 특징을 고려한 영양 계획이 필요하다.

① 영유아기는 단위체중당 영양소 필요량이 성인에 비해 높다.

영유아기는 신체의 성장발육이 급속하게 이루어지는 시기로 체조직 합성을 위한 필요량이 크고 대사가 활발하여 성인에 비해 단위체중당 에너지를 비롯하여 여러 영양소와 수분의 필요량이 크다. 따라서 영유아의 영양이 충분하지 못하면 영양결핍으로 인한 성장발육의 지연을 초래할 수 있다.

② 영유아기의 소화, 흡수 기능을 고려하여 발달 단계에 따른 음식을 주어야 한다.

영유아기의 소화 능력은 위장관의 크기와 기능, 소화효소의 발달에 따라 서서히 성숙된다. 이러한 발달 단계에 맞추어 소화흡수 능력에 맞는 음식을 제공하여야 한다. 예를 들어, 유즙을 분해하는 이당류 분해효소는 일찍부터 발달되어 소화에 문제가 없으나 전분을 분해하는 효소는 생후 4개월 이상 되어야 발달되므로 곡류는 4개월 이후에 주어야 한다.

③ 음식 섭취와 관련된 위생적 안전성에 신경 써야 한다.

영유아기는 면역력이 약해서 감염성 질병에 걸리기 쉽다. 따라서 영유아가 먹는 음식의 재료 및 조리 과정, 보관 온도에 주의하고 식기 등을 청결하게 관리하여야 한다.

④ 섭식행동에 맞는 적당한 형태의 음식을 제공하여 발달을 도와주어야 한다.

신생아기의 젖을 빠는 행동에서 삼키기, 마시기, 씹기 등의 능력이 점진적으로 발달되므로 이에 맞는 형태의 음식을 제공해 주어 섭식행동 발달에 도움이 되도록 한다. 또한 식사를 통해 영유아기의 식품 기호, 식습관, 독립성 발달을 유도할 수 있고 정서적 안정에 도움을 줄 수 있으므로 좋은 음식과 식사 환경을 제공하도록 한다.

2. 영유아기의 성장과 발달

1) 영유아기의 일반 특성

태어나서 성인으로 완성되는 기간을 성장기라고 하고 단계적으로 특징적인 변화가 나타난다. 일반적으로 성장이란 발육에 따른 신체 크기의 증가를 나타내는 개념이고, 발달은 신체를 이루는 조직이나 기관의 구조와 기능이 완전해지는 성숙 과정을 뜻한다. 그러나 생리 기능이 발달하면서 신체조직의 크기도 증가하기 때문에 성장과 발달 과정을 함께 겪게 된다. 영유아기는 영아기와 유아기로 나눌 수 있고, 다음과 같은 특징적 변화가 나타난다.

- 영아기: 일생 중에서 가장 성장이 왕성한 때이다. 골격 및 근육, 신경계의 발달로 주로 누워 있던 상태에서 기고 걷게 되며, 모유나 분유 등의 액체 음식에서 이유식을 시작하면서 반고체식품을 먹을 수 있게 되는 등 많은 변화를 겪는다.
- 유아기: 영아기에 비해 성장 속도가 느려지나 지속적 성장이 이루어진다. 신체활동량이 증가되고 거의 성인 수준으로 신경계와 두뇌가 성장하여 언어능력이 발달하고 다양한 놀이활동과 사회화가 시작된다. 식습관이 형성되기 시작하는 때로 부모 및 교사의 태도와 식습관이 중요한 영향을 준다.

2) 신체 성장

(1) 신장 및 체중

신장과 체중은 영아의 성장을 나타내는 가장 기본적인 자료로 사용된다. 우리나라 영아의 출생 시 평균 체중은 남아 3.4kg, 여아 3.3kg이며, 평균 신장은 남아 50.1cm, 여아 49.4cm이다. 건강한 아기는 체중이 빠르게 증가하여 생후 3개월에 2배가 되고 차츰 증가율이 낮아져 1년 후에 3배, 2년 후 4배가 된다. 신장은 생후

1년 동안 25~30cm 정도 자라서 출생 시의 1.5배가 되고 만 4세에 2배가 된 후 매년 5~7cm씩 지속적으로 자란다. 즉, 영유아기는 체중 증가가 신장 증가보다 먼저 나타나기 때문에 영아의 통통하던 모습에서 유아기에는 차츰 살이 빠지는 느낌을 받게 된다.

(2) 머리둘레와 가슴둘레

출생 시는 머리둘레(약 34cm)가 가슴둘레(약 33cm)보다 더 크나 1년이 지나면 가슴둘레가 머리둘레보다 약간 더 커진다.

(3) 신체 비율의 변화

신장과 체중이 증가되면서 신체 비율에도 영향을 준다. 태어날 때 몸의 1/4이던 머리의 비율이 상대적으로 감소하여 성인이 되면 1/8이 되고, 몸통과 다리의 비율이 신생아 때의 3/8에서 점차로 증가되어 성인이 되면 절반 정도가 된다.

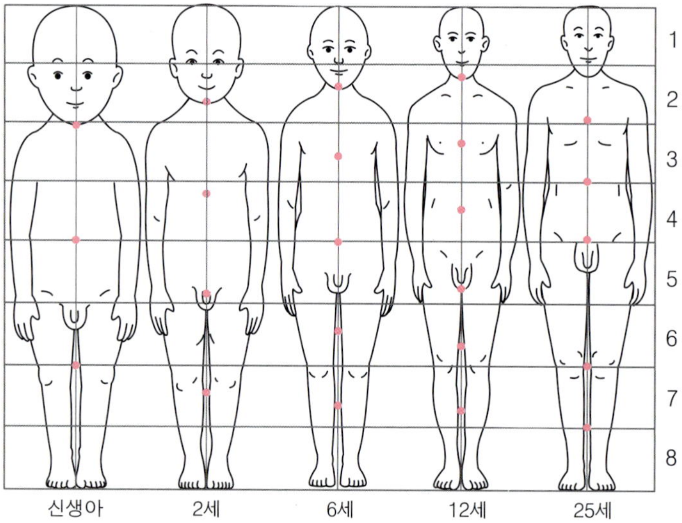

| 그림 1-2 | 성장에 따른 신체 비율의 변화
출처: Hurley(1980).

(4) 신체 조성의 변화

신장과 체중이 증가하면서 체구성 성분의 비율이 변화한다. 태어날 때 체중의 약 74%였던 수분은 생후 1년이 되면 어른과 비슷한 60%로 감소한다. 한편 체지방과 근육은 증가되는데 생후 1년 동안은 체지방이 근육을 이루는 단백질보다 더 많은 양이 축적된다. 그러나 유아기에 이르면 체지방의 비율은 감소되고 근육량의 증가가 커져서 체중 증가량의 절반에 이른다.

남아는 여아보다 단백질 축적량이 많고 여아는 남아보다 체지방의 축적이 많아서 성별에 따른 체구성 성분의 차이가 나타난다.

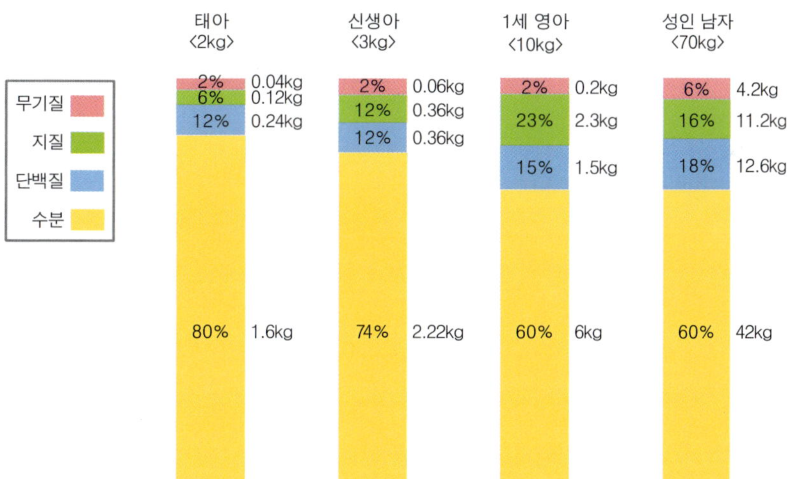

| 그림 1-3 | 성장에 따른 신체 성분의 변화

출처: 김은경 외(2016).

(5) 뇌 성장

뇌의 발달은 태내에서부터 왕성하게 진행되나 영유아기에 급속히 뇌의 무게가 증가한다. 2세에 성인의 50%, 4세에 75%에 이르고 11~15세가 되면 성인의 뇌 중량에 도달한다. 특히 출생부터 2세까지는 중추신경계의 성숙에 매우 중요한 기간으로 영양 상태에 의한 영향을 받기 쉽다.

3) 생리적 발달

(1) 소화·흡수 기능

입으로 음식을 먹은 후 식도, 위, 소장, 대장을 거치면서 작게 분해되는 과정을 소화라고 하고, 우리 몸에서 이용될 수 있도록 체내로 들어가는 과정을 흡수라고 한다. 소화관은 음식물의 이동과 소화를 돕는 운동을 하고 각 소화기관에서 나오는 타액, 위액, 소장액 등에는 소화 효소와 그 작용에 도움이 되는 물질들이 분비되는데, 영유아의 연령에 따른 발달 단계를 알고 알맞은 음식을 주어야 한다.

신생아는 위 용적이 10~12ml 정도에 불과하나 차츰 증가되어 1세가 되면 300ml, 2세에 600~700ml로 증가하면서 수유 간격과 음식이 위에 머무는 시간이 길어지고, 소화효소 기능도 3~4세 무렵이면 성인 수준이 된다.

단백질 소화 면에서 보면, 췌장에서 분비되는 단백질 소화효소는 성인보다 훨씬 적지만 위산과 단백질 분해효소인 펩신은 생후 6주면 거의 성인 수준에 도달하므로 소화 능력은 크게 문제가 되지 않으며 2세 무렵이면 완성 단계에 이른다. 그러나 영아는 아직 장점막이 미숙하여 소화되지 않은 단백질이 그대로 흡수되어 알레르기반응을 일으킬 수 있으므로 주의해야 한다.

영아는 췌장의 지질분해효소인 라이페이즈(lipase)와 유화작용으로 소화를 돕는 담즙염의 분비가 적어 지방의 소화흡수력이 떨어지나, 성인과 달리 타액의 라이페이즈가 작용하여 모유나 우유 속의 지방을 분해할 수 있다. 3~4세 무렵 라이페이즈의 분비 기능이 완성된다.

탄수화물의 소화 면에서는 소장 점막에서 나오는 당 분해 효소들은 일찍부터 발달되어 출생 후 모유나 우유 속의 유당을 소화하는 데 문제가 없다. 그러나 전분을 분해하는 아밀레이즈(amylase)는 발달이 늦어서 췌장 아밀레이즈는 생후 4

개월 이후에 나타나기 시작해서 6개월~2세에 완성되고, 타액 아밀레이즈도 생후 4개월경부터 증가하기 시작하여 6개월~1년 사이에 성인 수준에 도달한다. 그러므로 너무 일찍 곡류를 먹이는 것은 바람직하지 않고 생후 4개월이 지난 후에 곡류를 이유식으로 주는 것이 좋다.

(2) 신장 기능

신장은 혈액을 여과하여 대사노폐물을 소변으로 배출하는 기능을 한다. 신생아의 신장은 성인에 비해 크기도 작고 미숙하며, 소변을 농축하는 능력이 성인의 절반밖에 되지 않는다. 따라서 약간의 수분 섭취 감소나 구토, 설사, 고온 등의 상황에서 쉽게 탈수현상이 일어난다. 점차로 신장 기능이 발달하여 2~3세경이면 체수분의 균형 유지를 위해 소변량을 조절할 수 있게 된다.

(3) 심장 및 호흡 기능

심장은 다른 기관에 비해 영유아기의 성장이 그리 크지 않은 편이다. 출생 시는 좌우 심실의 두께가 비슷하나 성장하면서 전신으로 혈액을 보내는 좌심실의 두께가 주로 두꺼워져서 혈압은 상승하고 맥박수는 감소하게 된다.

영아기의 호흡은 복식호흡으로 호흡수가 분당 30~40회이나 유아기가 되면 흉식호흡이 주가 되며 호흡수도 분당 20~30회로 감소한다.

4) 행동 및 섭식운동의 발달

영유아의 행동 발달은 연령에 따라 비슷한 발달 과정을 거친다(표 1-3). 이러한 발달 시기에 영양적인 문제가 있으면 여러 행동 발달의 장애를 초래한다. 식사와 관련된 행동, 즉 섭식행동은 선천적으로 잘 설계되어 소화 능력의 발달에 맞게 빨고, 씹고, 삼키는 운동이 적절하게 나타난다.

(1) 신생아~3개월

신생아의 입 주변과 볼을 건드리면 자극이 있는 쪽으로 고개를 돌려 입으로 빨려고 하는 포유반사(rooting reflex)가 나타난다. 이 시기의 영아들은 혀운동으로 젖꼭지를 빨 수 있지만 숟가락으로 주는 음식은 받아먹지 못하고 혀로 밀어 음식물이 다시 입 밖으로 나온다.

(2) 4~8개월

4개월이 되면 젖꼭지를 빨기에 적절한 혀내밀기 반사(tongue extrusion)가 사라지고 혀의 움직임이 상하운동에서 전후방으로 바뀌어 숟가락으로 떠 먹여도 잘 받아먹을 수 있게 되므로 이유를 시작하기에 적절한 시기이다.

6개월이 되면 앞니가 생겨 음식을 입 안에 가둘 수 있게 된다. 혀를 돌려 가며 씹는 운동이 시작되어 반고형식을 주어도 좋은 시기이다.

(3) 9~12개월

대부분의 영아들은 이 시기에 엄마 젖보다는 다른 음식을 좋아한다. 입술과 턱의 운동이 강해져 부드러운 고형식을 먹어도 되고 컵으로 음식을 먹일 수 있다. 어른의 도움을 받기보다는 스스로 숟가락질을 해서 혼자 먹으려고 시도하기도 하나 아직은 흉내를 내는 수준이다.

(4) 돌 이후

컵으로 혼자 마실 수 있게 되며 16~17개월이 되면 손목운동의 조절이 가능해져 숟가락으로 음식을 먹을 수 있게 되고, 18개월이면 팔꿈치운동도 함께 조화를 이루어 음식을 쏟지 않고 혼자 숟가락으로 식사를 할 수 있게 된다. 만 2세가 되면 먹고 싶을 때에 음식을 달라고 의사표현을 하고 스스로 음식을 찾기도 하며 어른의 도움 없이 독립적으로 먹는 방법을 익히게 된다.

| 표 1-3 | 영유아의 발달에 따른 음식물의 섭취 과정

	행동 발달	섭식운동의 발달	심리 발달	섭취 가능 식품
신생아 ~3개월	• 엎어 놓아도 질식하지 않도록 머리를 좌우로 돌릴 수 있는 정도의 방어적 운동 • 고개를 쳐들 수 있다.	• 포유반사 • 혀내밀기 반사 • 혀의 상하운동	• 좋고 싫음의 표현(웃음)	• 모유, 조제유
3~6개월	• 목을 가눈다. • 도와주면 앉는다. • 큰 물체를 잡고, 주먹과 장난감을 빤다.	• 혀내밀기 반사의 소실 • 혀의 상하운동이 전후방운동으로 전환 • 숟가락을 잡는다.	• 좋고 싫음의 표현이 뚜렷해진다. • 5개월부터 낯가림이 뚜렷해진다.	• 모유, 조제유 이유 시작의 적기 • 유동식 숟가락으로 먹이기
6~9개월	• 혼자 앉는다. • 뒤집고 긴다. • 작은 물체를 손으로 잡기 시작한다.	• 음식을 어느 정도 입 안에 가둘 수 있다. • 혀운동이 다양해진다. • 씹는 운동이 시작된다.	• 호기심이 많고, 다른 사람의 흉내를 많이 낸다.	• 모유, 조제유 • 반고형식 • 빨대의 사용
9~12개월	• 일어선다. • 작은 물체를 손가락으로 잡는다.	• 입술과 턱의 운동이 강화된다. • 혀운동과 씹는 운동이 조화를 이룬다.		• 모유, 조제유 • 부드러운 고형식 컵으로 먹일 수 있다.
1~2세	• 15개월에 걷고, 24개월에 뛴다.	• 손, 팔, 삼킴 운동들이 조화를 이룬다.	• 의사표현을 언어로 한다.	• 생우유 • 성인과 같은 식단

출처: 이상일, 최혜미(2002).

02장

영유아 영양평가

1 신체 계측에 의한 평가
2 임상적 평가
3 생화학적 평가
4 식사 섭취 조사

영유아기는 신체의 성장과 발육이 매우 빠른 시기로 영양요구량이 높아 부적절한 영양 상태는 성장과 발달에 영향을 주며, 영양과 관련된 건강문제를 일으킬 수 있다. 그러므로 영양평가는 영양 상태와 섭취의 적절성 평가, 신체 발육 정도를 판정하여 정상적인 성장과 발달을 위한 영양관리의 기초 자료 제공을 목표로 한다. 영유아의 영양 상태를 평가하는 방법은 기본적으로 신체 계측, 임상적 검사, 생화학적 검사, 식사 섭취 조사에 의한 판정법을 이용한다.

1. 신체 계측에 의한 평가

연령이나 영양 상태에 따라 영유아의 신체 발달이 다르므로 영유아의 신체 발육 상태는 영양 상태를 나타내는 중요한 지표가 된다. 영유아의 발육 상태를 평가하는 방법은 보건복지부와 대한소아과학회에서 발표한 한국 소아·청소년 성장도표와 비교하는 방법과 신장, 체중, 가슴둘레 등의 계측치를 공식에 넣어 평가하는 체격지수에 의한 방법이 있다.

1) 체위 측정

성장기에 권장되는 신체 계측 항목은 연령에 따라 다르나 영유아기는 신장, 체중, 머리둘레, 가슴둘레 등이 기본적으로 사용된다. 상완위 둘레와 삼두근 피부두께 등은 자주 이용되는 지표는 아니지만 체지방, 근육 같은 체조직의 조성을 추정하는 데 사용될 수 있다. 신체 계측은 표준화된 기구와 기술로 정확하게 측정되어야 한다.

| 표 2-1 | 발달 단계별 권장 신체 계측 항목

발달 단계	신체 계측 항목
영아	신장(누워서 잰 것), 체중, 머리둘레, 가슴둘레, 삼두근 피부 두께
유아	신장, 체중, 머리둘레, 가슴둘레, 상완위 둘레, 삼두근 피부 두께

신장과 체중

신장과 체중은 발육 상태를 평가하는 가장 기본적인 지표로 사용된다. 신장과 체중을 정확하게 측정하고 이를 표준치와 비교하거나 기간을 두고 반복 측정하여 변화 양상을 관찰함으로써 영유아의 영양 상태나 발육 상태의 변화 추이를 간접적으로 알 수 있다. 키에 비해 체중이 적은 경우는 영양불량 상태를 의미하며, 연령에 비해 키가 작은 경우는 만성적인 영양부족 상태를 의미한다.

2세 미만의 영아는 누운 키(length)를 측정하고, 2세 이상의 유아는 성인과 동일하게 가벼운 옷차림 상태에서 뒤꿈치를 발판에 밀착시키고 허리와 다리를 곧게 편 선 자세로 신장을 측정한다.

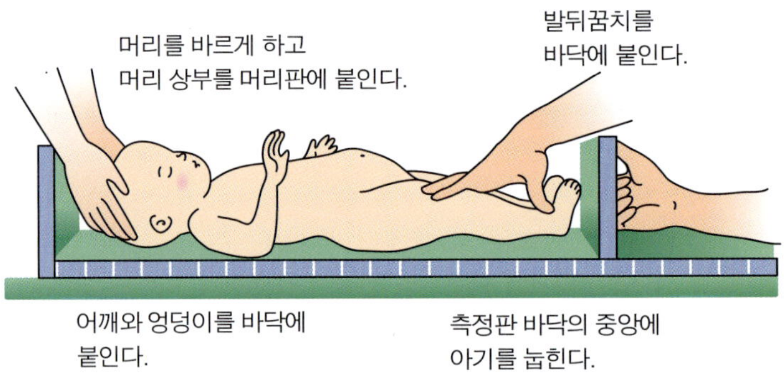

| 그림 2-1 | 누운 키 측정 방법

영아의 양어깨와 엉덩이가 누운 면에 닿게 하고 머리를 머리판에 고정시킨 후 발꿈치를 발판에 밀착시켜 누운 키를 측정한다.

머리둘레

머리둘레는 이마와 뒤통수의 가장 튀어나온 부분의 둘레를 줄자로 측정한 것이다. 2세까지는 키의 증가와 밀접한 관계가 있어 영양 상태 평가 수단으로 쓰이나 그 이후에는 머리둘레의 성장이 느려지므로 평가 수단으로 적합하지 않다. 영유아에서 머리둘레가 표준보다 현저히 작다면 생후 2년 동안 심각하고 장기적인 영양부족이 있었음을 나타낸다. 그러나 영양적인 요인 외에 질병에 의해서도 머리둘레에 영향을 받을 수 있으므로 결과를 판정할 때 주의하여야 한다.

가슴둘레

줄자로 겨드랑이 밑과 젖꼭지선을 지나 척추에 직각인 둘레를 측정한다. 영유아는 성인과 달리 가슴둘레가 체중 증가와 밀접한 관련이 있고 질환이나 영양불량에 민감하게 감소하므로 영양평가 지표로 사용된다.

상완위 둘레

상완위 둘레는 체단백질량을 추정하는 간단한 방법이다. 줄자로 상완 중간의 둘레를 반복 측정한다.

삼두근 피부 두께

체지방의 약 50%는 피하지방층으로 존재하므로 피부 두께를 측정하여 체지방을 추정할 수 있다. 캘리퍼(caliper)를 사용하여 팔 뒤쪽 삼두근 주위의 피부 두께를 반복 측정한다.

▶ 삼두근 피부 두께의 측정

피부 두께의 측정은 측정자의 숙련도, 캘리퍼의 종류에 따라 영향을 받을 수 있으므로 정확한 측정법을 익히고 반복 측정하여 평균치를 구한다.

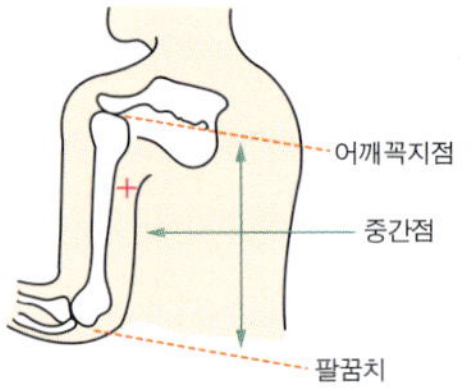

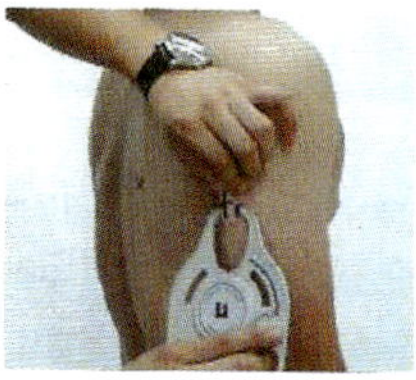

설명 1. 자연스럽게 늘어뜨린 팔을 직각으로 굽혀 어깨뼈와 팔꿈치의 중간 지점을 표시한다.

2. 표시된 지점 상단 1cm 지점의 피하지방을 왼손의 엄지와 검지를 이용해 수직으로 잡는다.

3. 캘리퍼를 눈금이 잘 보이도록 하여 측정 부위를 잡고 약 3초 후 눈금을 읽는다.

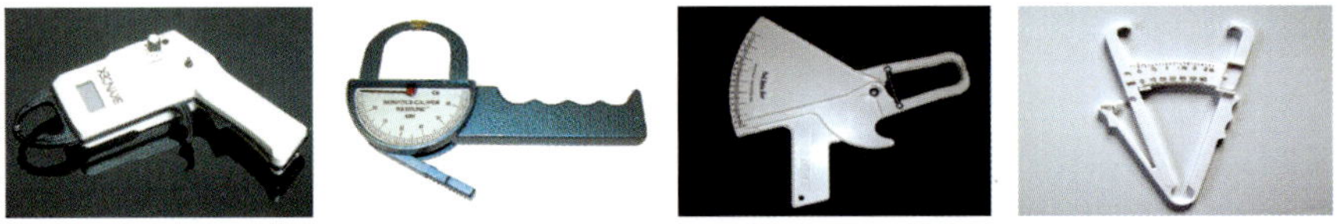

여러 종류의 캘리퍼

질병관리청과 대한소아과학회에서는 소아의 신장, 체중, 머리둘레, 가슴둘레를 측정하여 남아와 여아 각각의 연령별 표준치를 제시하고 있다(표 2-2).

| 표 2-2 | 한국 소아·청소년 신체발육 표준치(체중, 신장, 체질량 지수, 머리둘레)

남자					여자			
신장 (cm)	체중 (kg)	체질량지수 (kg/m²)	머리둘레 (cm)	만나이 (개월/세)	신장 (cm)	체중 (kg)	체질량지수 (kg/m²)	머리둘레 (cm)
49.9	3.3		34.5	0개월	49.1	3.2		33.9
54.7	4.5		37.3	1개월	53.7	4.2		36.5
58.4	5.6		39.1	2개월	57.1	5.1		38.3
61.4	6.4		40.5	3개월	59.8	5.8		39.5
63.9	7.0		41.6	4개월	62.1	6.4		40.6
65.9	7.5		42.6	5개월	64.0	6.9		41.5
67.6	7.9		43.3	6개월	65.7	7.3		42.2
69.2	8.3		44.0	7개월	67.3	7.6		42.8
70.6	8.6		44.5	8개월	68.7	7.9		43.4
72.0	8.9		45.0	9개월	70.1	8.2		43.8
73.3	9.2		45.4	10개월	71.5	8.5		44.2
74.5	9.4		45.8	11개월	72.8	8.7		44.6
75.7	9.6		46.1	12개월	74.0	8.9		44.9
76.9	9.9		46.3	13개월	75.2	9.2		45.2
78.0	10.1		46.6	14개월	76.4	9.4		45.4
79.1	10.3		46.8	15개월	77.5	9.6		45.7
80.2	10.5		47.0	16개월	78.6	9.8		45.9
81.2	10.7		47.2	17개월	79.7	10.0		46.1
82.3	10.9		47.4	18개월	80.7	10.2		46.2
83.2	11.1		47.5	19개월	81.7	10.4		46.4
84.2	11.3		47.7	20개월	82.7	10.6		46.6
85.1	11.5		47.8	21개월	83.7	10.9		46.7
86.0	11.8		48.0	22개월	84.6	11.1		46.9
86.9	12.0		48.1	23개월	85.5	11.3		47.0
87.1	12.2	16.0	48.3	2세	85.7	11.5	15.7	47.2
91.9	13.3	15.8	48.9	2세 6개월	90.7	12.7	15.5	47.9
96.5	14.7	15.9	49.8	3세	95.4	14.2	15.8	48.8
99.8	15.8	15.9	50.2	3세 6개월	98.6	15.2	15.7	49.3
103.1	16.8	15.9	50.5	4세	101.9	16.3	15.7	49.6
106.3	17.9	15.9	50.8	4세 6개월	105.1	17.3	15.7	49.9
109.6	19.0	15.9	51.1	5세	108.4	18.4	15.7	50.2
112.8	20.1	16.0	51.4	5세 6개월	111.6	19.5	15.8	50.6
115.9	21.3	16.0	51.7	6세	114.7	20.7	15.8	50.9
119.0	22.7	16.2		6세 6개월	117.8	22.0	15.9	
122.1	24.2	16.4		7세	120.8	23.4	16.1	
127.9	27.5	16.9		8세	126.7	26.6	16.6	
133.4	31.3	17.6		9세	132,6	30.2	17.2	
138.8	35.5	18.4		10세	139.1	34.4	17.8	
144.7	40.2	19.1		11세	145.8	39.1	18.5	
151.4	45.4	19.8		12세	151.7	43.7	19.1	
158.6	50.9	20.3		13세	155.9	47.7	19.7	
165.0	56.0	20.8		14세	158.3	50.5	20.3	
169.2	60.1	21.2		15세	159.5	52.6	20.8	
171.4	63.1	21.6		16세	160.0	53.7	21.0	
172.6	65.0	21.9		17세	160.2	54.1	21.1	
173.6	66.7	22.3		18세	160.6	54.0	21.0	

출처: 질병관리청(2017).

또한 질병관리청에서는 각 신체 계측치에 대한 백분위도표(3, 5, 10, 25, 50, 75, 90, 95. 97 percentile)를 제시하고 있으며, 일반적으로 신장과 체중의 성별 백분위도표를 이용하여 영유아의 영양 상태와 발육 과정을 평가한다. 영유아의 성장은 개인차가 크므로 흔히 5~90백분위수는 정상으로 판단한다. 정상 범위에서 벗어난 경우 질병이 있거나 건강 및 영양 문제가 있을 수 있으므로 지속적 관찰이나 검사가 필요하다. 〈표 2-3〉에 신체 계측 결과의 평가 기준을 제시하였다.

| 표 2-3 | 영유아 신체 계측 결과의 평가 기준

	0~2세		2~18세	
	성장 도표	선별 기준	성장 도표	선별 기준
저신장	연령별 신장	3백분위수 미만	연령별 신장	3백분위수 미만
소두증	연령별 머리둘레	3백분위수 미만	–	
저체중	연령별 체중	5백분위수 미만	연령별 체중	5백분위수 미만
과체중	신장별 체중	95백분위수 미만	연령별 체질량 지수	85백분위수 이상이면서 95백분위수 미만
비만	–		연령별 체질량 지수	95백분위수 미만*

* 95백분위수 미만이지만 체질량 지수가 25kg/㎡ 이상일 경우 비만 위험이 있으므로 주의

출처: 질병관리청(2017). 2017 한국 소아·청소년 성장도표.

2) 성장곡선

영아는 1~3개월, 유아는 3~6개월마다 주기적으로 연속적인 측정을 하면 성장 도표를 통해 발육의 추이를 관찰할 수 있으므로 매우 중요한 정보를 얻을 수 있다. 성장은 개인마다 차이가 있어서 개별적인 평가가 필요하다. 유전적으로 작은 영유아는 계속 성장곡선의 아래 곡선을 따라 성장하고, 영유아에 따라 성장이 일찍 시작될 수도 있고 다른 영유아에 비해 늦게 성장할 수도 있기 때문이다.

그러나 영유아가 비교적 짧은 기간에 성장도표에서 한두 급 간의 하락을 보인다면 이는 비정상적인 것으로 주의해야 한다. 예를 들어, 한 영유아의 체중이 생후 9개월에는 75백분위수였다가 12~15개월의 검진에서 25백분위수로 떨어졌다면 두 단계 급 간 하락(75→50→25)한 것으로, 이에 대한 원인을 찾아서 해결책을 모색해야 한다.

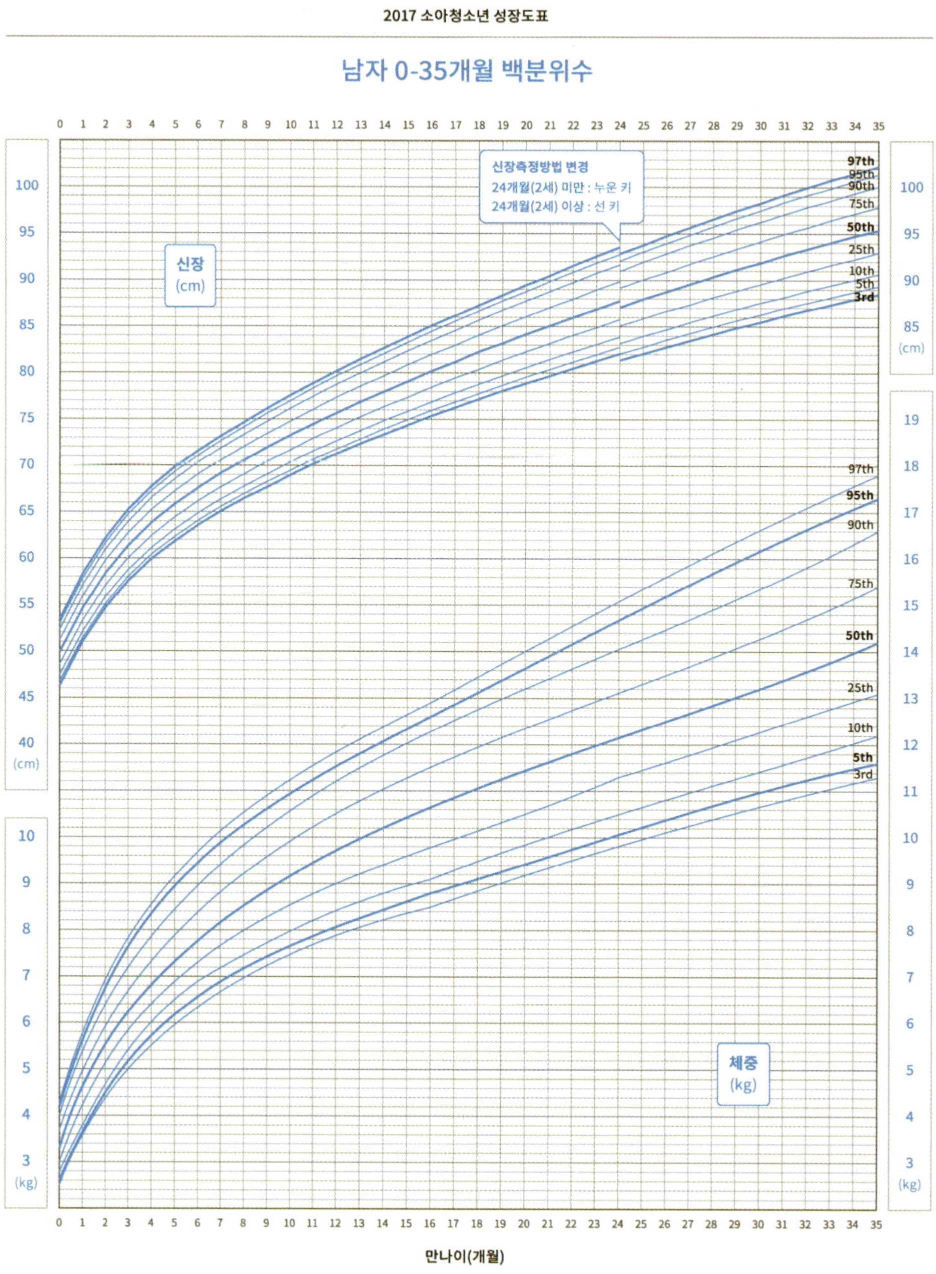

| 그림 2-2 | 한국 소아의 성장곡선 – 남아(0~35개월)

출처: 질병관리청(2017). 2017 한국 소아·청소년 성장도표.

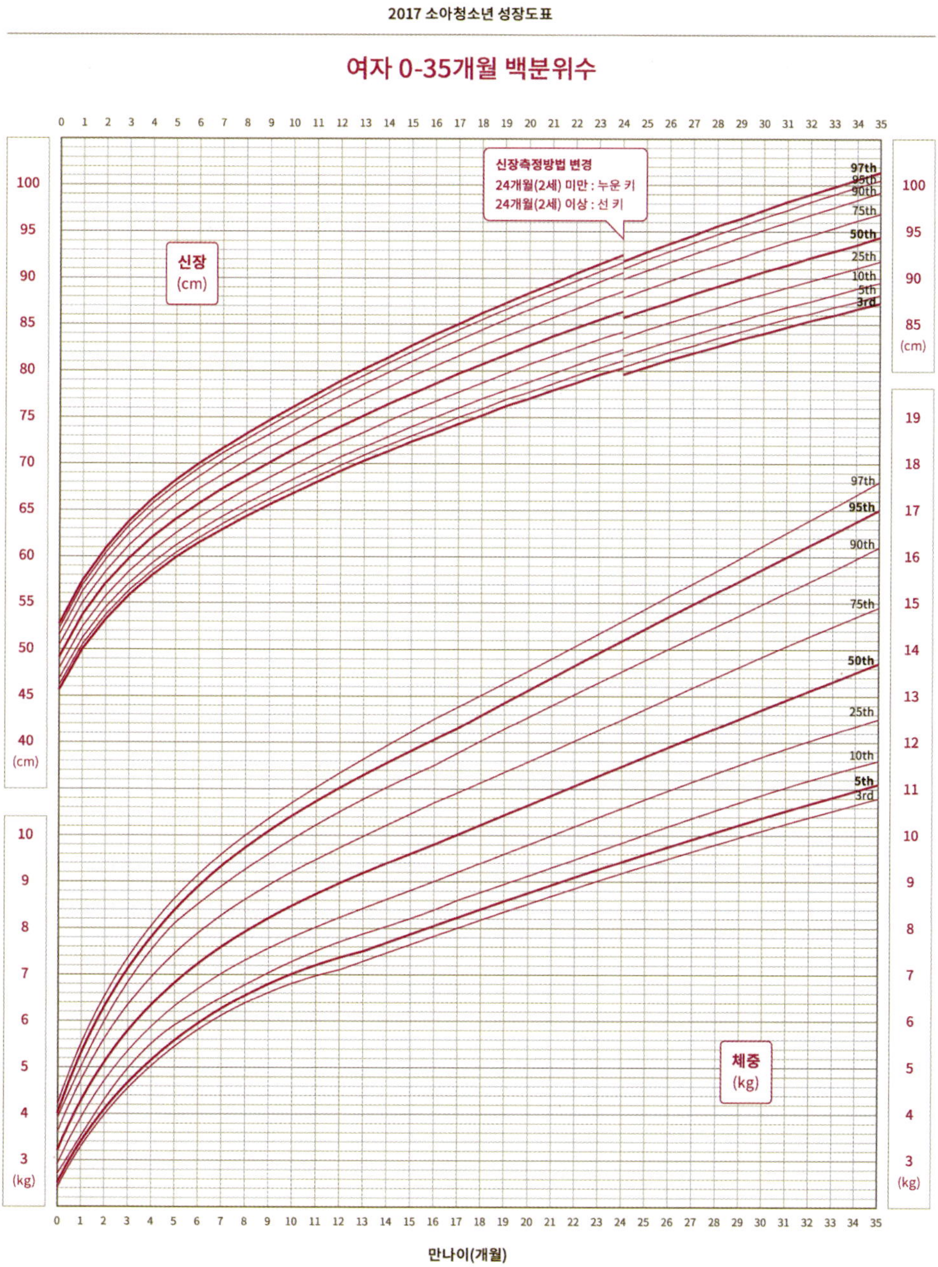

| 그림 2-3 | 한국 소아의 성장곡선 – 여아(0~35개월)

출처: 질병관리청(2017). 2017 한국 소아·청소년 성장도표.

3) 체격지수 판정

체격지수는 영유아의 신장, 체중 등의 신체 계측치로부터 계산된 것으로 발육 상태를 통한 영양평가에 사용된다. 카우프(Kaup) 지수, 뢰러(Röhrer) 지수, 체질량 지수(Body Mass Index, BMI) 등이 이용된다.

◘ 카우프 지수 : 3개월~3세까지의 영유아 영양평가에 이용된다.

$$\text{카우프 지수} = \frac{\text{체중(g)}}{[\text{신장(cm)}]^2} \times 10$$

1세 미만	판정 기준	1~2세
15 이하	영양불량	14 이하
5~18	정상	14~17
18~20	비만 경향	17~18.5
20 이상	비만	18.5 이상

◘ 뢰러 지수 : 3세 이상 유아의 영양평가에 이용된다.

$$\text{뢰러 지수} = \frac{\text{체중(kg)}}{[\text{신장(cm)}]^3} \times 10^7$$

측정값	판정 기준
92 이하	매우 마름
92~109	마름
110~140	정상
140~156	비만
156 이상	고도비만

체질량 지수

$$\text{체질량 지수} = \frac{\text{체중(kg)}}{[\text{신장(m)}]^2}$$

비만 정도를 설명하는 지표로 알려져 있으며 한국 소아·청소년 성장도표의 연령과 성별에 따른 체질량 지수 백분위수와 비교하여 평가한다. 2세 이상의 영양평가에 사용되는데 85~95백분위수는 과체중, 95백분위수 이상인 경우 과체중으로 판정한다.

2. 임상적 평가

영유아 영양 상태의 임상평가 방법은 성인과 유사하다. 머리카락, 피부, 혀, 눈, 손톱 등의 상태를 전문가가 보고 판단하여 영양결핍이나 영양 불균형을 알아내는 평가 방법이다. 영유아의 경우 영양결핍의 임상적 증후가 대체로 늦게 나타나고 비특이적이므로 정확한 판정을 위해서는 다른 조사 방법을 병행하는 것이 좋다.

| 표 2-4 | 영유아의 영양불량을 나타내는 신체적 증상

조직	신체적 증상	원인
얼굴	창백함 콧구멍 주위의 피부 벗겨짐	나이아신, 철 결핍 리보플라빈, 비타민 B_6 결핍
눈	각막과 내부의 경화: 내부의 창백함 각막에 거품 같은 반점	철 결핍 비타민 A 결핍
입술	충혈: 입과 입술의 부풀어 오름 입가의 갈라짐	리보플라빈 결핍

조직	신체적 증상	원인
치아	썩거나 빠짐 반상치(치아 에나멜질의 얼룩)	과량의 당분(치아위생 불량) 과량의 불소
혀	충혈, 쓰라림, 갈라짐, 부풀어 오름 짙은 분홍색 창백함	나이아신 결핍 리보플라빈 결핍 철 결핍
잇몸	충혈되고 부풀어 오름, 출혈	비타민 C 결핍
피부	건조함과 각질이 일어남 피부조직 하부의 점상출혈	비타민 A 결핍 비타민 C 결핍
손톱	손톱이 깨지기 쉬움, 융기	철 결핍

출처: Marotz(2009).

3. 생화학적 평가

생화학적 평가는 영양적 문제를 임상적 증상이 나타나기 전에 객관적으로 확인할 수 있는 방법이다. 흔히 혈액, 소변을 이용하여 검사한다.

1) 혈액 검사

혈액은 신체 내에서 영양물질을 운반하는 역할을 하므로 혈액 내의 성분을 분석하여 영양 상태를 판정할 수 있다. 영유아에서는 주로 철 결핍성 빈혈과 단백질 영양 상태에 대한 평가가 이루어지는데, 필요에 따라 혈당, 혈중 지질, 간기능 검사 등을 실시하기도 한다.

◘ 철 결핍성 빈혈

영유아에서 가장 흔하게 일어나는 영양문제로 생후 6개월 이후 체내에 저장된 철이 고갈되고 이유식을 통해 적절한 영양 공급이 이루어지지 않아 생긴다. 혈액에서 혈색소(hemoglobin) 농도, 적혈구 용적률(hematocrit)을 기본적으로 측정하여 빈혈의 판정 지표로 이용한다.

| 표 2-5 | 철 결핍성 빈혈의 판정 지표(WHO 기준)

연령	혈색소 농도(g/dl)	적혈구 용적률(%)
6개월~6세	≦ 11	≦ 33.0
6~14세	≦ 12	≦ 36.0

Q&A

혈색소와 적혈구 용적률이란 무엇인가요?

혈액은 적혈구, 백혈구 등의 혈액세포와 혈소판, 액체 부분인 혈장으로 이루어져 있다. 적혈구에는 조직이나 세포로 산소를 운반하는 붉은색의 혈색소(hemoglobin)가 있는데 혈색소의 주요 구성 성분인 철이 부족하면 혈액 내의 혈색소의 농도가 감소하게 된다.
적혈구 용적률(hematocrit)은 총 혈액에서 적혈구가 차지하는 부피비(%)를 말한다.

단백질 영양 상태

혈청 내 알부민의 농도는 영양 상태 평가에서 가장 널리 이용되는 지표로 주로 단백질 결핍 정도를 나타낸다. 1달 이상의 장기간의 영양결핍이 있는 경우 혈청 알부민 농도가 감소되며 몸이 붓는 증상이 나타난다.

2) 소변 검사

일반적으로 혈액 중의 영양물질은 신장에서 거의 재흡수되고 소변으로 우리 몸의 노폐물이 배설된다. 그러나 질병이나 영양적인 불균형 상태에서는 특이적으로 당, 단백질 등의 영양물질이나 대사물질이 소변과 함께 배출되므로 소변 검사를 진단에 이용한다.

4. 식사 섭취 조사

영양평가를 위해서는 영유아의 식사 섭취 상태에 대한 조사가 필수적이다. 영유아의 식사 섭취 조사는 부모나 영유아를 돌보는 사람의 기록이나 면접을 통해 과거 섭취량에 대한 평가와 함께 앞으로 예상되는 섭취 상태에 대한 평가가 필요하다.

1) 전반적인 식생활 조사

전반적인 식생활 조사를 위해서는 영유아의 수유 방법, 식습관 및 식사 태도와 같은 식사력에 대한 정보뿐 아니라 성장, 가정의 사회·경제적 환경, 부모 및 가족과의 관계에 대한 조사도 함께 이루어져야 한다. 이러한 정보를 종합하여 필요한 영양의 섭취 여부와 현재 식사의 적합성을 검토한다. 조사하여야 할 세부적 항목을 정리하면 〈표 2-6〉과 같다.

| 표 2-6 | 영유아 식사 섭취 조사의 주요 항목

구분	종류
과거의 식사력	수유 방법 및 양과 횟수, 수유 행동, 이유식 도입 시기와 종류, 섭취량, 식사 패턴
현재의 식사력 및 영양 섭취 상태	현재의 식사 및 간식, 식품 섭취 빈도, 식행동, 비타민이나 무기질 등의 보충제 섭취 여부
식욕	평소 식욕, 음식에 대한 기호도, 불내증
식사와 관련된 문제점	저작 및 연하 곤란, 구토, 설사, 변비, 복통 등
활동 정도	활동량 및 상황
가족력	가족의 식습관, 특정 식품의 거부
식품 알레르기	알레르기 유발 식품과 증상
사회경제적 배경	보호자, 조리기구, 인종·종교적 배경
식사기술의 발달 정도	식사행동 관찰하여 연령에 맞는 식사 태도와 섭취 식품의 연령 적합성 평가

출처: 대한영양사협회(2010). 일부 수정.

2) 식사 내용의 평가

식사 섭취 조사 중 가장 중심이 되는 내용은 식사 내용의 평가로 영유아가 무엇을 얼마나 어떻게 먹는가의 내용이 포함되어야 한다. 생후 3개월까지는 모유, 조제유만 섭취하므로 조사가 단순하지만 이유가 진행되면 점차 복잡해져서 면담 이외에 식사일지를 작성하여 평가하도록 해야 한다.

식사일지 작성

목적에 따라 식사일지의 작성 기간이 달라진다. 공급되는 식품의 종류와 양을 파악하기 위해 단기간(1~2일) 작성하게 할 수도 있고, 영양상담 후 교정 효과를 파악하기 위해 장기간(7일, 2주) 작성하게 할 수도 있다. 또한 식품 형태, 식사 수단, 식사 횟수도 함께 파악해야 한다.

식사일지의 평가

식사일지를 토대로 영양 공급량을 계산하여 영양 섭취가 충분한지 평가하고, 섭식운동의 발달에 맞게 적절한 수단으로 공급되고 있는지 평가해야 한다.

- 영양 공급량의 계산: 작성된 식사일지에 기록된 식품과 음식을 영양평가 프로그램(예: CAN pro)을 이용하여 영양소의 양으로 환산하고, 한국인 영양소 섭취기준과 비교하여 공급된 영양소의 양과 비율이 적정한지 평가한다.
- 공급 식품에 대한 평가: 알레르기 발생 위험성이 있는 식품을 알아내고 이유식 진행 후 균형 있는 식습관 확립을 위해 제공되는 식품에 대한 평가도 포함되어야 한다.
- 공급 수단에 대한 평가: 어릴수록 영양 공급 방법은 행동과 심리 발달에도 지대한 영향을 주므로 식사 환경(젖을 먹이는 자세, 가족과 함께 식사 여부), 식사 횟수, 식사 수단(젖병 꼭지, 컵, 수저), 식품 형태(액상, 반고형식, 고형식) 등에 대한 것도 매우 중요한 평가의 대상이 된다.

| 표 2-7 | 영유아 식사 섭취 조사 표의 예시

우리 아기의 수유 기록지

년	월	일	요일

• 하루 동안 먹은 모든 것을 기록해 주세요.
• 어제 먹은 내용이 평상시 식사 패턴과 크게 다르다면 다른 날을 선택해 주세요.

수유 횟수	유형	시작 시간	소요 시간	(조제유)상표	(조제유)제품명	섭취량(ml)
1회	모유 ☐ 조제 ☐					
2회	모유 ☐ 조제 ☐					
3회	모유 ☐ 조제 ☐					
4회	모유 ☐ 조제 ☐					
5회	모유 ☐ 조제 ☐					
6회	모유 ☐ 조제 ☐					
7회	모유 ☐ 조제 ☐					
8회	모유 ☐ 조제 ☐					
9회	모유 ☐ 조제 ☐					
10회	모유 ☐ 조제 ☐					
11회	모유 ☐ 조제 ☐					
12회	모유 ☐ 조제 ☐					
13회	모유 ☐ 조제 ☐					

모유나 조제유 이외에 아기가 먹은 음식이 있나요?	

오늘 하루 아기는 몇 번 대소변을 보았나요?	
소변: 번	대변: 번

수유 관련 질문

영아 12~24개월

상담 전 체크리스트

ID		성명	남 ☐ 여 ☐	생년월일		날짜	

아이는 모유 및 유제품으로 어떤 것을 먹습니까?	모유☐ 조제유☐ 두유☐ 일반 우유☐ 기타☐
아이는 위의 모유 및 유제품을 하루 얼마나 먹습니까?	회 ml
아이는 매일 하루 세 끼 식사와 간식을 먹고 있습니까?	Yes ☐ No ☐
밤중에 젖/젖병을 물고 잠이 들거나, 자다 깨서 젖을 먹습니까?	Yes ☐ No ☐
[모유수유] 아이에게 모유는 언제까지 주실 예정입니까?	
아이가 잘 먹는 편입니까?	Yes ☐ No ☐
아이가 배가 부른지, 배가 고픈지를 대체로 잘 알 수 있습니까?	Yes ☐ No ☐
이유식에 곡류, 채소류나 과일류, 그리고 단백질식품(고기, 생선, 달걀 및 콩류 중 한 가지)을 모두 포함시켜 준비합니까?	Yes ☐ No ☐
새로운 음식은 한 번에 한 가지씩 소량 추가하면서 반응을 살피고 있습니까?	Yes ☐ No ☐
다양한 식품을 골고루 돌아가며 주시는 편입니까?	Yes ☐ No ☐
아이가 먹는 음식에 가족과 똑같이 간을 하십니까?	Yes ☐ No ☐
아이가 단 음료나 사탕, 초콜릿, 과자 등 단 음식을 먹습니까?	Yes ☐ No ☐
아이가 스스로 먹도록 격려하며 도와줍니까?	Yes ☐ No ☐
아이가 젖병을 사용합니까?	Yes ☐ No ☐
아이가 가족과 함께 식탁이나 상 등 일정한 장소에서 식사합니까?	Yes ☐ No ☐
먹지 않으려 하거나 돌아다닐 경우 따라다니면서라도 먹이는 편입니까?	Yes ☐ No ☐
아이의 치아를 닦아 주십니까?	Yes ☐ No ☐
아이에게 특이한 사항이나 염려스러운 점이 있습니까?	Yes ☐ No ☐

03장

식품과 영양소

1 영양소 섭취 기준
2 영양소와 영유아의 섭취 기준

모든 생명체들은 정상적인 성장과 활동을 위해서 좋은 영양 상태가 필수적이다. 영양(nutrition)은 음식을 섭취한 후 식품성분이 소화, 흡수되어 잘 이용됨으로써 건강을 유지하는 상태를 말한다.

우리 몸은 많은 세포로 이루어져 있는데 일정한 수명을 다한 세포는 지속적으로 새로운 세포로 교체되어야 하며, 빠르게 성장하는 시기인 영유아는 여기에 성장발육 과정이 더해진다. 체조직을 만들 수 있는 재료가 되고 우리 몸의 기능을 정상적으로 유지시켜 주고 에너지를 공급할 수 있는 물질을 공급해 주어야 한다. 이러한 물질들은 인체 내에서 합성되기도 하지만 대부분 식품을 통해 섭취해야 한다. 즉, 식품을 구성하는 물질 중에서 건강을 유지하는 데 필요한 물질을 '영양소(nutrient)'라고 한다. 영양소는 탄수화물, 지질, 단백질, 비타민, 무기질, 물의 6대 영양소로 나누고 그 기능에 따라 '열량영양소', '구성영양소', '조절영양소'로 분류할 수 있다.

| 표 3-1 | 영양소의 종류

구분	기능	6대 영양소					
		탄수화물	지질	단백질	무기질	비타민	물
열량영양소	에너지 공급원						
구성영양소	성장과 조직의 유지						
조절영양소	신체 대사 과정 조절						

1. 영양소 섭취 기준

건강을 최적 상태로 유지할 수 있는 영양소 섭취 수준을 제시한 것으로, 영양 부족과 과잉을 예방할 수 있도록 섭취 기준을 다양하게 설정하였다. 이는 과거 영양소 섭취 부족에 따른 결핍 문제뿐 아니라 영양 과잉 또는 불균형에 의한 만성질환 발병이 증가하는 현실을 고려하여 한국인의 적정 영양 섭취량을 제시하려는 목적을 갖고 있다. 영양소 섭취 기준은 평균필요량, 권장섭취량, 충분섭취량, 상한섭취량의 주요 개념으로 구성된다.

| 표 3-2 | 한국인 영양소 섭취 기준의 개념

개념	정의
평균필요량 (Estimated Average Requirement: EAR)	• 대상 집단을 구성하는 건강한 사람들의 절반에 해당하는 사람들의 일일 필요량을 충족시키는 값 • 대상 집단의 필요량 분포치 중앙값으로부터 산출함
권장섭취량 (Recommended Intake: RI)	• 인구집단의 97.5%에 해당하는 사람들의 필요량을 충족시키는 값 • 평균필요량에 표준편차의 2배를 더하여 정함
충분섭취량 (Adequate Intake: AI)	• 영양소 필요량에 대한 정확한 자료가 부족하거나 평균필요량의 중앙값과 표준편차를 구하기 어려워 권장섭취량을 산출할 수 없는 경우 제시 • 역학조사에서 관찰된 건강한 사람들의 영양소 섭취 수준을 기준으로 함
상한섭취량 (Tolerable Upper Intake Level: UL)	• 인체 건강에 유해한 영향이 나타날 위험이 없는 최대 영양소 섭취 수준 • 과량 섭취 시 건강에 위험이 있다는 자료가 있는 경우 설정 가능

영양소 섭취 기준은 건강한 개인이나 집단의 영양 섭취 상태를 평가하거나 식사 계획을 세울 때 기준으로 활용할 수 있다. 즉, 건강한 사람들을 대상으로 식사 계획을 세울 때 각 영양소의 권장섭취량을 충족시키거나 충분섭취량에 가깝도록 하되 상한섭취량을 초과하지 않도록 식사를 구성해야 한다. 또한 개인이나 집단의 식사 섭취 상태를 평가할 때는 개인의 섭취량이 평균필요량보다 낮은 영양소는 영양 섭취가 부족할 확률이 높고 상한섭취량보다 높다면 섭취 과잉의 증세를 보일 확률이 높은 것으로 해석할 수 있다.

2. 영양소와 영유아의 섭취 기준

1) 탄수화물

탄수화물(carbohydrate)은 체내에서 에너지를 내는 가장 기본적인 열량원으로 대부분 곡류나 당류를 통해 섭취한다.

(1) 탄수화물의 종류

탄수화물은 구조에 따라 가장 작은 구성 단위인 단당류, 단당류가 결합된 수에 따라 2개 결합한 이당류, 3~10개 결합한 올리고당, 보통 수천 개의 단당류가 결합된 다당류로 나눈다. 또한 단당류와 이당류를 묶어서 단순당질이라고 하고, 다당류는 복합당질이라고 한다.

| 표 3-3 | 탄수화물의 분류

<table>
<tr><th colspan="3">종류</th><th>주요 급원</th><th>특징</th></tr>
<tr><td rowspan="7">단순 당질</td><td rowspan="4">단당류</td><td colspan="3">소화흡수가 빠른 편임</td></tr>
<tr><td>포도당</td><td>과일, 벌꿀</td><td>혈액에 포함된 당 성분으로 가장 기본적인 에너지원</td></tr>
<tr><td>과당</td><td>과일, 벌꿀</td><td>당류 중 가장 단맛이 강함</td></tr>
<tr><td>갈락토오스</td><td>유즙</td><td>단맛이 약하고 뇌 성분에 필요</td></tr>
<tr><td rowspan="3">이당류</td><td>맥아당(포도당+포도당)</td><td>물엿, 식혜</td><td rowspan="3">소화흡수가 빠른 편임
(유당분해효소가 부족한 경우 소화가 안 됨)</td></tr>
<tr><td>설탕(포도당+과당)</td><td>사탕수수, 사탕무</td></tr>
<tr><td>유당(포도당+갈락토오스)</td><td>유즙</td></tr>
<tr><td rowspan="3">복합 당질</td><td rowspan="3">다당류</td><td>전분
(식물의 탄수화물 저장고)</td><td>곡류, 콩류, 감자류</td><td>소화흡수가 느림</td></tr>
<tr><td>글리코겐
(동물성 저장 다당류)</td><td>간, 근육, 조개류</td><td>전분보다 빨리 분해됨</td></tr>
<tr><td>식이섬유
(식물 세포벽의 주 성분)</td><td>채소류, 과일류, 해조류</td><td>체내에서 열량을 내지는 않으나, 포만감을 주고 배변을 돕고 질병을 예방함</td></tr>
</table>

(2) 탄수화물의 체내 기능

① 에너지 공급

탄수화물은 1g당 4kcal의 에너지를 공급하며, 하루 섭취 에너지의 55~70%를 제공한다. 혈당을 통해 세포에 에너지를 공급하며 특히 적혈구, 뇌세포, 신경세포는 포도당을 주된 에너지원으로 이용하므로 정상적인 세포 기능 유지를 위해 필수적으로 섭취해야 한다.

② 단백질의 절약 작용

우리 몸은 필요한 에너지 공급을 무엇보다 우선순위에 둔다. 굶거나 탄수화물을 매우 적게 섭취하면 근육, 간, 심장, 신장 등 신체를 이루는 체단백질이 분해되어 포도당 합성에 이용된다. 따라서 적절한 양의 탄수화물은 단백질이 에너지 공급을 위해 손실되는 것을 막는다.

③ 케톤증 예방

체지방이 산화되어 에너지를 낼 때에도 탄수화물이 꼭 필요하다. 만일 탄수화물 섭취가 매우 적으면 지방이 완전히 산화되지 못하여 혈액에 케톤체가 축적되는 케톤증을 유발할 수 있다. 케톤증은 식욕 저하, 메스꺼움, 피로 외에 산독증, 혼수상태를 일으킬 수 있으므로 주의해야 한다.

④ 음식에 단맛과 향미 제공

단당류와 이당류는 단맛을 가지므로 음식의 수용도를 높여 준다.

Q&A 설탕이 많이 든 식품, 왜 나쁜가요?

설탕의 단맛은 매력적이다. 그러나 설탕과 같은 단순당질의 가장 큰 문제점은 에너지를 공급할 뿐 그 외의 다른 영양소는 전혀 없으므로 설탕 함량이 높은 과자, 사탕, 청량음료 등의 식품을 빈 에너지식품(empty calorie food)이라고 한다. 영유아가 간식으로 설탕이나 단 음식을 많이 먹으면 비만, 충치, 과잉행동을 유발한다고 알려져 있고, 영양소가 골고루 들어 있는 식품들을 소홀히하여 빈약한 영양 상태에 이르게 된다.

(3) 영유아의 특성과 탄수화물 섭취 기준

영아는 주로 모유나 우유에 함유된 유당 형태로 탄수화물을 섭취한다. 유당은 감미가 낮고 영아의 뇌신경조직의 구성분이 되며 장내의 이로운 미생물인 비피더스균의 번식을 돕고 칼슘 흡수를 도와준다. 유아기에는 성장과 함께 활동량이 증가하므로 신체 크기에 비해 에너지와 영양소 필요량이 많기 때문에 단순당질 식품은 피하고 곡류, 콩류와 같이 복합당질이 많은 식품을 주도록 한다. 그러나 섬유소가 많은 식품은 부피에 비해 에너지 함량이 낮으므로 성장기의 유아들은 고섬유식은 주의해야 한다.

영아의 탄수화물 충분섭취량은 모유와 이유 시기를 통한 섭취량을 근거로 0~5개월은 60g, 6~11개월은 90g으로 설정하였다.

2) 단백질

단백질(protein)은 우리 몸을 구성하는 가장 중요한 영양소로 '생명 유지에 으뜸 영양소'(protos: first의 뜻)라는 어원에서 유래한다. 성장을 위해 새로운 조직을 활발히 만들어야 하는 영유아는 단백질 필요량이 높다. 체내에서 다양한 역할을 하는 단백질은 20여 종의 아미노산으로 이루어진 고분자 물질이다.

(1) 아미노산과 단백질

단백질을 이루는 아미노산의 종류 및 양에 따라 식품 중의 단백질의 질이 결정된다. 20종의 표준 아미노산 중에서 체내에서 합성되지 않거나 합성되더라도 그 양이 불충분하여 반드시 식사를 통해 공급되어야 하는 아미노산을 '필수 아미노산'이라고 한다. 반면에 체내에서 합성될 수 있는 아미노산을 '비필수 아미노산'이라고 한다(표 3-4).

식사를 통해 충분한 양의 필수 아미노산이 공급되지 않으면 체내에서 단백질 합성이 원활하게 이루어지지 않는다.

| 표 3-4 | 아미노산의 종류

필수 아미노산	비필수 아미노산
페닐알라닌, 트립토판, 발린, 루신, 이소루신, 메티오닌, 트레오닌, 라이신, 히스티딘*, 아르기닌*	글리신, 알라닌, 프롤린, 티로신, 세린, 시스테인, 아스파르트산, 아스파라긴, 글루탐산, 글루타민

*는 영유아에 필수임을 나타낸 것

같은 양의 단백질을 섭취하더라도 함유된 아미노산의 함량과 양에 따라 질적인 차이가 나타나며, 성장에 미치는 영향을 기준으로 영양학적으로 완전단백질과 불완전단백질로 분류한다. 모든 필수 아미노산이 충분량 들어 있는 달걀, 육류, 우유 등의 단백질은 완전단백질로서 어린 동물의 성장과 생리 기능을 돕는다. 그러나 곡류, 채소, 콩류의 식물성 단백질은 일부 필수 아미노산이 부족해서 단백질 합성을 제한하는 불완전단백질이다. 식물성 식품 중 대두는 다른 단백질보다 아미노산의 조성이 우수해서 성장에 도움을 준다.

| 표 3-5 | 단백질의 영양학적 분류

분류	특징
완전단백질	• 모든 필수 아미노산이 적합한 비율로 함유된 단백질 • 주로 동물성 단백질 (예: 달걀의 알부민과 글로불린, 우유의 카제인)
불완전단백질	• 한 가지 이상의 필수 아미노산이 결핍된 단백질 • 대부분의 식물성 단백질 • 부족된 아미노산을 보강하면 질이 향상됨

Q&A

왜 음식을 골고루 먹어야 할까요?

왜 음식을 골고루 먹어야 할까요?
성장을 위한 체단백질 합성이 원활하려면 필수 아미노산이 골고루 충분량 공급되고 아미노산의 이용을 돕는 비타민, 무기질이 다 갖추어져야 한다. 육류 등의 동물성 식품은 불완전단백질을 가진 식물성 식품의 부족한 필수 아미노산을 보충해 줄 수 있고, 식물성 식품은 동물성 식품에 부족한 비타민이 풍부하여 서로 보완해 준다. 또한 식물성 식품도 서로 다른 종류를 섞어 먹으면 부족한 아미노산을 보충해 주므로 질이 낮은 식물성 단백질의 한계를 극복할 수 있다. 따라서 성장기에 있는 영유아는 다양한 식품을 골고루 먹는 것이 성장을 위해 중요하다.

■ 예: 콩밥, 쌀밥과 두부, 쌀밥과 된장을 먹으면 서로 부족한 아미노산을 보충한다.
쌀(라이신 부족, 메티오닌 풍부) + 콩(라이신 풍부, 메티오닌 부족)

(2) 단백질의 기능

① 체조직의 구성

단백질은 근육, 피부, 뼈, 피부, 모발, 혈관 등 대부분의 신체조직을 만드는 성분이다. 성장기인 영유아는 새로운 조직을 만들어 가는 시기이므로 충분한 양의 단백질 섭취가 필요하고, 성장이 끝난 일반 성인의 경우도 체내에서 수명을 다한 세포를 교체하기 위해 계속해서 단백질이 필요하다.

② 효소, 호르몬 및 항체의 합성

단백질은 체내에서 진행되는 각종 대사반응을 촉매하는 효소, 생리적 기능을 조절하는 호르몬 및 외부의 병원균에 대항하는 물질인 항체를 구성한다.

③ 체액의 산, 염기 평형 유지

단백질은 산과 염기의 역할을 모두 할 수 있는 물질로서 체액의 pH를 일정하게 (7.35~7.45) 유지하는 역할을 한다.

④ 체내 수분 평형 유지

혈액 내 단백질(알부민)은 삼투압에 영향을 주어 세포막을 통한 수분의 이동을 조절한다. 혈액 내 단백질의 농도가 정상일 때는 체액량이 정상으로 유지되나, 단백질이 부족하면 농도가 낮아져서 혈액 중의 물이 조직으로 이동하여 부종이 나타난다.

⑤ 에너지원

단백질은 체내에서 오직 단백질만이 할 수 있는 체조직 구성, 효소·호르몬·항체 등의 합성에 우선적으로 사용되어야 한다. 그러나 단백질을 과다 섭취하거나 에너지 섭취가 부족하면 단백질이 에너지원으로 사용되어 1g당 4kcal의 에너지를 낼 수 있다. 이 경우 단백질을 에너지로 바꾸는 과정에서 간과 신장에 부담을 주고 체단백질이 에너지원으로 사용되어 신체조직의 소모가 생기므로 탄수화물과 지질을 적절히 섭취하는 것이 좋다.

(3) 단백질과 건강

단백질의 섭취가 부족하거나 너무 지나치면 이로 인한 건강상의 문제가 생길 수 있다.

① 단백질 결핍과 부족

전쟁, 기아, 빈곤, 흡수 불량 등으로 단백질 공급이 장기간 부족하게 되면 단백질 결핍 증상이 나타난다. 발육장애, 체중 및 피하지방 감소, 근육의 쇠약, 빈혈, 부종, 피부와 머리카락 색소 탈색 등의 증세를 보이고, 그 외에 피로, 면역력 저하, 무월경 등도 나타난다.

특히 아동은 성장을 위한 단백질 요구량이 커서 성인보다 결핍 증상이 흔하고 증세가 심하여 일생 동안 영향을 미칠 수 있다. 저개발국의 아동(유아~10세)에서 성장 저해와 단백질 결핍증인 콰시오커(Kwashiorkor), 단백질과 에너지의 결핍으로 인한 마라스무스(Marasmus)가 나타나기도 한다. 콰시오커는 심한 단백질 부족에서 오는 증상으로서 혈액 단백질 감소로 인해 배에 복수가 차는 영양실조성 부종이 특징적으로 관찰되는 반면, 마라스무스는 단백질과 에너지의 부족에서 오는 증상으로서 주로 피하지방이 감소되어 심하게 마르는 것이 특징이고 부종은 나타나지 않는다.

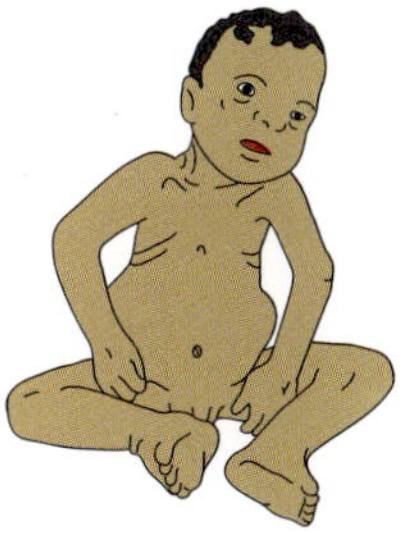
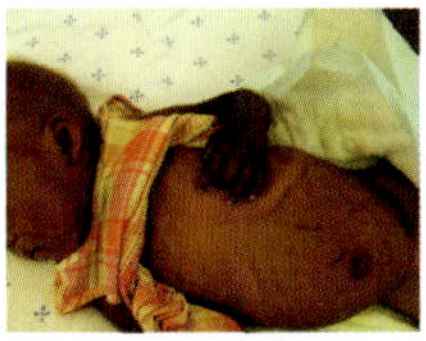

사진 출처: www.pendlehomebotswana.com

콰시오커(Kwashiorkor)

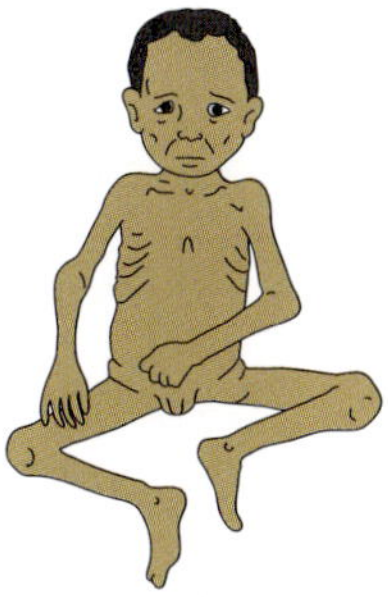
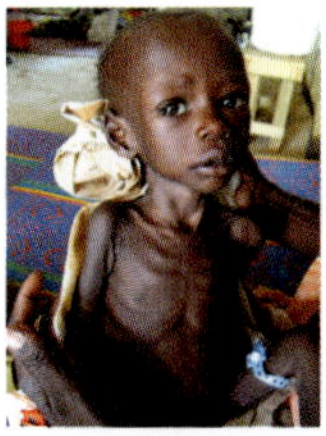

사진 출처: www.kmle.co.kr

마라스무스(Marasmus)

| 그림 3-1 | 콰시오커와 마라스무스

② 단백질 과잉

단백질을 과잉으로 섭취하면 체내에서 지방으로 전환되어 체지방으로 축적된다. 단백질을 분해하는 과정에서 생긴 요소의 배설을 위해 신장에 부담을 줄 수 있으므로 신장 기능이 좋지 않은 경우 주의해야 한다. 또한 장기간 고단백 식사를 하면 칼슘의 소변 배설이 증가된다는 보고도 있으므로 영유아의 성장을 위해서도 단백질의 과잉 섭취는 피하는 것이 좋다.

(4) 영유아의 특성과 단백질의 섭취 기준

영유아는 단위체중당 단백질 필요량이 성인에 비해 높다. 이는 급속한 성장기인 영유아기에 단백질이 새로운 체조직의 합성과 생리적으로 중요한 체단백질, 효소, 호르몬 합성에 필요하기 때문이다. 단백질은 영유아기에 있어 가장 신경을 써야 하는 영양소 중의 하나이므로 소화되기 쉽고 질이 우수한 단백질을 섭취할 수 있도록 해야 한다. 어육류, 난류, 유제품, 콩류(특히 대두)가 양질의 단백질 급원이다.

식품군	식품명	1회 분량(g)	0 1 2 3 4 5 6 7 8 9 10 11 12 13 14 15 16(g)
곡류	현미	90	7.4
고기·생선 달걀·콩류	오징어	80	15.1
	닭고기	60	14.4
	소고기(안심)	60	11.5
	고등어	60	12.1
	돼지고기(삼겹살)	60	8.0
	두유	200	8.8
	달걀	60	7.5
	두부	80	7.7
채소류	배추김치	40	0.6
과일류	참외	150	2.4
우유 유제품	우유	200	6.2
	가공치즈	20	5.6
유지.당류	요구르트(액상)	150	1.9
	아이스크림	100	5.0

| 그림 3-2 | 단백질의 급원식품

출처: 국가표준식품성분표 제9개정판 (2017).

수유를 위주로 하는 0~5개월의 영아는 모유 섭취량을 근거로 하루 10g을 충분섭취량으로 설정하였고, 6~11개월 영아는 질소평형 유지를 위한 필요량에 성장에 필요한 단백질량을 더하여 12g을 평균필요량으로 설정하고 개인차를 고려한 권장량산정계수를 곱하여 15g을 권장섭취량으로 설정하였다. 1세 이상 유아에도 같은 기준을 적용하여 1~2세의 유아는 20g, 3~5세의 유아는 25g을 권장섭취량으로 설정하였다.

| 표 3-6 | 영유아의 1일 단백질 영양소 섭취 기준

연령	평균 체중(kg)	충분섭취량(g/일)	평균필요량(g/일)	권장섭취량(g/일)
0~5개월	5.5	10	-	-
6~11개월	8.4	-	12	15
1~2세	11.7	-	15	20
3~5세	17.6		20	25

출처: 보건복지부(2020).

Q&A

질소평형이란 무엇인가요?

단백질은 에너지를 내는 영양소 중 유일하게 질소를 함유하고 있어 신체를 통과하는 질소의 경로를 추적하면 단백질의 필요량을 추정할 수 있다. 단백질 내에 질소는 평균 16% 함유되므로 단백질의 양으로 질소 섭취량을 알 수 있고 소변과 대변, 손톱, 모발 등을 통해 배설되는 질소의 양을 측정할 수 있다. 질소평형(nitrogen balance)은 질소섭취량에서 질소배설량(질소손실량)을 뺀 값으로 그 차이가 0이 되는 상태를 말한다. 건강한 성인은 성장이 없는 동적 평형상태로 체내 단백질의 양이 일정하므로 배설되어 손실되는 양만큼 섭취하면 단백질 필요량을 충족할 수 있다. 그러나 성장기의 영유아는 새로운 체조직 합성을 위해 질소섭취량이 배설량보다 많은 양(+)의 질소 균형을 이루어야 한다.

질소 균형 = 질소섭취량 − 질소배설량

(단백질섭취량/6.25) (소변, 대변, 손톱, 모발 등의 질소손실량)

3) 지질

지질(lipid)은 1g당 9kcal의 에너지를 내는 효율적인 에너지 급원이고, 잉여에너지를 체내에 저장하는 형태이다. 식사량이 적은 반면 성장 속도가 빠른 영유아에게는 농축된 에너지원인 지질의 섭취가 중요하다. 조리에 사용되는 식용유, 버터를 비롯하여 육류, 생선, 유제품, 견과류 등에서 지질을 섭취한다.

(1) 지질의 종류

지질은 물에 녹지 않고 유기용매에 녹는 특징을 가진다. 식품의 종류에 따라 상온에서 고체 상태인 지방(fat)과 액체 상태인 기름(oil)으로 존재하기도 하고, 식용유나 버터처럼 육안으로로 지질을 금방 식별할 수 있는 가시지방(visible fat)도 있으나 우유, 달걀, 살코기처럼 지질의 존재를 인식하기 어려운 비가시지방(invisible fat)으로 존재하기도 한다. 식품 중에 존재하는 지질은 90% 이상이 중성 지방이고 약간의 콜레스테롤이 있다.

가시지방

비가시지방

ㅣ그림 3-3ㅣ 가시지방과 비가시지방

① 중성 지방

식품이나 우리 체내에 저장된 지질은 거의 대부분 중성 지방(triacylglycerol)이다. 중성 지방의 구조는 뼈대를 이루는 글리세롤 한 분자에 세 개의 지방산이 결합된 형태로, 이때 어떤 종류의 지방산이 결합되어 있는가에 따라 지질의 성질이 달라진다.

지방산은 지방산을 구성하는 탄소 원자의 수와 결합 방법에 따라 다양한 종류가 있다. 지방산을 이루는 탄소의 수는 4~22개까지 매우 다양한데, 탄소의 수가 적은 짧은 지방산일수록 물에 녹는 성질이 크고 길어질수록 물에 녹지 않는다. 지방산을 구성하는 탄소를 연결하는 방법으로 단일결합과 이중결합이 있는데, 이중결합의 수에 따라 포화지방산과 불포화지방산으로 구분한다. 또한 불포화지방산은 지방산의 한쪽 끝인 메틸기의 탄소(오메가, ω)에서 첫 번째 이중결합의 위치에 따라 ω9 지방산, ω6 지방산, ω3 지방산으로 나누기도 한다.

- 길이에 따라: 짧은사슬 지방산, 중간사슬 지방산, 긴사슬 지방산
- 이중결합의 수에 따라: 포화지방산, 단일불포화지방산, 다가불포화지방산
- 이중결합의 위치에 따라: ω9 지방산, ω6 지방산, ω3 지방산

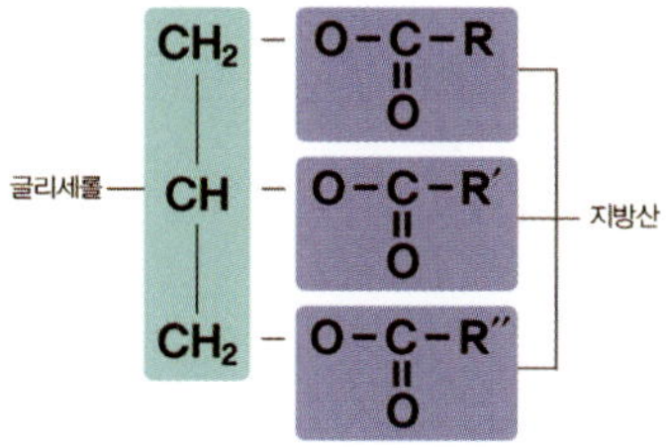

| 그림 3-4 | 중성 지방의 기본 구조

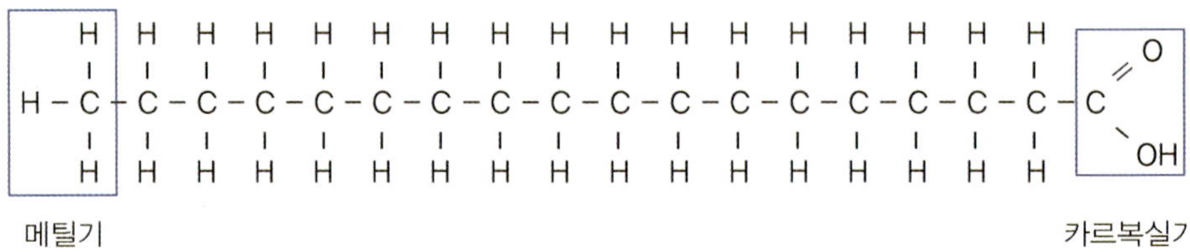

포화지방산(스테아르산, C18:0)

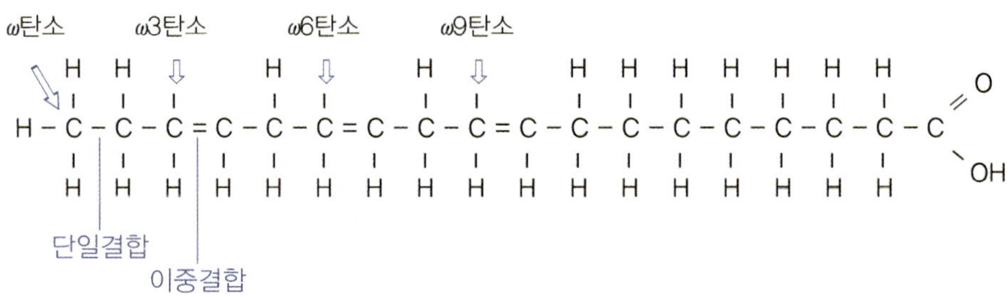

불포화지방산(리놀렌산, C18:3, ω3)

| 그림 3-5 | 지방산의 구조

| 표 3-7 | 지방산의 종류와 급원식품

분류			예	급원식품	특징
포화지방산 (이중결합 없음)			팔미트산(C16:0) 스테아르산(C18:0)	육류, 우유, 버터, 치즈, 코코넛유, 팜유	• 실온에서 고체 • 체내에서 합성
불포화지방	단일불포화지방산 (이중결합 1개)	ω9계	올레산(C18:1)	올리브유, 카놀라유, 땅콩기름	• 실온에서 액체 • 체내에서 합성
	다가불포화지방산 (이중결합 2개 이상)	ω6계	리놀레산(C18:2)	옥수수유, 해바라기씨유	• 실온에서 액체 • 체내에서 합성 불가능하거나 적은 양 합성됨
			아라키돈산(C20:4)	달걀노른자, 육류	
		ω3계	알파-리놀렌산 (C18:3)	들깨기름, 콩기름, 호두기름	
			EPA(C20:5) DHA(C22:6)	등푸른생선(고등어, 청어, 정어리)	

② 콜레스테롤

콜레스테롤은 식물에서는 발견되지 않고 동물성 식품(달걀노른자, 오징어, 게, 새우 등)에 존재한다. 그러나 사람은 음식으로 섭취하는 것보다 훨씬 더 많은 양의 콜레스테롤을 체내에서 합성할 수 있다. 혈액 중에 콜레스테롤 농도가 높아지면 심혈관계 질환의 발생률이 증가한다고 알려져 섭취를 피하는 경향이 있으나 세포막, 뇌, 신경조직의 구성에 필수적으로 필요한 물질이다.

(2) 지질의 기능

① 효율적인 에너지원

탄수화물과 단백질이 1g당 4kcal의 에너지를 공급하는 데 비해, 지질은 1g당 9kcal를 공급한다.

② 체온 조절 및 장기 보호

피하지방은 열전도율이 낮아서 체온 손실을 막아 체온을 일정하게 유지한다. 또한 피하지방조직은 심장, 신장 등의 주요 장기와 유방, 자궁, 난소 등의 생식기관을 둘러싸서 외부 충격으로부터 신체를 보호한다.

③ 세포막과 신경조직의 구성

지질 중 인지질과 콜레스테롤은 세포막, 뇌, 신경조직 등의 구성 성분이 되며 뇌신경조직이 활발하게 성숙되고 있는 영유아기에는 필수적인 성분이다.

④ 지용성 비타민의 흡수 촉진

지질은 지용성 비타민(비타민 A, D, E, K)를 녹아 있는 상태로 만들어 소화흡수되도록 하므로 지질 섭취가 부족하면 지용성 비타민의 영양 상태도 나빠진다.

⑤ 필수지방산 공급

신체의 정상적 성장과 기능에 필수적이지만 체내에서 합성되지 않거나 합성되는 양이 부족해서 반드시 식품을 통해 섭취되어야 하는 지방산을 '필수지방산'이라고 한다. 리놀레산과 알파-리놀렌산이 대표적인 필수지방산으로 식물성 기름이 주요 공급원이 된다.

(3) 지질과 건강

지질의 과다한 섭취는 에너지 섭취를 증가시켜 비만을 일으킨다. 특히 식품 중의 포화지방산과 콜레스테롤은 혈중 지질을 증가시켜 고혈압, 심장순환계 질환의 발생을 높이고 유방암, 대장암, 전립선암 등 특정 암의 발병률을 높인다. 반면에 ω3 지방산은 혈청지질을 감소시켜 혈압을 떨어뜨리고 심장순환계 질환을 예방하며, 암 발생을 억제한다고 알려져 있다. 그러나 ω3 지방산 등의 불포화지방산은 쉽게 산화되어 세포막에 손상을 초래하여 다른 질병을 초래할 수도 있으므로 적당한 비율로 균형 있게 섭취하는 것이 좋다.

(4) 영유아의 특성과 지질의 섭취 기준

부모들은 지질 섭취에 따른 비만을 걱정하여 의도적으로 영유아에게 지질을 제한하는 경우가 있다. 그러나 영유아에서 지질 섭취 제한은 에너지 및 필수지방산 부족, 지용성 비타민의 흡수장애를 초래하여 정상적인 성장을 방해할 위험이 크다. 따라서 충분한 에너지 공급과 생리적 기능을 위한 적당량의 지질 섭취가 필요하다.

유즙을 주로 먹는 1세까지의 영아는 지방이 전체 에너지의 40~50%를 차지하며 유즙의 지방섭취량으로 충분섭취량을 정하였다. 1~2세의 지방섭취량은 총 에너지의 20~35%, 3~19세는 15~30%를 지질로 섭취하고 필수지방산인 리놀레산과 알파-리놀렌산의 적절한 섭취를 권장한다. 즉, 연령이 높아질수록 지질의 비중은 줄어들고, 포화지방산은 에너지의 8% 미만, 트랜스지방산은 1% 미만으로 적절한 지질 조성을 포함하도록 권장한다.

Q&A

트랜스지방산이란 무엇인가요?

액상기름을 가공하여 고체 상태로 변형하는 과정에서 불포화지방산의 화학적인 구조가 변하여 이중결합의 꺾인 형태가 같은 방향인 시스(cis) 형태에서 트랜스(trans) 형태로 바뀐 지방산을 말한다. 불포화지방산인데도 포화지방산보다 천식, 심장병, 뇌졸중, 당뇨 등에 더 나쁜 영향을 준다. WHO에서는 하루에 트랜스지방산을 2.2g(2,000kcal 기준) 이상 섭취하지 않도록 권장한다.

〈트랜스지방산이 많은 식품들〉

▶ 영유아의 에너지 권장량

영유아기는 체중 1kg당 에너지 필요량이 성인의 2~3배에 해당할 만큼 높다. 그 이유는 다음과 같이 정리할 수 있다.

- 체중에 비해 체표면적 비율이 상대적으로 높아서 열 손실이 크다.
- 성장을 위해 소비되는 에너지가 많이 필요하다.
- 성인에 비해 활동적이므로 활동에 필요한 에너지가 높다.

영유아의 표준체위를 기준으로 에너지 권장량을 제시하고 있으나 실제로 영유아의 섭취량은 개인의 성장, 활동량, 식욕 등 개인차가 크기 때문에 섭취량이 권장량보다 적다고 해서 에너지 부족이라고 단순히 평가할 수는 없다.

| 표 3-8 | 영유아의 에너지 섭취 기준

연령	평균 체중(kg)	필요 추정량(kcal/일)
0~5개월	5.5	500
6~11개월	8.4	600
1~2세	11.7	900
3~5세	17.6	1400

출처: 보건복지부(2020).

4) 비타민

비타민은 에너지를 내거나 우리 몸을 구성하지는 않지만, 영양소의 대사 과정에 필수적이며 정상적인 성장과 발육에 매우 중요한 역할을 한다. 그러나 대부분의 비타민이 체내에서 합성되지 않기 때문에 음식을 통해 반드시 섭취해야 한다. 필요량이 많은 것은 아니나 편식을 하면 비타민이 결핍되기 쉽다.

비타민은 용매에 대한 용해성을 기준으로 수용성 비타민과 지용성 비타민으로 분류한다(표 3-9).

| 표 3-9 | 비타민의 분류와 특성

구분	지용성 비타민	수용성 비타민
종류	• 비타민 A, D, E, K	• 비타민 B군(B_1, B_2, B_6, B_{12}, 나이아신, 엽산, 비오틴, 판토텐산) • 비타민 C
성질	• 지방에 녹음	• 물에 녹음
과량 섭취 시	• 체내에 축적되며 쉽게 체외로 방출되지 않음	• 필요 이상의 섭취량은 저장되지 않고 소변으로 쉽게 배설됨
독성	• 과량 섭취 시 독성 나타남 (특히 비타민 A와 D는 간독성)	• 독성 비교적 적음
결핍증	• 서서히 나타남	• 빨리 나타남
섭취 방법	• 필요량을 매일 공급해 주지 않아도 됨	• 필요량을 매일 공급해야 함

(1) 지용성 비타민

① 비타민 A

비타민 A는 정상적인 성장과 발육, 면역 기능에 필수적인 물질로 작용하므로 영유아에게 중요한 영양소이다. 간, 우유 등의 동물성 식품에도 포함되어 있으나 녹황색 채소로 가장 많이 섭취한다.

주요 기능

- 정상적인 성장과 발육: 정상적인 골격의 성장에 관여하므로 결핍되면 성장 지연 현상이 나타난다.
- 시각 기능: 어두운 곳에서 작용하는 시각세포(간상세포)가 물체를 볼 수 있도록 하는 물질인 로돕신(rhodopsin)을 합성하는 역할을 한다.
- 상피세포 관련 기능: 상피세포는 피부를 덮는 세포로 점액을 분비하여 외부에서 침입하는 이물질을 방어하는 기능을 한다. 비타민 A는 점액 단백질이나 점액 다당류 같은 물질을 만드는 데 관여하므로 부족하게 되면 망막, 피

부, 폐, 장점막 등이 각질화되어 정상적인 기능을 방해한다.

- 항산화 기능: 비타민 A 중 녹황색 채소에 함유된 β(베타)-카로틴은 항산화 작용 효과가 있고 이로 인한 노화, 심혈관계 질환, 암 등의 억제 효과 가능성에 대한 관심이 높지만 아직 연구가 더 필요하다.

결핍증과 과잉증

비타민 A는 결핍되기 쉬운 영양소 중의 하나이다. 비타민 A 결핍 초기에는 식욕부진, 성장부진, 면역력 감소 및 야맹증이 나타나고 결핍이 진행되면 안구건조증, 각막연화증, 비토반점 등의 증상이 나타날 수 있고 심하면 실명한다. 모유에는 비타민 A가 충분량 함유되어 모유영양아에서는 쉽게 결핍 증상이 나타나지 않는다.

영유아에게 비타민 A 보충제를 다량으로 장기간 투여하면 식욕부진, 체중 감소, 발열, 탈모, 입술의 균열, 피부 건조, 간경화 등의 증상이 나타난다.

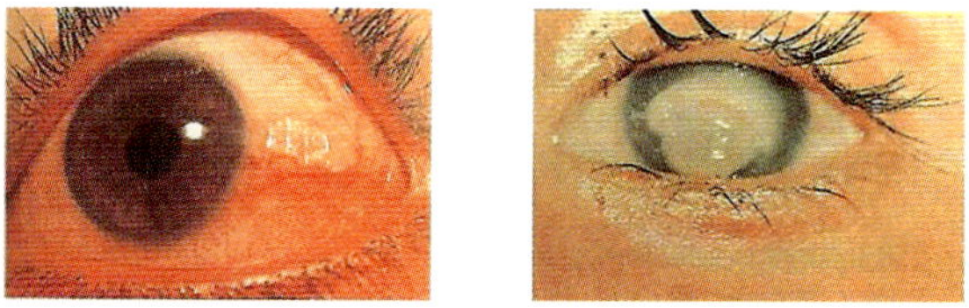

| 그림 3-6 | 안구건조증, 각막연화증

출처: Wardlaw(2018).

급원식품

비타민 A는 간, 간유, 달걀, 버터, 우유 등의 동물성 식품에 풍부하지만 체내에서 비타민 A로 전환되는 카로티노이드는 당근, 시금치, 감, 호박, 귤 등 녹황색이 진한 식물성 식품에 함유되어 있다.

식품군	식품명	1회 분량(g)	레티놀활성당량(RAE)
곡류	시리얼.옥수수	30	729.3
고기·생선 달걀·콩류	소간	60	5,678.0
	다랑어.지방육	60	162.0
	달걀	60	81.6
채소류	당근	70	321.8
	무청	70	292.0
	아욱	70	227.5
	단호박	70	224.1
과일류	살구	100	190.0
	망고.생것	100	116.0
우유·유제품	우유	200	110.0
유지.당류	마가린	5	83.0
	버터	5	26.3

| 그림 3-7 | 비타민 A의 급원식품

② 비타민 D

골격 형성에 중요한 역할을 하는 칼슘의 흡수와 이용을 조절하는 호르몬 같은 역할을 하는 비타민 D는 성장기 영유아의 골격 성장에 필수적인 물질이다. 비타민 D는 음식을 통해 섭취할 수도 있지만 햇빛을 충분히 받으면 피부에서 생합성되므로 필요한 비타민 D를 공급받을 수 있다.

◘ 주요 기능

- 혈중 칼슘 농도 유지와 골격 형성: 비타민 D는 부갑상선호르몬과 함께 소장의 칼슘 흡수와 신장의 칼슘 재흡수를 증가시켜 골격 형성에 이용되도록 한다.

◘ 결핍증과 과잉증

성장기에 있는 영유아에서 비타민 D 부족이 계속된다면 뼈가 단단해지지 못하고 변형되어 구루병이 나타나고, 뼈가 체중을 지탱하지 못해 다리가 휘어진다. 성인에서는 비타민 D 섭취가 부족하면 뼈에서 칼슘이 빠져나가 골밀도가 저하되어 골다공증 증세가 나타날 수 있다. 비타민 D는 비타민 중 가장 독성이 강한 비타민으로 보충제 과다 복용 시 혈액 중의 칼슘 농도가 높아져서 신장, 심장, 폐 등에 칼슘이 축적되어 조직 손상이 생기고 신장결석이 생길 수 있다. 그 외에 구토감, 변비, 허약감 등의 증상이 나타날 수도 있고 영유아들은 비타민 D 과량 복용에 의해 오히려 성장이 저해될 수 있다.

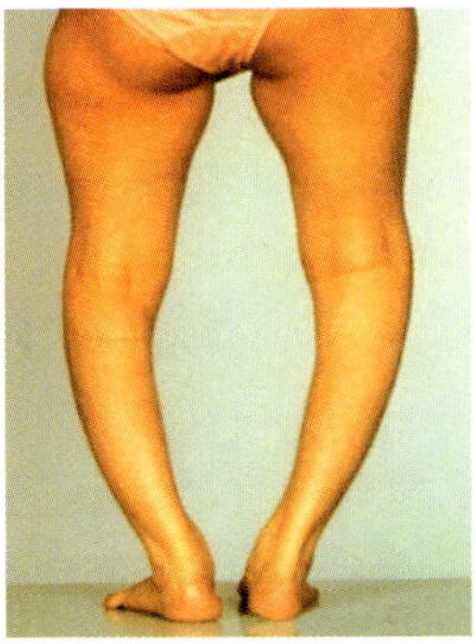

| 그림 3-8 | 비타민 D 결핍으로 인한 구루병

출처: www.blog.daum.net

◘ 급원식품

비타민 D가 많이 함유되어 있는 식품은 그리 많지 않으나 지질 함량이 많은 생선(정어리, 청어, 연어 등), 달걀, 효모, 버섯에 들어 있다. 또한 시리얼, 우유 등에 비타민 D를 강화한 비타민 D 강화식품도 좋은 급원이 될 수 있다.

식품군	식품명	1회 분량(g)	0 5 10 15 20(µg)
곡류	현미	30	1.2
고기·생선 달걀·콩류	연어	60	19.8
	달걀	60	12.5
	다랑어.지방육	60	10.3
	참조기	60	5.1
	오징어	60	4.8
	고등어	60	4.3
채소류	목이버섯·데친거	40	2.6
우유.유제품	우유·강화우유	200	4.1

| 그림 3-9 | 비타민 D의 급원식품

Q&A

비타민 D가 피부에서 합성된다는데 얼마나 오래 햇빛을 쬐면 되나요? 오래 햇빛에 노출되면 지용성 비타민인 비타민 D의 독성이 나타나나요?

한 번에 10~15분 정도로 주 2~3회 햇빛을 쬐면 피부를 통해 비타민 D가 합성된다. 그러나 자외선차단크림을 바르면 비타민 D 합성이 이루어지지 않으므로, 10~15분 정도 피부를 자외선에 노출한 후에 자외선차단크림을 바르는 것이 좋다. 햇빛을 과량 쬐면 피부에서는 비타민 D와 그 비활성형이 함께 합성되어 시간이 지나면서 서서히 비타민 D로 전환되므로 독성이 나타나지 않는다.

③ 비타민 E

체내에서 비타민 E 활성을 나타내는 물질은 8종이 알려져 있는데 그중 α-토코페롤의 활성이 가장 강하다. 비타민 E는 세포막이나 불포화지방산의 산화를 막는 항산화제 기능이 가장 대표적 역할이다.

◘ 주요 기능

- 항산화 기능: 세포막이나 식물성 기름에 들어 있는 불포화지방산이 산화에 의해 파괴되는 것을 막아 준다. 이러한 항산화 기능이 암이나 심혈관계 질환 예방과 관련이 되는 것으로 알려져 있다.
- 노화 방지: 노화현상이 과산화물의 생성과 관련이 있는 것으로 알려지면서 비타민 E가 노화를 지연시킬 가능성이 있으나 더 연구가 필요하다.
- 면역 기능 유지: 비타민 E는 영유아들의 면역 기능을 증강시켜 감염에 대한 저항성을 높여 준다.

◘ 결핍증과 과잉증

비타민 E가 결핍되면 적혈구 세포막의 불포화지방산이 산화되어 쉽게 파괴됨으로써 빈혈(용혈성 빈혈)이 생기기 쉽다. 이러한 증상은 미숙아에서 흔히 볼 수 있다. 비타민 E는 다른 비타민에 비해 거의 독성이 없어 안전하나, 과량의 보충제 복용은 같은 지용성 비타민인 비타민 A와 K의 흡수를 방해할 수 있다.

◘ 급원식품

곡류의 배아, 식물성 기름, 아몬드 등의 견과류, 녹황색 채소 등의 식물성 식품에 들어 있고, 간을 제외하고 동물성 식품에는 비타민 E가 거의 없다.

④ 비타민 K

비타민 K는 장내 미생물에 의해 상당량 합성되어 성인에는 결핍증이 없으나 신생아에서 지혈이 오래 걸려 출혈 문제가 생길 수 있다.

◘ 주요 기능

- 혈액 응고 인자의 합성에 관여: 간에서 혈액 응고에 관여하는 단백질의 합성 과정에 중요한 역할을 한다.
- 골격 형성 기능: 뼈의 정상적인 석회화에 관여한다.

결핍증과 과잉증

비타민 K가 결핍되면 혈액 응고 시간이 지연된다. 건강한 사람은 일상 식사를 통한 섭취량도 충분하고 장내 미생물에 의해 합성되므로 결핍증이 나타나지 않는다. 그러나 신생아는 장내 무균 상태로 비타민 K 합성이 부족하고 모유의 비타민 K 함량이 낮아서 신생아 출혈로 위험해질 수 있다. 식품을 통한 비타민 K 과잉증은 거의 독성이 없다.

급원식품

거의 모든 식품에 들어 있는데 특히 녹색 채소, 간, 콩류에 많다.

| 표 3-10 | 지용성 비타민의 요약

	기능	결핍증	과잉증	급원식품
비타민 A	• 정상적인 성장발육 • 시각 기능 • 상피세포 형성 • 항산화 및 항암 작용	성장 부진, 야맹증, 안구건조증, 피부 각질화	두통, 구토, 피부 건조, 탈모증, 간장 비대, 사산과 기형아 출산(임산부)	• 동물의 간, 어유, 달걀 • 녹황색 채소, 해조류, 과일
비타민 D	• 체내 칼슘의 농도 조절 • 뼈에 칼슘 축적 • 세포 증식과 분화 조절	구루병(영유아), 골연화증, 골다공증	고칼슘혈증, 신장·심혈관계의 손상, 신장결석, 구토감, 변비, 영유아의 성장 저해	• 생선, 생선 간유, 달걀, 버터, 말린 버섯
비타민 E	• 항산화 작용 • 면역 기능 유지 • 심혈관계 질환 예방	용혈성 빈혈	과잉증 심하지 않음	• 식물성 기름, 견과류, 곡류의 배아, 녹색 채소
비타민 K	• 혈액 응고 인자 합성 • 골다공증 예방	혈액 응고 지연	신생아 출혈	• 녹색 채소(시금치, 무청, 브로콜리), 콩류, 간

(2) 수용성 비타민

① 비타민 B_1

수유를 하는 엄마가 백미 위주의 식사를 할 경우 비타민 B_1(티아민)이 결핍될 수 있어 모유를 먹는 영유아에서 결핍증이 나타나기 쉽다. 열에 의해 파괴되기 쉬우므로 조리 시 주의해야 한다.

주요 기능

- 에너지 대사에 관여: 탄수화물, 지질, 단백질이 에너지를 내는 데 관여하는 여러 효소들의 작용을 돕는 조효소로 작용한다.
- 신경전달에 관여: 신경전달물질인 아세틸콜린의 합성에 중요한 작용을 하므로 결핍되면 신경조직에 기능장애가 생긴다.

결핍증

가벼운 결핍 증상으로 식욕부진, 체중 감소, 허약, 피로감, 우울증이 나타난다. 비타민 B_1 결핍이 심해지면 각기병이 나타나는데 증상에 따라 건성 각기와 습성 각기로 나눈다. 건성 각기는 근육이 약해지고 운동 및 반사 기능에 장애가 나타나는 것이고, 습성 각기는 심장근육이 약화되어 심장이 비대해지고 박동이 불규칙해지며 전신 부종이 나타난다.

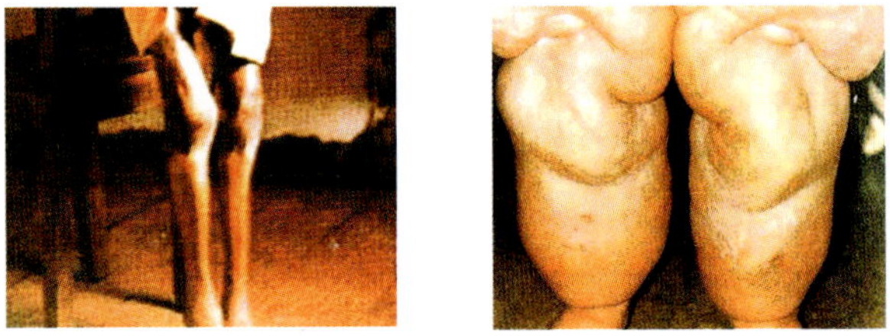

| 그림 3-10 | 각기병

출처: www.lg-sl.net

급원식품

돼지고기, 전곡류(배아), 두류 및 견과류는 티아민이 다량 함유되어 있으나 도정한 곡류, 우유 및 유제품, 채소 등은 함량이 낮다.

식품군	식품명	1회 분량(g)	0 0.05 0.10 0.15 0.20 0.25 1.20(mg)
곡류	현미	90	0.25
	백미	90	0.21
	식빵	100	0.17
고기·생선 달걀·콩류	돼지고기(등심)	60	0.16
	돼지고기(간)	60	0.15
	달걀	60	0.05
	두부	80	0.03
채소류	콩나물	70	0.08
	무	70	0.04
	배추김치	40	0.04
	애호박	70	0.03
과일류	키위	100	0.13
	복숭아(황도)	100	0.02
	참외	150	0.01
우유·유제품	우유	200	0.04

| 그림 3-11 | 티아민(비타민 B_1)의 급원식품

② 비타민 B_2

비타민 B_2(리보플라빈)는 열에 안정적인 성장촉진인자로 발견되었으나, 자외선에 의해 쉽게 파괴되므로 보관에 주의해야 한다.

◘ 주요 기능

- 에너지 대사에 관여: 탄수화물, 지질, 단백질이 에너지와 물로 분해되는 산화 과정에서 중요한 역할을 한다.

◘ 결핍증

결핍증은 저소득층 영유아에서 많이 발생하는데, 입술 가장자리가 헐고 염증이 나타나거나 입가가 찢어지는 구순구각염, 입 안이 헐고 염증이 생기는 구내염, 혀가 붉어지고 쓰라린 설염이 나타나기 쉽다. 또한 광선을 받으면 눈이 심하게 부신 과민증이 나타나거나, 영유아의 성장부진이 생긴다.

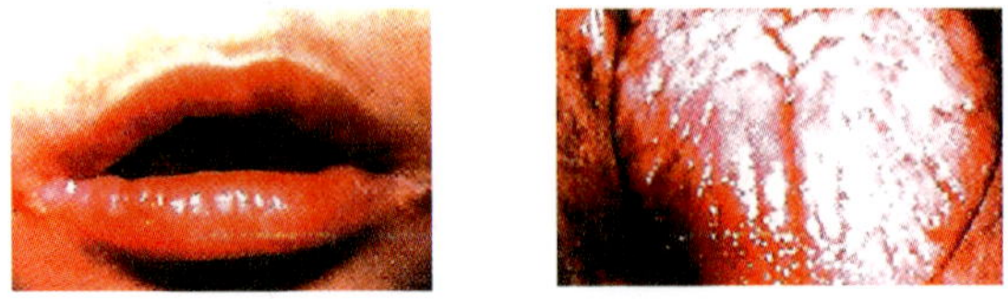

| 그림 3-12 | 구순구각염, 설염

◘ 급원식품

우유 및 유제품, 소간, 육류, 생선 및 달걀 등의 동물성 식품에 풍부하므로 우유 및 동물성 식품의 섭취가 낮은 사람에게 특히 부족하기 쉽다.

식품군	식품명	1회 분량(g)	0 0.1 0.2 0.3 0.4 0.5 0.6 0.7 0.8 0.9 1.0 1.1 1.2 1.3 1.4 1.5 1.6(mg)
곡류	현미	90	0.80
	식빵	100	0.33
	감자	140	0.05
	백미	90	0.02
고기·생선 달걀·콩류	돼지고기(간)	80	1.55
	달걀	60	0.28
	고등어	60	0.28
	돼지고기(등심)	60	0.11
채소류	깻잎	70	0.36
	미나리	70	0.14
	무청	70	0.12
	배추김치	40	0.02
과일류	참외	150	0.12
	단감	100	0.05
	딸기	150	0.03
	키위	100	0.03
우유·유제품	우유	200	0.32
	요구르트(호상)	100	0.15
	요구르트(액상)	150	0.10

| 그림 3-13 | 리보플라빈(비타민 B_2)의 급원식품

③ 나이아신

산, 알칼리, 열 및 광선에 비교적 안정적이며, 필수 아미노산인 트립토판 60mg이 체내에서 나이아신 1mg으로 전환될 수 있다.

주요 기능

- 비타민 B_1, B_2와 함께 탄수화물, 지질, 단백질의 에너지 생성 과정에 필요하다. 또한 체내에서 지방산, 콜레스테롤 및 스테로이드 합성에 관여한다.

결핍증

나이아신이 부족한 식사를 수개월 계속하면 결핍증인 펠라그라(pellagra) 증상이 나타나는데 옥수수를 주식으로 하는 지역의 저소득층 주민에서 자주 발생한다. 증상으로는 노출이 많은 목, 얼굴, 손 등이 거칠어지는 피부염(dermatitis)과 설사(diarrhea), 정신 이상(demantia)이 나타나고 심하면 사망한다. 트립토판이 체내에서 비타민 B_1, B_2, B_6의 도움으로 나이아신으로 전환되므로 양질의 단백질을 충분히 섭취하면 나이아신 결핍증은 발생하지 않는다.

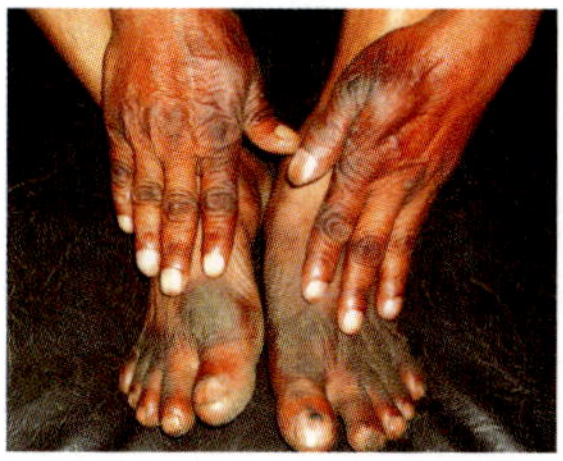

| 그림 3-14 | 펠라그라 피부염

④ 비타민 B_6

체내의 단백질 및 아미노산 대사에 주로 관여하는 비타민으로 단백질 섭취가 증가하면 비타민 B_6(피리독신)의 섭취량도 증가되어야 한다.

주요 기능

- 단백질과 아미노산 대사에 관여: 단백질 및 아미노산 대사 과정의 조효소로서 비필수 아미노산, 신경전달물질 및 핵산 합성에 관여하고 트립토판으로부터 나이아신 합성에 작용한다.
- 적혈구 합성: 적혈구에서 산소를 운반하는 헤모글로빈을 합성하는 데 관여하므로 결핍되면 빈혈이 나타난다.

결핍증

섭취부족에 의한 비타민 B_6의 결핍증은 흔하지 않으며, 다른 비타민 B 복합체들의 결핍이 나타난 사람에게서 복합적으로 나타난다. 피부염, 구각염, 구내염, 메스꺼움, 현기증, 우울증, 빈혈이 나타나고, 비타민 B_6가 심하게 결핍되면 전신 경련을 포함한 신경장애가 나타난다.

급원식품

비타민 B_6는 동식물계에 널리 존재한다. 동물의 근육에 저장되므로 육류, 어류, 가금류는 비타민 B_6의 좋은 급원이 되며 식물성 식품보다 쉽게 흡수된다. 식물성 식품 중에는 현미, 대두, 견과류, 바나나, 브로콜리 등에 비타민 B_6 함량이 높다.

⑤ 엽산

엽산(folic acid)은 핵산 합성과 아미노산 대사에 관여하여 세포분열이 활발한 임신기, 성장기에 필요량이 커지므로 영유아기는 엽산이 결핍되기 쉽다.

주요 기능

- DNA 합성과 세포분열에 관여: 세포 내 유전물질인 DNA 합성에 중요한 역할을 하므로 세포분열이 정상적으로 일어나게 한다.
- 아미노산 합성: 아미노산들의 상호 전환에 관여하여 세린, 메티오닌, 글루탐산 등을 합성한다.

- 신경전달물질 합성: 뇌에서 신경전달물질을 형성하는 데 관여하므로, 우울증을 해소하는 데 도움이 될 수 있다.

결핍증

엽산이 정상적인 세포분열에 관여하므로 세포 수명이 짧아서 빨리 교체되는 적혈구 세포는 엽산이 부족하면 적혈구 수가 감소하고 성숙이 지연되는 거대적아구성 빈혈(megaloblastic anemia)이 일어난다. 또한 임신부에서 엽산이 결핍되면 조산, 저체중아 출산의 원인이 되고 특히 임신 초기에 결핍되면 태아의 신경관이 손상되어 전신마비, 뇌수종, 지능장애가 나타날 수 있다.

급원식품

시금치, 브로콜리, 근대 등의 녹색 채소와 오렌지 주스, 간, 콩류 등에 엽산이 다량 함유되어 있다. 엽산은 가열과 산화에 약하고 수용성이라 조리수를 통한 손실량이 많으므로 가공이나 조리 과정에서 주의해야 한다.

⑥ 비타민 B_{12}

비타민 중 유일하게 무기질인 코발트(Co)를 함유하고 있어 코발아민(cobalamin)이라고 한다.

주요 기능

비타민 B_{12}는 엽산과 함께 작용하므로 그 기능이 거의 비슷하다.

- DNA 합성과 세포분열에 관여: 비타민 B_{12}는 엽산을 체내에서 DNA 합성에 작용하는 활성형으로 바꾸는 역할을 하므로 세포분열과 조혈에 관여한다.
- 메티오닌 합성: 엽산과 함께 호모시스테인에서 메티오닌을 합성하는 데 관여한다.

• 중추신경계의 정상적 기능에 관여: 비타민 B_{12}는 신경계의 수초를 유지시켜 정상적인 기능이 이루어지게 한다.

결핍증

비타민 B_{12}의 흡수에 관계된 유전적인 결함이나 채식주의자에서 발생되며, 엽산 결핍증과 마찬가지로 적혈구의 세포분열이 이루어지지 않아 거대적아구성 빈혈을 일으키고 신경세포의 퇴화와 손상이 발생한다.

급원식품

동물성 식품에 존재하며, 특히 간, 신장, 심장 같은 내장육에 많고 조개, 굴, 쇠고기, 달걀, 돼지고기와 우유 및 유제품에도 풍부하다.

⑦ 비타민 C

비타민 C는 영유아의 정상적인 성장과 감염에 대한 저항력을 키우는 데 중요한 비타민으로 열이나 산화에 의해 파괴되기 쉬우므로 주의해야 한다.

주요 기능

• 콜라겐 합성: 콜라겐은 뼈, 인대, 근육 및 혈관의 기본 구조를 형성하는 단백질로 비타민 C는 콜라겐 합성에 중요한 역할을 한다.
• 항산화 작용: 비타민 C는 쉽게 산화되는 성질을 가져서, 자신이 산화되는 대신 다른 물질의 산화를 막아 주는 항산화제로 작용한다. 세포 내에서 생기는 활성산소를 제거해서 세포를 보호해 주는 역할을 한다.
• 철 흡수 촉진: 비타민 C는 철을 환원시켜($Fe^{3+} \rightarrow Fe^{2+}$) 흡수를 촉진시키므로 부족하면 빈혈이 생길 수 있다.
• 면역 기능 증진: 면역력을 강화시켜 감염성 질환을 예방할 수 있다.

결핍증

비타민 C가 결핍되면 콜라겐 합성에 문제가 생겨서 뼈, 치아, 혈관벽의 형성이 부실해져서 발육 부진, 골절이 나타나고 잇몸의 출혈이나 염증이 생기는 괴혈병이 생긴다. 또한 감기나 여러 질병에 쉽게 감염될 수 있다.

급원식품

비타민 C는 과일(딸기, 감귤류, 키위)과 채소(풋고추, 시금치, 브로콜리, 감자)에 풍부하나 조리 시 파괴되기 쉽다. 영유아가 먹기 쉬운 데친 채소나 과일 주스, 갈거나 으깬 과일 등은 비타민 C의 파괴가 잘 일어나므로 공기 중에 노출되는 시간을 줄이고 가능하면 신선한 익히지 않은 형태로 먹는 것이 좋다.

식품군	식품명	1회 분량(g)	0 10 20 30 40 50 60 70 80 90 100 (mg)
곡류	고구마	70	25.6
	감자	140	6.3
	백미	90	0
고기·생선 달걀·콩류	돼지고기(간)	60	7.8
	소고기(등심)	60	0.5
	강낭콩	20	0.4
채소류	무청	70	50.4
	시금치	70	42.0
	풋고추	70	30.8
과일류	딸기	150	106.5
	키위	100	72.0
	귤	100	48.0
	오렌지	100	43.0
우유·유제품	우유	200	1.6

| 그림 3-15 | 비타민 C의 급원식품

| 표 3-11 | 수용성 비타민의 요약

종류	체내 기능	결핍증	급원식품
비타민 B_1 (티아민)	• 에너지 대사에 관여 • 신경계의 정상적 유지	각기병(허약, 피로, 식욕부진, 말초신경 마비, 심부전, 부종), 신경계 이상	돼지고기, 도정이 덜 된 곡류(전곡류), 콩류, 견과류
비타민 B_2 (리보플라빈)	• 에너지 대사에 관여 • 성장발육 촉진 인자	설염, 구순구각염, 성장부진, 눈이 빛에 대해 예민해짐	우유 및 유제품, 달걀, 육류, 땅콩, 콩류
나이아신	• 에너지 대사에 관여 • 지방 대사 관련(지방산, 스테로이드, 콜레스테롤 합성)	식욕부진, 피로, 구토, 펠라그라(피부염, 설사, 정신혼란증 동반함)	내장(간), 어육류, 가금류, 전곡류
비타민 B_6 (피리독신)	• 단백질 및 아미노산 대사(아미노산, 신경전달물질, 나이아신 합성) • 적혈구 합성	피부염, 구내염, 빈혈, 신경장애, 우울증, 면역 기능 감소	어육류, 가금류, 배아, 전곡류, 달걀, 바나나
엽산	• DNA 합성과 세포분열 • 아미노산과 신경전달물질 합성	거대적아구성 빈혈, 신경관 손상(전신마비, 뇌수종, 지능장애), 성장장애, 조산 및 저체중아 출산	녹색 채소(시금치, 브로콜리), 오렌지주스, 콩류, 간
비타민 B_{12} (코발아민)	• DNA 합성과 세포분열 • 메티오닌 합성 • 중추신경계 유지	거대적아구성 빈혈, 신경장애	동물성 식품(간, 육류, 굴, 우유, 달걀)
판토텐산	• 에너지 대사에 관여 • 지방산, 콜레스테롤 합성 • 신경전달물질 합성	피로, 근육 경련, 손발의 통증	내장(간), 달걀, 콩류, 효모, 전곡류
비오틴	• 지방산 합성 • 탄수화물 대사에 관여	피부 발진, 탈모, 경련, 식욕 감소	내장(간), 난황, 진한 녹색 채소
비타민 C	• 콜라겐 합성 • 항산화작용 • 철 흡수 촉진 • 면역 기능 증진	괴혈병, 잇몸 부종 및 출혈, 만성피로, 상처 치유 지연	과일류(딸기, 감귤류, 키위), 채소류(풋고추, 시금치, 브로콜리, 감자)

(3) 영유아의 비타민 섭취 기준

비타민은 여러 영양소의 대사 과정에서 필수적 역할을 하며 성장과 발육에 중요한 물질이다. 지용성 비타민 중 비타민 A는 세포의 성장과 분화에 중요하며, 비타민 D는 정상적 골격 성장에 필수적이므로 성장기인 영유아기에 충분한 섭취가 요구된다(표 3-12).

| 표 3-12 | 영유아의 지용성 비타민 섭취 기준

연령	비타민 A (㎍ RAE)			비타민 D (㎍)		비타민 E (mg α-TE)		비타민 K (㎍)
	권장 섭취량	충분 섭취량	상한 섭취량	충분 섭취량	상한 섭취량	충분 섭취량	상한 섭취량	충분 섭취량
0~5개월		350	600	5	25	3		4
6~11개월		450	600	5	25	4		6
1~2세	250		600	5	30	5	100	25
3~5세	300		750	5	35	6	150	30

출처: 보건복지부(2020).

수용성 비타민 중 비타민 B군은 에너지 대사 및 단백질 대사에 중요한 역할을 하기 때문에 성장발육이 왕성한 영유아기에서 매우 필수적인 영양소이다. 또한 비타민 C는 뼈, 연골, 피부, 혈관 등을 구성하는 콜라겐 합성에 필수 인자이므로 성장기에 반드시 필요하다. 영유아의 수용성 비타민 섭취 기준은 〈표 3-13〉에 제시하였다.

| 표 3-13 | 영유아의 수용성 비타민 섭취 기준(권장섭취량)

연령	비타민 B_1(mg)	비타민 B_2(mg)	나이아신 (mg NE)	비타민 B_6(mg)	엽산(ug DFE)	비타민 B_{12}(ug)	판토텐산 (mg)+	비오틴 (ug)+	비타민 C(mg)
0~5개월*	0.2	0.3	2	0.1	65	0.3	1.7	5	40
6~11개월*	0.3	0.4	3	0.3	90	0.5	1.9	7	55
1~2세	0.4	0.5	6	0.6	150	0.9	2	9	40
3~5세	0.5	0.6	7	0.7	180	1.1	2	12	45

*영아의 섭취 기준과 판토텐산, 비오틴의 영양 섭취 기준은 충분섭취량 기준임
출처: 보건복지부(2020).

5) 무기질

무기질은 신체의 구성 성분이 되고 체내의 여러 가지 생리 기능을 조절하고 유지하는 필수적인 물질로 체중의 약 4%를 차지한다. 그 필요량에 따라 다량 무기질과 미량 무기질로 분류한다.

| 표 3-14 | 무기질의 분류

구분	종류
다량 무기질 (하루 100mg 이상 필요)	칼슘, 인, 나트륨, 칼륨, 염소, 마그네슘, 황
미량 무기질 (하루 100mg 이하 필요)	철, 아연, 구리, 요오드, 불소, 망간, 셀레늄, 크롬, 몰리브덴, 코발트

(1) 칼슘, 인, 마그네슘

칼슘(Ca), 인(P), 마그네슘(Mg)은 뼈와 치아를 구성하는 데 중요한 역할을 한다. 칼슘은 인체 내에 가장 많이 존재하는 무기질로 99%가 뼈와 치아에 존재하며, 인과 마그네슘도 각각 85%, 60%가 뼈와 치아에 존재한다.

칼슘, 인, 마그네슘은 그 외에도 중요한 생리적 기능에 관여한다. 혈액 및 체액

에 존재하는 나머지 1%의 칼슘은 혈액 응고, 신경 전달, 근육의 수축과 이완, 심장박동 등 다양한 기능에 관여한다. 인은 세포 내 에너지 대사 과정과 핵산의 구성 성분으로 작용하며, 마그네슘은 에너지 대사에 필요한 효소의 작용을 돕고 신경계와 심장이 정상적으로 일하도록 도와준다.

칼슘은 우유 및 유제품 등 제한된 종류의 식품에만 존재하므로 유제품의 섭취가 적은 우리나라에서는 결핍되기 쉬운 반면 인은 다양한 식품과 가공식품에 널리 존재하므로 과잉되기 쉽다. 식사 내 칼슘과 인의 비율이 1:1~2:1일 때 인의 비율이 높아지면 칼슘의 흡수를 방해하게 된다. 칼슘의 부족은 성장장애 및 구루병, 골다공증 등을 유발할 수 있어서 연령에 상관없이 모든 사람에게 중요한데, 성장기의 영유아에서는 칼슘의 섭취가 특히 강조되어야 한다.

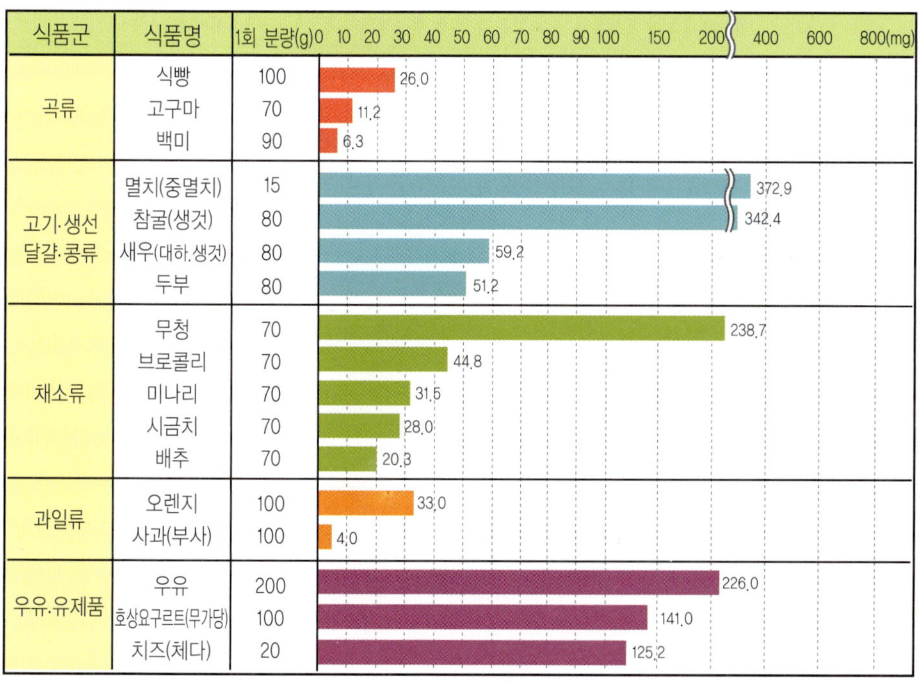

| 그림 3-16 | 칼슘의 급원식품

(2) 나트륨, 칼륨, 염소

나트륨(Na), 칼륨(K), 염소(Cl)는 체내에서 이온으로 존재하며 우리 몸의 삼투압 조절과 수분 균형, 체액의 산·염기 평형에 관여한다.

나트륨, 칼륨, 염소는 모든 식품에 풍부하게 들어 있는데, 나트륨은 육류, 달걀, 유제품 등의 동물성 식품에 더 많고 칼륨은 녹색 채소, 감자, 바나나, 토마토 등의 식물성 식품에 풍부하다. 특히 나트륨은 소금으로 조리 과정 중에 첨가되고 가공식품에 첨가물의 형태로 많이 함유되므로 과량 섭취의 위험성이 크다. 나트륨 과량 섭취는 고혈압을 비롯한 심혈관계 질환, 신장질환, 위암 등의 위험인자가 되고 나트륨 섭취는 어릴 적의 입맛에 의해 길들여지므로 영유아의 음식에는 가능한 한 간을 하지 않는 것이 바람직하다.

▶ 소금 섭취를 줄입시다!

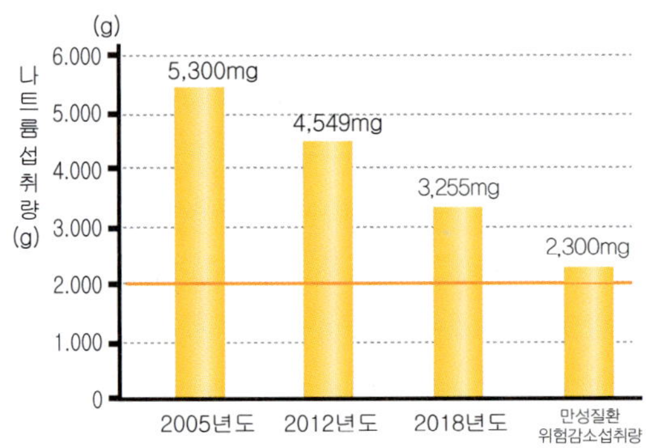

지속적인 나트륨 감량 캠페인으로 우리나라의 나트륨 섭취량은 감소 추세를 보이나 우리나라의 하루 나트륨 평균섭취량은 3,255mg으로 여전히 WHO에서 정한 하루 목표 섭취량 2,000mg의 1.6배 이상이고 만성질환 위험감소섭취량으로 설정된 2300mg보다 높다. 나트륨은 주로 소금을 통해 섭취하는데 우리나라는 국, 찌개 등 국물 음식과 라면, 햄, 치즈, 스낵 등의 가공식품에서 오는 소금 섭취의 비중이 크다. 이러한 식문화에 비추어 볼 때 음식을 싱겁게 먹는 습관을 들이고 가공식품 섭취를 최소화해야 목표치에 근접할 수 있다.

소금 섭취를 줄이기 위해서는 식품 구매, 조리, 식사 등 식생활의 모든 단계에서 다음과 같은 적극적인 실천이 필요하다.

- 식품을 구매할 때 영양표시 중 나트륨 양을 확인하고 저나트륨 식품을 선택한다.
- 가능한 한 가공식품과 인스턴트식품의 섭취를 줄인다.
- 조리할 때 신선한 식품을 선택하여 식품 자체의 맛을 살리고 다양한 천연 향신료(버섯가루, 멸치가루, 다시마가루, 북어가루, 들깨가루 등)와 향미 채소로 싱거운 맛에 변화를 준다.
- 국물음식은 다양한 채소류를 우려 맛을 내고 식혀서 간을 한다.
- 국, 찌개, 국수의 국물을 적게 먹는다.
- 나트륨 배설을 위해 신선한 채소, 과일, 우유류를 충분히 먹는다.

3~5세의 유아는 하루 1,000mg의 나트륨이 충분섭취량으로 설정되어 있는데 어린이집이나 유치원의 급식과 간식 간을 맞출 때 식사 준비자의 입맛에 맞출 경우 과량의 나트륨을 섭취하게 되므로 염도계를 사용하는 것이 좋다. 또한 식품의약품안전처에서는 유아의 나트륨 섭취 저감화를 위해 다양한 자료를 제공하고 있다.

식품의약품안전처는 어린이집과 유치원의 영양사 및 보육관계자에게 나트륨을 줄인 식사의 중요성, 급식에서 나트륨 섭취를 줄이는 방법과 교육 방법을 교안, 동영상, PPT 자료로 제공한다.

- 영유아 급식의 나트륨 줄이기 필요성
- 영유아 급식의 나트륨 줄이기 방법
- 영유아 대상 나트륨 줄이기 교육 홍보 방법
- 영유아 대상 나트륨 줄이기 교육 우수 사례
- 식품안전나라–이슈·뉴스·홍보·교육 (http://www.foodsafetykorea.go.kr)

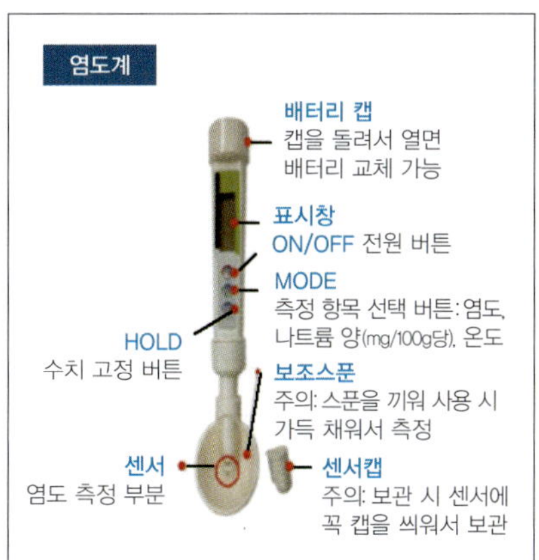

출처: 식품의약품안전처 식품안전나라(2015). 영유아 급식의 나트륨 줄이기 실천방법.

(3) 철

철(Fe)은 우리 몸에 적은 양이 저장되어 있고 필요량도 소량인 미량 무기질이지만 매우 중요한 기능을 한다. 우리 몸에 존재하는 철의 약 70%는 적혈구의 혈색소인 헤모글로빈에 존재하여 우리 몸의 각 세포에 산소를 운반해 주고, 면역 기능과 인지 기능에도 관여한다. 빠른 신체 성장기인 영유아기는 혈액의 양이 많아지면서 철의 요구량이 증가하나 철의 흡수율이 10% 정도밖에 되지 않기 때문에 철 결핍성 빈혈이 생기기 쉽다. 철 결핍성 빈혈의 증상은 피로, 식욕부진, 행동과 학습 능력 저하, 감염에 대한 저항력 감소 등으로 나타난다.

정상적으로 태어난 아기는 모체에서 철을 받아 저장하고 있어서 생후 3개월까지는 다른 철의 공급이 필요 없으나 6개월이 지나면 저장량이 거의 다 소모된다. 영아들이 먹는 모유나 우유는 모두 철 함량이 부족하기 때문에 생후 3~4개월부터는 철 공급을 위한 이유식 도입이 필요하다. 이유식은 달걀노른자, 녹색 야채, 육류 간 것 등으로 시작하면 무난하다.

식품군	식품명	1회 분량(g)	0 1 2 3 4 5 6 7 8 9 10 11 12 13 14 15(mg)
곡류	현미	90	1.4
	백미	90	1.2
고기·생선 달걀·콩류	돼지 간	60	10.9
	굴	80	7.0
	바지락	80	2.1
채소류	무청	70	9.1
	부추	70	2.4
과일류	키위	100	1.0
	참외	150	0.4
	사과	100	0.1
우유·유제품	우유	200	0.2
	치즈(체다)	20	0.0

| 그림 3-17 | 철의 주요 급원식품

(4) 아연

아연(Zn)은 근육, 피부, 내장 등을 구성하는 데 필수적인 성분이고 많은 효소의 보조인자이며 미각과 후각 기능에도 관여한다.

아연이 결핍되면 성장 지연, 식욕부진, 면역 기능 저하 등이 나타나고 특히 성장기인 영유아는 설사를 유발하여 영양소 흡수 저하로 인한 영양 결핍이 생길 수 있다. 아연은 주로 동물성 식품에 많이 들어 있고, 도정하지 않은 곡류와 콩류에도 들어 있다.

(5) 불소

불소는 뼈와 치아에 95% 존재하는데 치아의 산에 대한 저항성을 높여 충치 발생을 억제할 수 있고 뼈를 형성하는 조골세포의 성숙을 촉진하여 새로운 뼈의 형성을 돕는다. 그러나 불소를 장기간 과잉 섭취하면 뼈나 치아에 반점이 생기고 뼈가 잘 부서지고 치아가 약해지는 불소증이 나타날 수 있다.

| 표 3-15 | 주요 무기질의 요약

종류		기능	결핍증	과잉증	급원식품
다량무기질	칼슘 (Ca)	• 골격과 치아 형성 • 혈액의 응고 • 신경자극 전달 • 근육의 수축, 이완	성장 지연 및 구루병(아동), 골다공증 및 골연화증(성인)	변비, 신장결석	우유, 유제품, 뼈째 먹는 생선, 두부, 해조류, 녹색 채소
	인 (P)	• 골격과 치아 형성 • 세포의 구성 성분 (핵산, 세포막) • 에너지 대사 과정	거의 없음(결핍되는 경우 거의 없음)	식욕부진, 골질량 감소, 근육 약화	대부분의 식품, 육류, 난류, 우유, 유제품, 가공식품 탄산음료
	마그네슘 (Mg)	• 골격과 치아 형성 • 대사 과정의 보조 효소 • 신경자극 전달 • 근육의 수축, 이완	신경장애, 근육경련, 심부전, 심장마비	설사, 허약, 호흡 곤란, 혼수상태	전곡류, 녹황색 채소, 견과류, 콩류
	나트륨(Na)	• 삼투압과 수분 평형 조절 • 산·염기 평형 • 신경자극 전달	거의 없음(식욕부진, 근육 경련)	고혈압, 부종, 위암, 위궤양	소금, 장류, 김치류, 화학조미료, 베이킹 소다, 육류
	칼륨 (K)	• 삼투압과 수분 평형 조절 • 산·염기 평형 • 신경자극 전달	식욕부진, 근육경련, 심장 기능 이상	심장 부정맥	녹색 채소, 감자, 호박, 과일류, 곡류, 콩류
	염소 (Cl)	• 삼투압과 수분 평형 조절 • 산·염기 평형 • 신경자극 전달 • 위액 형성	위액 산도 저하, 식욕부진, 소화불량, 혼수(유아)	고혈압	소금, 가공식품
미량무기질	철 (Fe)	• 헤모글로빈/미오글로빈 형성 • 효소의 구성 성분 • 면역 기능	철 결핍성 빈혈(피로, 허약, 식욕부진), 성장장애, 면역 기능 저하	위장장애(메스꺼움, 변비), 혈색소증	육류, 가금류, 어패류(흡수 잘 됨) 콩류, 시리얼, 녹색 채소(흡수 잘 안 됨)
	아연 (Zn)	• 여러 효소의 구성 요소 • 단백질 대사에 관여 • 핵산 합성 (성장과 면역 기능 유지) • 상처 치유	성장 지연, 식욕부진, 면역 기능 저하, 상처 회복 지연	구토, 설사, 면역 기능 저하	패류, 간, 육류, 달걀, 콩류
	불소 (F)	• 충치 예방 • 골다공증 방지	충치, 골다공증	불소증(치아 반점), 위장장애	어류, 해조류, 불소 첨가된 수돗물

| 표 3-16 | 영유아의 다량 무기질 섭취 기준

연령		칼슘 (mg)			인 (mg)			마그네슘 (mg)			나트륨 (mg)		칼륨 (mg)	염소 (mg)
		권장 섭취량	충분 섭취량	상한 섭취량	권장 섭취량	충분 섭취량	상한 섭취량	권장 섭취량	충분 섭취량	상한 섭취량	충분 섭취량	만성질환 위험감소 섭취량	충분 섭취량	충분 섭취량
영아	0~5개월		250	1,000		100			25		110		400	170
	6~11개월		300	1,500		300			55		370		700	560
유아	1~2세	500		2,500	450		3,000	70		60	810	1,200	1,900	1,200
	3~5세	600		2,500	550		3,000	110		90	1,000	1,600	2,400	1,600

출처: 보건복지부(2020).

| 표 3-17 | 영유아의 미량 무기질 섭취 기준

연령		철(mg/일)			아연(mg/일)			구리(mg/일)			불소(mg/일)	
		권장 섭취량	충분 섭취량	상한 섭취량	권장 섭취량	충분 섭취량	상한 섭취량	권장 섭취량	충분 섭취량	상한 섭취량	충분 섭취량	상한 섭취량
영아	0~5개월		0.3	40		2			240		0.01	0.6
	6~11개월	6		40	3				330		0.4	0.8
유아	1~2세	6		40	3		6	290		1,700	0.6	1.2
	3~5세	7		40	3		9	350		2,600	0.9	1.8

연령		망간(mg/일)		요오드(mg/일)			셀레늄(mg/일)			몰리브덴(μg/일)		크롬(μg/일)
		권장 섭취량	상한 섭취량	권장 섭취량	충분 섭취량	상한 섭취량	권장 섭취량	충분 섭취량	상한 섭취량	권장 섭취량	상한 섭취량	충분 섭취량
영아	0~5개월	0.01			130	250		9	40			0.2
	6~11개월	0.8			180	250		12	65			4.0
유아	1~2세	1.5	2.0	80		300	23		70	10	100	10
	3~5세	2.0	3.0	90		300	25		100	12	150	10

출처: 보건복지부(2020).

Q&A

카페인은 성장을 방해하나요?

성장기, 특히 영유아들은 일반적으로 커피를 마시지 않는데도 최근 카페인 중독에 대한 우려가 대두되고 있다. 카페인은 커피, 홍자, 녹차뿐 아니라 청량음료, 커피맛 과자나 빙과류, 초콜릿 등 영유아가 즐겨 먹는 여러 식품에 상당량 함유되어 있다. 또한 성인에 비해 체중이 적은 영유아는 적은 양의 카페인으로도 신체에 영향을 줄 수 있고, 아직 배출 기능이 미숙하여 체내에 카페인이 더 오래 머물러 있게 된다.
카페인이 직접적으로 성장을 방해한다고 볼 수는 없지만 이뇨작용과 불면증으로 깊은 잠을 방해하고, 식품 속의 칼슘이나 철의 흡수를 떨어뜨려 성장에 영향을 줄 수 있다.
카페인 1일 권장량은 성인은 400mg이지만 어린이는 체중 kg당 2.5mg으로 매우 낮아 무심코 먹는 과자나 빙과류에 1일 섭취량을 넘는 양이 들어 있을 수 있으므로 주의가 필요하다. 이러한 우려 때문에 식품의약품안전처는 2013년 1월 1일부터 ml당 0.15mg 이상의 카페인을 함유한 식품에는 총 카페인 함량과 '어린이·인산부에 대한 섭취 자제 문구'를 의무적으로 표시하기로 했다.

6) 수분

사람에게 음식의 공급이 안 될 때 다른 영양소들은 공급 없이 수주에서 수개월까지 버틸 수 있지만 물은 며칠만 마시지 못해도 생명을 잃는다. 인체의 60~70%를 차지하는 물은 체내에서 에너지를 내지는 않지만 여러 가지 중요한 기능을 한다.

(1) 물의 체내 기능

- 영양소, 노폐물의 운반: 물은 혈액의 주요 구성 성분으로서 산소와 영양소를 세포로 운반하고 노폐물을 수송하여 신장을 통해 배설하게 한다.
- 체온 조절: 물은 증발열이 크므로 체내에서 발생하는 열을 땀과 호흡을 통해 발산시켜 체온을 조절한다.

- 체내 대사반응에 참여: 물은 세포질의 기본적인 성분으로 여러 생체분자를 녹이는 용매로 작용하고 때로는 직접 대사반응에 참여한다. 예를 들면, 음식물 소화 과정에서 물이 첨가되는 가수분해에 의해 큰 물질이 작은 물질로 분해된다.
- 윤활제 역할: 침, 관절액, 호흡기관의 점액 등은 윤활제 역할을 하여 마찰이나 건조하게 됨을 막는다.
- 외부 충격의 흡수: 외부로부터 오는 충격에서 장기나 조직을 보호한다. 예를 들어, 양수는 태아를 보호하고 뇌척수액은 척수를 보호한다.

(2) 영유아와 수분 섭취

영유아는 성인에 비해 대사가 활발하고 단위체중당 체표면적의 비율이 높아 수분 증발량이 많으며, 신장 기능의 미숙으로 소변 농축 능력이 미약하여 소변으로 다량의 수분이 손실되기 쉽다. 또한 갈증에 대한 의사소통이 원활하지 않은 점도 있으므로 충분한 수분 공급을 위해 배려해야 한다.

영아는 주로 모유, 조제유를 통해 수분 공급이 이루어진다. 구토, 잦은 설사, 고열 등의 상태에서는 탈수되기 쉬우므로 수분을 충분히 공급해 주어야 한다.

| 표 3-18 | 영유아의 수분 섭취 기준

연령	충분섭취량(ml)	
	액체	총 수분
0~5개월	700	700
6~11개월	500	800
1~2세	700	1,000
3~5세	1,100	1,500

04장

영유아의 영양과 식생활 관리

1 영유아의 영양
2 영유아를 위한 식생활 지침
3 영유아의 식사 구성 원리

영양은 성장발육이 빠른 영유아 시기에 매우 중요한 역할을 한다. 태어나 모유나 조제유에 의존하던 시기에서 이유식으로 시작해 점차 성인식으로 진행하는 시기이고, 무엇보다 빠른 성장을 위해 필요한 영양 공급이 일차적인 목표로 합리적인 식생활 관리가 필요하다. 영유아기의 영양 공급은 전적으로 부모와 양육자에 의해 이루어지므로 영양소 섭취 기준을 기초로 다양한 식품으로 구성된 균형 잡힌 식사를 계획하여야 한다.

1. 영유아의 영양

출생 후 만 1세까지의 영아기는 성장이 가장 왕성한 시기이며 태어나면서 본능적인 빨기 기능으로 모유나 조제유를 섭취하며 모체 내에서 공급받던 영양물질을 대신하게 된다. 5~6개월까지는 모유나 조제유만으로 필요한 에너지와 영양소를 섭취하다가 이후 성인식으로 진행하기 위한 이유식의 단계를 거치게 된다.

1) 영아를 위한 수유

영아기는 급속한 신체 성장과 정신적·지적 발달을 뒷받침할 수 있는 영양 공급이 필요하며 성장 발달의 개인차를 고려해야 한다.

모유는 영아에게 필요한 모든 영양소를 함유하고 있어 생후 1년 동안 영아의 성장과 발달에 중요한 역할을 하며 신생아에게는 소화 기능에 가장 안전하고 위생적이며 적합한 완전식품이다. 또한 모유에는 감염을 막아 주는 면역 성분이 풍부하고 세균 감염의 위험이 없으며 영아와 수유부에게 미치는 생리적·심리적 이점이 밝혀지면서 세계보건기구(WHO)에서는 생후 2년간 모유를 먹이도록 권장하고 있다.

일반적으로 신생아의 경우 수면시간 외에 2~3시간 간격으로 수유를 해야 하며 1~3개월 영아의 경우 3시간 간격으로 수유하고 그 후에는 4시간 간격으로 점차 늘려 가야 하지만 시간 간격을 정하여 규칙적으로 수유하기보다는 모유의 분비량이나 영아의 젖 빠는 힘과 수유 후 영아의 상태에 따라 시간 간격을 융통성 있게 조절하는 것이 바람직하다. 하지만 어머니의 질병이나 직장 근무, 모유 부족 등으로 모유 수유에 어려움이 있을 경우 모유 성분과 최대한 같은 성분으로 제조한 조제분유를 선택하여 모유영양과 조제유를 병행하는 혼합영양이나 조제분유만을 선택하는 인공영양을 할 수도 있다.

다음의 〈표 4-1〉과 〈표 4-2〉는 모유 수유의 장점과 모유, 우유, 조제분유의 성분을 비교한 것이다.

| 표 4-1 | 모유 수유의 장점

구분	내용
영양적 측면	• 소화와 흡수가 쉬움 • 아기의 성장에 적절한 영양소의 조성 – 모유의 탄수화물은 유당으로 두뇌 발달과 장내 좋지 않은 박테리아 성장을 억제함 – 단백질 함량과 아미노산 함량이 영아의 성장 발달에 이상적인 비율 – 두뇌와 시각 기능 발달에 필요한 DHA, 중추신경계 발달에 필요한 콜레스테롤을 충분히 함유
면역학적 측면	• 모유(특히 초유)의 면역 기능을 가진 물질이 감염에 대한 방어 역할 – 면역 글로불린, 락토페린, 라이소자임, 백혈구, 대식세포 및 비피더스인자 • 알레르기 발생 염려가 없음
심리적·발달적 측면	• 모자 간의 친밀한 접촉으로 심리적 안정감을 주어 사회성 발달에 도움 • 엄마 젖을 빨 때의 운동으로 턱과 곧은 치아의 발달에 도움 • 젖이 유치에 거의 닿지 않고 넘어가므로 충치 예방에 도움
모체의 생리적 측면	• 수유를 위한 옥시토신과 프로락틴 호르몬 분비로 빠른 산후 회복을 도움 • 임신 중 축적된 지방 조직이 소비되어 정상 체중으로 회복하게 도움 • 유방암, 난소암, 골다공증 발생 위험 감소
경제적 측면	• 인공 영양에 비해 경제적이고 언제 어디서나 먹일 수 있음

| 표 4-2 | 모유, 우유, 조제분유의 성분 및 특성 비교

성분	모유	우유	조제분유
면역 성분	• 존재	• 별로 없음	• 첨가
열량 및 수분	• 열량은 비슷, 수분이 충분	• 열량은 비슷, 수분이 충분	• 열량은 비슷, 수분이 충분
유당	• 충분	• 부족	• 첨가
단백질	• 적당량과 양질의 단백질(소화가 잘 되는 유청단백질이 많음) • 타우린, 시스테인이 충분하여 뇌 발달에 도움	• 과량의 단백질과 소화가 잘 안 되는 카제인이 많음 • 타우린, 시스테인 부족	• 모유 수준으로 조절
지방	• 불포화지방산 풍부 • DHA, 아라키돈산이 풍부하여 뇌 발달에 도움	• 포화지방산이 많음	• 포화지방산 일부 제거하고 불포화지방산 첨가
비타민 및 무기질	• 소화 및 흡수가 잘 됨 • 칼슘, 철과 비타민이 적당량	• 소화 및 흡수가 안 됨 • 과량의 칼슘 • 철과 비타민 부족	• 소화 및 흡수가 안 됨 • 칼슘 감소 • 철과 비타민 첨가
세균 오염	• 없음	• 가능	• 가능

출처: 이종숙 외(2009).

〈표 4-3〉은 조제유를 위생적으로 먹이는 방법이다.

| 표 4-3 | 조제유의 위생적인 수유 방법

구분	내용
분유 선택 시 주의 사항과 보관법	• 대상 월령의 표시 사항 확인 • 특수 분유를 수유할 경우 의료 전문가의 권고에 따라 적합한 분유 선택 • 유통기한이 충분한지 체크 • 깨끗하고 건조한 곳에 보관, 개봉한 제품은 3주 이내에 사용
젖병 세척과 소독 방법	• 브러시를 이용해 젖병에 남은 분유를 세척 후 따뜻한 물로 여러번 헹구고 열탕 소독이나 가정용 소독기로 소독 • 소독 후 바로 사용하지 않을 젖병과 젖병 꼭지는 건조 후 오염을 막기 위해 뚜껑을 꼭 닫은 상태로 보관
분유 타기 전, 점검 사항	• 분유 타는 장소의 청결 유지 • 손은 반드시 비누를 사용하여 따뜻한 물로 깨끗이 씻어야 함
분유 타는 방법	• 분유 타는 물은 반드시 먹는 물을 끓여 식힌 후 (70℃ 이상) 사용 • 외출 시에는 액상의 멸균된 분유제품을 이용하거나 끓인 물을 보온병에 준비하여 먹일 때마다 조유함 • 제품에 표기된 조유 방법을 정확히 숙지한 후 정확한 양을 타야 함
분유 먹이기 전에 지켜야 할 사항	• 아기에게 먹이기 전에 손목에 몇 방울 떨어뜨려 적당한 온도인지 확인함 • 되도록 아기가 먹기 직전에 타서 바로 먹이도록 함 • 부득이 미리 타 놓는 경우 5℃ 이하의 냉장고에 24시간까지 보관 가능하나 되도록 오래 보관하지 않도록 함(중탕으로 데워서 먹일 것)
남은 분유 처리법	• 아기가 먹고 남긴 분유는 다시 먹이지 말고 바로 버림

출처: 식품의약품 안전처(2013). 분유 먹는 아기를 위해 엄마가 알아야 할 것들.

| 표 4-4 | 영아 전기의 평균 수유 횟수와 수유량

구분	수유 횟수	시간 간격	수유량	비고
신생아	8~12회	2~3시간	1회 50~100㎖	• 밤에도 아기가 원할 때마다 먹일 수 있도록 함
1~4개월	4~10회	2~4시간	1회 100~200㎖	• 수유 횟수와 수유량이 규칙적으로 되도록 함
5~6개월 (이유식 초기)	4~6회	4~6시간 낮 시간	1회 160~200㎖ (하루 800~1,000㎖)	• 이유식은 1회 정도만 실천함 • 아직까지 수유가 주된 영양 공급원인 것에 주의함
7~8개월 (이유식 중기)	3~5회	5~6시간 낮 시간	1회 160~240㎖ (하루 700~800㎖)	• 이유식 2회와 간식 1회 정도 제공함 • 이유식 비율을 점차 늘려감 • 수유 시간 사이사이에 이유식과 간식 제공함
9~11개월 (이유식 후기)	2~3회	아침 점심 저녁	하루 600~800㎖	• 이유식 3회와 간식 1회 정도를 제공함 • 수유 시간 사이사이에 이유식과 간식 제공함
12~24개월 (이유식 완료기와 일반식)	2회	오전 오후	하루 400~600㎖	• 이유식 3회와 간식 2회 정도를 제공함 • 성인 일반식의 횟수에 맞추도록 노력함

출처: 보건복지부(2014). 건강한 아이를 위한 현명한 엄마되기.

2) 이유기의 영양

이유(weanling)란 생후 4~6개월경에 모유나 조제유만으로 부족한 에너지와 영양소를 보충하고 액체 음식에서 반고형식이나 고형식으로 전환하여 성인의 식사 형태로 바꾸어 나가는 과정으로 영아의 성장과 발달에 꼭 필요한 과정이다.

(1) 이유의 중요성

영아는 생후 4~6개월이 되면 출생 시 체내에 저장해 두었던 철, 구리 등의 무기질 영양소가 많이 소모되기 때문에 모유와 조제유 외에 외부로부터 충분한 영양 공급이 이루어지지 않으면 결핍이 나타나게 된다. 또한 이 시기에는 치아가 나고 침이나 위액 분비 증가 및 장내 기능이 발달하여 소화 흡수율이 높아지는 등의 생리적 변화로 다른 음식을 받아들일 수 있는 환경이 조성된다. 더 나아가 새로운 음식에 대한 선호도가 생기기 때문에 이유식을 통해 다양한 음식의 맛과 질감을 경험할 수 있도록 해야 성장에 필요한 열량 및 영양소를 충분히 공급할 수 있으며 편식 예방은 물론 올바른 식습관 형성을 도울 수 있다.

(2) 이유의 시작 및 완료 시기

세계보건기구(WHO)와 국제아동구호기금에서는 이유의 시작 시기를 출생 시 체중의 2배(6~7kg)가 될 때가 적당하다고 제시하고 있다. 이에 따라 이유는 보통 4~6개월에 시작하여 11개월 이전에 완료하는 것이 바람직하다.

이유를 너무 빨리 시작하게 되면 생리적 대사 기능이 미숙하여 질식, 소화불량, 알레르기, 감염율 증가 등의 문제가 나타날 수 있다. 반면 너무 늦게 시작할 경우 영양 공급이 충분히 이루어지지 않아 영양 결핍으로 인한 성장발육 지연은 물론 면역 기능 저하나 정서적 불안을 일으킬 수 있으며, 섭식훈련이 늦어져 식습관 형성에도 문제가 발생할 수 있다.

2. 영유아를 위한 식생활 지침

영유아를 위한 식생활 지침은 발달 단계에 따른 식행동과 식사 태도를 바람직하게 형성하기 위한 것으로 식사 관리의 기본 방향을 제시한다.

ㅣ표 4-5ㅣ 영유아를 위한 식생활 지침

구분	식생활 실천 지침
생후 6개월까지는 반드시 모유를 먹이자.	• 초유는 꼭 먹이도록 한다. • 생후 2년까지 모유를 먹이면 더욱 좋다. • 모유를 먹일 수 없는 경우에만 조제유를 먹인다. • 조제유는 정해진 양대로 물에 타서 먹인다. • 수유 시에는 아기를 안고 먹이며 수유 후에는 꼭 트림을 시킨다. • 자는 동안에는 젖병을 물리지 않는다.
이유 보충식은 성장 단계에 맞추어 먹이자.	• 이유 보충식은 생후 만 4개월 이후 6개월 사이에 시작한다. • 이유 보충식은 여러 식품을 섞지 말고 한 가지씩 시작한다. • 이유 보충식은 신선한 재료를 사용하여 간을 하지 않고 조리해서 먹인다. • 과일주스를 먹일 때는 컵에 담아 먹인다.
유아의 성장과 식욕에 따라 알맞게 먹이자.	• 일정한 장소에서 먹인다. • 쫓아다니며 억지로 먹이지 않는다. • 한꺼번에 많이 먹이지 않는다.
곡류, 과일, 채소, 생선, 고기, 유제품 등 다양한 식품을 먹이자.	• 과일, 채소, 우유 및 유제품 등의 간식을 매일 2~3회 규칙적으로 먹인다. • 유아 음식은 싱겁고 담백하게 조리한다. • 유아 음식은 씹을 수 있는 크기와 형태로 조리한다.

출처: 보건복지부(http://www.mw.go.kr, 2009).

3. 영유아의 식사 구성 원리

1) 영아의 식사

출생 후 1년까지의 영아에서는 모유가 가장 최상의 식품으로 5~6개월까지의 필요한 모든 영양소를 알맞게 함유하며 영아의 생리적·심리적 발달상의 이점도 있어서 세계보건기구(WHO)에서는 생후 2년간 모유를 먹이도록 권장한다. 부득이한 이유로 모유 수유가 불가능할 경우에 모유 성분에 맞추어 우유의 성분을 조절한 조제유를 먹인다.

생후 4~6개월이 되면 영아의 성장 발달에 필요한 에너지와 영양소 보충을 위해 반고형식 또는 고형식으로 전환하는 이유식을 도입한다. 이유식은 영아의 신체적 발달 단계에 따른 영양 요구량을 만족하고 씹고 삼키는 능력과 소화 능력의 발달, 올바른 식습관을 형성하는 데 도움이 되도록 성장 단계에 맞추어 순차적으로 진행해야 한다.

▶ 이유식 조리 및 제공 시 주의 사항

■ 조리 시 주의 사항

- 모든 식품 재료는 신선한 것으로 선택한다.
- 이유식 만들기에 사용되는 조리기구와 식기는 잘 씻어 사용하고, 사용 후 반드시 소독한다.
- 이유식은 간을 하지 않고 싱겁고 담백하게 천연재료의 맛을 살려 조리한다.
- 이유식의 식품 크기와 형태는 영아의 씹고 삼키는 능력에 맞게 조리한다.
- 이유식 보관은 냉동 보관은 −18℃ 이하에서 3개월, 냉장 보관은 5℃ 이하에서 2일을 넘기지 않도록 한다.

■ 제공 시 주의 사항

- 지나치게 일찍 시작하지 말고 영아의 건강 상태가 좋을 때 시작한다.
- 소화 기능이 좋은 오전 중, 수유 전 공복 시, 기분 좋을 때 이유식을 주고 그 후에 모유나 조제유를 먹이는 것이 좋다.
- 이유식은 숟가락을 이용해 떠먹이거나 컵을 이용해 먹인다.
- 하루에 한 가지씩 처음에는 소량으로 시작하고 문제가 없다면 양을 늘려 나간다.
- 포도, 땅콩 등 목에 걸릴 위험이 있는 것은 주의해야 하고 알레르기를 동반할 수 있는 식품들(복숭아, 딸기, 토마토, 키위, 오렌지, 땅콩, 달걀흰자, 육류, 등푸른 생선)은 이유 초기에는 피한다. 꿀은 클로스트리듐 보툴리누스균의 포자가 있을 수 있으므로 돌 전에는 주지 않는다.
  - 피해야 할 식품: 섬유소 많은 식품, 단 음식(케이크, 과자, 탄산음료), 짠 음식(젓갈, 장아찌), 고지방 식품(장어, 생크림), 향신료와 조미료
  - 생후 1세 전에 주지 말아야 할 식품: 생우유, 꿀, 콘시럽
  - 생후 2세 전에 주지 말아야 할 식품: 포도, 초콜릿
  - 생후 3세 전에 주지 말아야 할 식품: 땅콩, 건포도

| 표 4-6 | 단계별 이유식의 주요 내용과 주의 사항

구분	초기(5~6개월)	중기(7~8개월)	후기(9~11개월)	완료기(12~15개월)
형태 및 농도	• 유동식(미음, 채소즙, 과일즙) • 10배 미음(불린 쌀:물=1:10)	• 반고형식(부드러운 죽) • 7배 죽(불린 쌀:물=1:7)	• 고형식(무른밥) • 5배 죽(불린 쌀:물=1:5)	• 고형식(진밥) • 2배 밥(불린 쌀:물=1:2)
하루 제공 횟수	• 이유식 1회	• 이유식 2회 + 간식 1회	• 이유식 3회 + 간식 1회	• 이유식 3회 + 간식 2회
하루 섭취 분량	• 이유식 30~80g • 모유 또는 분유 800~1,000mℓ	• 이유식 70~100g • 모유 또는 분유 700~800mℓ	• 이유식 100~150g • 모유 또는 분유 600~800mℓ	• 이유식 120~180g • 모유 또는 분유 400~600mℓ
식재료의 선택	• 채소류: 삶아 채에 거른 형태(감자, 고구마, 단호박, 브로콜리, 애호박 등) • 과일류: 곱게 갈거나 짜낸 즙 형태(사과, 배, 바나나, 수박) • 고기: 쇠고기, 닭고기 ※ 초기에서 단계가 지날수록 식재료는 더욱 다양하게 추가되어 활용할 수 있음	• 채소류: 삶아서 다진 형태(버섯, 연근, 양배추, 미역, 김 등 추가) • 과일류: 굵거나 얇게 썬 형태(감 등 추가) • 고기, 생선, 계란, 콩류: 잘게 다진 형태(계란노른자, 흰살 생선, 멸치, 두부 등 추가) • 우유·유제품류: 영유아용 치즈, 플레인 요구르트	• 채소류: 삶아서 잘게 썬 형태(콩나물, 숙주, 가지, 우엉 등 추가) • 과일류: 잘게 자른 형태(귤, 오렌지, 등 추가) • 고기, 생선, 계란, 콩류: 잘게 잘라 조리한 형태(흰콩, 검은콩류 등 추가)	• 채소류: 데쳐서 적당한 크기로 썬 형태(대부분의 채소류) • 과일류: 씹을 수 있는 형태(대부분의 과일류) • 고기, 생선, 계란, 콩류: 등푸른 생선, 계란흰자, 견과류 등 대부분의 식품 섭취 가능 • 우유·유제품류: 간식 제공 가능
조미	• 소금, 설탕 등 조미료는 후기까지 전혀 사용하지 않는 것이 원칙			• 성인 분량의 1/2 분량 이하로 최대한 줄여서 사용
재료 크기	• 건더기가 없도록 갈아서 조리	• 0.3cm 정도 크기로 잘게 썰어 조리	• 0.5cm 정도 크기로 잘게 썰어 조리	• 0.7~1cm 정도 크기로 잘게 썰어 조리 ※ 기도가 막히지 않도록 주의가 필요함

구분	초기(5~6개월)	중기(7~8개월)	후기(9~11개월)	완료기(12~15개월)
주의 사항	• 소화되기 쉽고, 알레르기 반응이 상대적으로 적은 곡류군으로 시작(쌀미음 시작)/(현미, 밀 제외) • 발달에 따라 채소류에서 과일류로 교체(단맛에 길들여지기 쉬움) • 한 종류의 식재료를 사용한 후 점차 새로운 식재료를 더 추가하여 식재료별 알레르기 유무 확인 • 3~4일 같은 이유식을 제공하여 재료에 따른 알레르기 유무 확인 • 알레르기나 아토피가 있을 때는 6개월 이후부터 이유식 시작	• 쇠고기, 흰살생선, 계란, 두부 등 알레르기 유발 가능성이 있는 단백질 식품은 3~4일 간격을 두어 추가 • 영아용 요구르트, 치즈 등 활용 시작	• 시판 우유, 꿀, 어른용 과자, 사탕, 등푸른 생선, 과일 주스, 지방이 많은 육류, 라면 등의 제공을 금지함 • 수저 사용이 가능함 • 핑거푸드 형태 이유식 제공(스스로 먹는 습관 형성 도움)	• 기름지거나 짠맛의 간식과 인스턴트 간식은 지양 • 단맛에 길들여지지 않도록 과일 주스는 하루에 1/2컵을 넘기지 않도록 배식 분량에 주의 • 혼자 스스로 먹는 습관 길러 주기 필요 • 대부분의 식재료를 활용할 수 있으므로 다양한 식재료를 활용하여 편식 예방에 신경을 써야함
알레르기 유발 가능 식품	**①계란 ②복숭아 ③우유 ④게 ⑤고등어 ⑥돼지고기 ⑦새우 ⑧땅콩 ⑨토마토 ⑩밀 ⑪대두 ⑫메밀** ※ 알레리기 반응 시 해당 이유식을 중단하고 다른 이유식으로 대체하며, 알레르기 반응이 일어난 식품은 완료기 이후 활용하는 것을 권장함 ※ 단, 계란노른자의 경우 철분의 주요 급원이 될 수 있으므로 흰자와 구분하여 이유식에 적극 활용할 수 있음			
기타 주요 사항	• 이유식 시작 시기는 체내 철분의 저장량이 고갈되기 시작하므로 철분의 적절한 공급이 이루어질 수 있도록 식재료를 선택 • 이유식 급식 시 수저를 사용하고, 앉아서 먹는 식사 형태를 함께 지도하여 올바른 식사 습관 형성을 유도함 • 이유식 양은 모유와 분유의 섭취량과 영아의 발달 정도에 따라 달리 제공할 수 있음			

출처: 어린이급식관리지원센터(2013). 영유아 단체급식 가이드라인.

ㅣ표 4-7ㅣ 영유아 단체급식의 표준 식단

주	요일 / 분류	월	화	수	목	금	토
1주	초기 (4~6개월)	쌀미음	고구마미음	단호박미음	당근미음	브로콜리 미음	브로콜리 미음
	중기 (7~9개월)	고구마 찹쌀죽	단호박사과 메시	달걀노른자 채소찜	닭살감자죽	두부당근죽	쇠고기 브로콜리죽
	후기 (10~12개월)	애호박 완두콩 진밥	버섯채소 진밥	쇠고기덮밥	진밥, 연두부 달걀찜	단호박수프	참치살 채소 진밥
2주	초기 (4~6개월)	감자미음	애호박미음	옥수수미음	완두콩미음	찹쌀미음	흑미미음
	중기 (7~9개월)	쇠고기 우유죽	시금치 바나나죽	채소죽	쇠고기 시금치죽	미역현미죽	부추 콩나물죽
	후기 (10~12개월)	흰살생선 진밥	쇠고기무 진밥	감자우엉잣 진밥	김가루 흰살생선 주먹밥	닭고기 대추 진밥	과일치즈 진밥

출처: 식품의약품안전처 영양정책과(http://nutrition.kfda.go.kr/kidgroup).

2) 유아의 식사

유즙영양에서 이유식을 통해 점차 성인식으로 이행하는 데 의미를 두는 영아기에 비해 유아기는 균형성과 다양성을 통한 바람직한 영양의 중요성이 보다 더 강조된다.

각 연령별로 제시된 영양소 섭취 기준은 건강을 최적 상태로 유지할 수 있는 영양소의 섭취량을 제시한 것이지만 전문적이어서 식단을 계획하거나 평가를 위해 일반인이 사용하기는 사실상 어렵다. 또한 실제로는 영양소 형태가 아닌 식품의 형태로 섭취하므로 일반 사람들이 영양적으로 만족할 만한 식단 작성을 쉽게 할 수 있도록 식사구성안과 식품구성자전거를 제안하고 식품표시 및 영양표시제도로 식품 선택의 기준을 제시하였다.

(1) 식사구성안

필요한 영양소의 양은 개인에 따라 다르므로 엄밀한 의미에서는 영양소 필요량을 충족시키기 위한 식단의 작성은 개인별로 이루어져야 한다. 그러나 다수를 대상으로 하는 어린이집, 유치원 등의 급식시설에서는 연령, 성별에 따른 필요 에너지를 기준으로 하루에 섭취해야 할 각 식품군의 1일 섭취 횟수를 정한 식사구성안이 편리하게 사용된다. 식사구성안에 제시된 각 식품군의 섭취 횟수는 1인 1회 분량을 근거로 한 것으로 정해진 횟수만큼 식품을 각 군에서 섭취하면 필요한 영양소를 거의 충족할 수 있다.

| 표 4-8 | 식품군 분류 및 주요 함유 영양소

식품군	주요 함유 영양소	식품의 종류
곡류	탄수화물	곡류, 면류, 떡류, 빵류, 씨리얼류, 감자류
고기·생선·달걀·콩류	단백질, 비타민, 무기질	육류, 어패류, 난류, 콩류, 견과류
채소류	비타민, 무기질	채소류, 해조류, 버섯류
과일류	비타민, 무기질	과일류, 주스류
우유·유제품류	칼슘, 단백질	우유, 유제품
유지·당류	지질, 단순당	유지류, 당류

※ 1/2대접, 1/2접시, 1/2조각, 1/2토막이라 함은 성인 1인 분량(한국영양학회 1회 분량 기준)을 1로 하였을 때 1/2을 뜻함

| 그림 4-1 | 식품군별 대표식품의 1인 1회 분량

출처: 식품의약품안전처, 어린이급식관리지원센터(2013). 영유아 단체급식 가이드라인. 1인 1회 적정 배식량.

식사구성안을 이용한 식단 작성법

- 한국인 영양소 섭취기준(2020)에서 영유아의 하루 에너지 필요 추정량을 찾는다(1~2세 900kcal, 3~5세 1,400kcal).
- 식품군별 권장 식사 패턴에서 제시된 1일 제공 횟수를 끼니별로 배분한다.

유아(3~5세)의 1,400kcal의 각 식품군별 1일 제공 횟수와 배분은 다음과 같다.

식품군	만 3~5세 (1,400kcal/1일)				
	1일 제공 횟수	아침	점심	저녁	간식
곡류	3.5	1	1	1	0.5
고기·생선·달걀·콩류	6	2	2	2	–
채소류	10	3	3.5	3.5	–
과일류	2	–	–	–	2
우유·유제품류	4	–	–	–	4
유지·당류	4	조리 시 사용되는 양념으로 대체			

출처: 식품의약품안전처(2007). 영유아 단체급식 가이드라인.

- 각 끼니와 식사는 배분된 횟수만큼 여러 식품을 골고루 선택하고, 식품을 이용한 실제 음식명을 기입하여 식단을 작성한다.

(2) 식품구성자전거

영양섭취 기준에 만족할 만한 식사를 계획하고 섭취할 수 있도록 식사의 기본 구성 개념을 알기 쉽게 식품구성자전거로 제안하였다(한국인 영양소 섭취기준, 2015). 운동을 권장하기 위해 자전거의 도안을 이용하여 자전거의 뒷바퀴는 6개의 식품군으로 권장 식사 패턴의 섭취 횟수와 분량에 비례하도록 면적을 나누고, 앞바퀴는 물잔 도안을 삽입하여 수분 섭취의 중요성을 나타내었다.

| 그림 4-2 | 식품구성자전거

출처: 한국영양학회(2015).

(3) 식품 및 영양 표시제도

식품 및 영양 표시제도는 소비자에게 식품에 대한 적절한 정보를 제공하고 합리적인 식품 선택을 돕기 위하여 식품의 규격, 영양 정보를 표기하도록 한 것이다.

식품표시제도(food labeling)은 식품 생산자와 판매자에게 원재료명, 내용량, 제조 일자 및 유통기한, 영양성분, 주의 사항 등 각종 식품 정보를 제품의 포장이나 용기에 표기하도록 한다. 이를 통해 소비자는 자신에게 적합한 제품을 선택하고 생산자는 제품의 성질이나 우수성을 소비자에게 알릴 수 있다. 소비자가 식품을 구매할 때 주로 보여지는 면인 주표시면에는 제품명과 내용량이 표기되고, 소비자가 쉽게 알아볼 수 있게 정보를 모아서 표시하는 일괄표시면에는 주 표시면에 표기된 것 이외의 표시 사항들이 일괄적으로 표시되며, 업소명 및 소재지, 영양성분, 주의 사항 표시 등은 다른 기타 표시면에 표기될 수도 있다. 반드시 표기해야 하는 사항은 제품명, 업소명 및 소재지, 제조 연월일(또는 유통기한, 품질 유지 기한), 내용량, 원재료명의 5가지로 식품을 구매할 때 반드시 확인하는 것이 좋다.

| 그림 4-3 | 식품표시

출처: 식품의약품안전처(www.foodnara.go.kr).

식품 표시 항목 중 '영양'에 대한 정보를 전달하기 위해 총 내용량당, 1회 섭취 참고량, 또는 비교를 용이하게 하기 위한 100g당, 100ml당 포함된 영양소 함량을 표시한 것을 영양표시(nutrition labeling)라고 한다. 〈표 4-9〉에 반드시 표기해야 하는 의무표시 영양소와 임의표시 영양소를 정리하였다. 영양소 함량을 표시할 때 해당 식품에 포함된 각 영양소들의 기준치에 대한 비율을 나타낸 '1일 영양성분 기준치에 대한 비율(%)'을 함께 표시해야 한다. 이는 하루에 섭취해야 할 영양소량의 몇 %를 그 식품이 함유하고 있는지를 나타내어 해당 식품의 영양적 가치를 쉽게 이해하고 식품 간의 영양성분을 쉽게 비교할 수 있게 한다. 또한 한국인의 식사에서 섭취를 제한하는 영양소인 열량, 총지방, 포화지방, 콜레스테롤, 당, 나트륨과 섭취를 권장하는 영양소인 단백질, 식이섬유, 비타민, 무기질에 대해서는 영양소 함량에 대한 강조 표시 기준에 합당한 경우 '저', '무', '고' 또는 '풍부', '함유' 등으로 표시할 수 있다(부록 참조).

| 표 4-9 | 의무표시 영양소와 임의표시 영양소

<table>
<tr><td>의무표시 영양소</td><td colspan="2">• 열량, 탄수화물, 당류, 단백질, 지방(포화지방, 트랜스지방), 콜레스테롤, 나트륨
• 영양소 함량 강조(영양 강조 표시)를 하고자 하는 경우</td></tr>
<tr><td rowspan="2">임의표시 영양소</td><td>비타민 및 무기질</td><td>• 일반 가공식품: 비타민 A, D, E, C, B_1, B_2, 나이아신, B_6, 엽산
• 칼슘, 인, 철, 아연</td></tr>
<tr><td colspan="2">식이섬유</td></tr>
</table>

출처: 식품의약품안전처. 식품표시.

▶ 영양표시

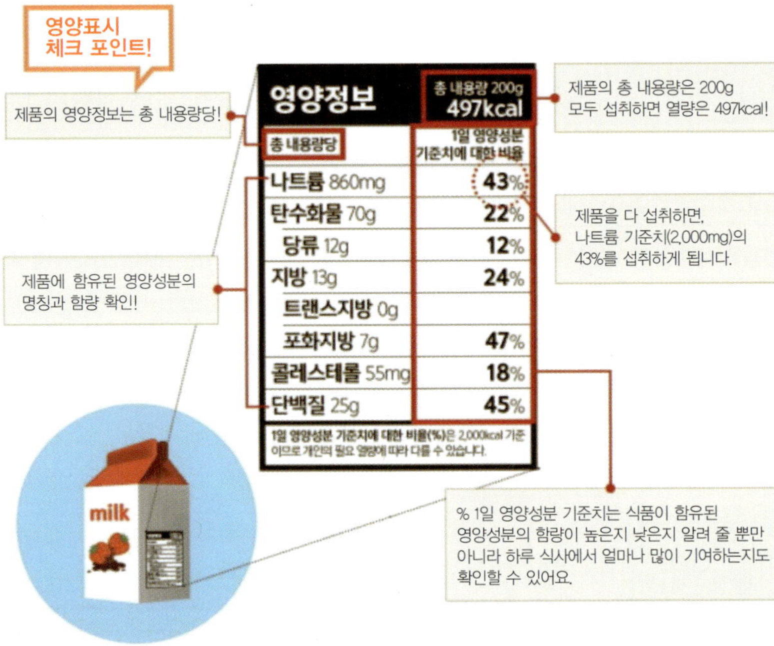

〈영양표시 읽는 방법〉

식품을 얼마나 먹느냐에 따라 영양성분의 섭취량이 달라지므로 영양표시를 읽을 때 먼저 영양성분 표시단위(총 내용량, 100g, 단위 내용량, 1회 섭취 참고량)를 확인하고 제품 간의 영양소 함량을 비교하거나 실제 섭취량을 고려하여 계산하여야 한다.

출처: 식품의약품안전처(2019).

05장

영유아의 특수 영양관리

1 설사와 변비
2 유아 빈혈
3 식욕부진과 편식
4 비만
5 충치
6 식품 알레르기
7 선천성 대사장애

영유아의 영양관리는 선천성 대사질환과 같이 의료진의 전문적인 도움이 필요한 경우도 있지만 영유아에서 흔히 발생하는 설사, 변비 등의 상황에서도 영양관리 원칙을 몰라서 적절히 대응하지 못하는 경우가 많다. 영유아에서 흔히 발생하는 영양문제를 중심으로 식사관리 원칙을 살펴보도록 한다.

1. 설사와 변비

영유아마다 장운동이 달라서 2~3일에 한 번 변을 보기도 하고 묽은 변을 하루 5번 이상 보기도 하므로 설사와 변비를 변을 보는 횟수로 진단하는 것은 의미가 없다.

설사와 변비는 평소에 비해 변의 횟수나 상태가 비정상적인 경우로 영유아의 식사를 조절하여 정상화하도록 한다.

1) 설사

설사는 영유아기에서 흔히 나타나는 증상으로, 장에서 정상적인 수분의 흡수가 제대로 이루어지지 않거나 비정상적인 장운동에 의해 내용물이 장을 빨리 통과하면서 평소보다 변의 횟수가 갑자기 많아지거나 많은 양의 묽은 변을 보는 경우를 말한다.

바이러스나 세균에 의한 감염으로 일어나는 경우가 많으나 수분 또는 섬유질이 많은 음식을 섭취한 경우, 식품 알레르기, 유당불내증, 감기나 중이염 등 다양한 원인에 의해 나타난다. 설사를 하게 되면 탈수로 인해 수분과 전해질 균형이 깨지면서 심각한 결과가 초래될 수 있는데 어릴수록 더욱 심각하다.

설사의 원인을 제거하고 치료해야 하지만 영양관리 원칙으로 우선해야 하는 것은 설사로 인한 탈수를 막는 것이다. 엷은 포도당액, 보리차, 끓인 물을 계속해서 조금씩 먹이고 설사를 하는 동안은 우유를 제한해야 한다. 설사가 멈추면 모유수유는 먼저 물을 먹인 후 젖을 먹게 하고 조제유의 농도는 1/4 정도로 희석해서 시작하고 상태를 보아 가며 농도를 증가시킨다. 탈수 교정 후에는 정상 식사를 통해 가능한 한 빨리 영양적으로 균형 잡힌 식사를 하도록 해야 한다.

| 표 5-1 | 설사를 하는 영유아의 식사(WHO)

- 수유는 일단 적절한 수분 보충이 이루어진 후에 실시한다.
- 완전히 이유한 영유아는 일상식사를 한다.
  완전하게 이유를 하지 못했고 9개월 미만이면 1~2일 정도는 조제유를 최소 1/2 농도로 희석하여 먹이거나 무유당 분유를 먹이도록 한다.
- 4개월 이상 된 영유아의 경우, 모유나 분유만으로 에너지요구량이 충족되지 않는다면 고형 음식을 시도한다.
- 영유아 스스로 필요한 음식의 양을 정하도록 한다.
  즉, 식욕부진인 영유아에게 강제로 급식해서는 안 되며 수분만 보충한다.
- 설사가 진정되면 영양결핍 상태를 회복할 수 있도록 추가의 음식물을 섭취한다.
- 회복되고 있는 동안에는 당질 함량이 높은 음식, 특히 단당류나 이당류가 함유된 것은 장의 손상된 흡수기전을 악화시키는 경향이 있으므로 피하거나 제한한다.

출처: 대한영양사협회(2010).

2) 변비

변비도 영유아에서 흔한 증상으로 복부 불편감, 딱딱하고 건조한 변을 보거나 변을 볼 때 통증이 동반되고 배변 횟수가 불규칙한 상태를 말한다.

유아기에 흔한 변비의 원인은 음식 섭취의 변화와 부적절한 식사에 의한다. 모유에서 조제유로 변경하거나 새로운 식품의 도입 시 변비가 유발될 수 있고, 유아에서는 과일, 채소의 섭취량이 적고 수분 섭취가 충분하지 않은 경우 흔히 생긴다.

곡류, 채소류, 과일류, 해조류 등에 많이 들어 있는 섬유소를 충분히 먹으면 변비에 도움이 된다. 이러한 섬유소는 장 내용물의 부피를 증가시켜 장내 이동과 규칙적인 배변을 도와주는데 수분 섭취를 함께 증가시켜야 한다. 또한 적당한 운동은 장의 운동을 촉진하므로 변비 치료에 도움이 된다.

2. 유아 빈혈

빈혈은 적혈구 수 또는 헤모글로빈 농도가 정상보다 낮아서 산소 공급이 원활하지 못한 상태로 가장 흔한 것이 철 결핍성 빈혈이다. 철 결핍성 빈혈은 세균 감염에 대한 저항력 약화, 식욕 감퇴 외에도 집중력 감소, 학습 능력 저하를 일으켜 영유아의 정상적인 성장 발달을 저해한다. 건강한 영아는 출생 시 충분한 철 저장량을 가지고 태어나므로 4~6개월 이전에는 철 결핍이 드물다. 그러나 생후 6개월에서 3세 사이에 급격한 성장으로 철의 필요량이 급증하는데, 이때 식사로부터 철을 충분히 공급하지 않으면 철 결핍성 빈혈이 나타난다. 모유나 우유에는 철이 거의 함유되어 있지 않으므로 영아기에 이유가 늦어져 생기는 저장철 고갈로 인한 빈혈이 주요한 원인이다.

따라서 철 결핍성 빈혈을 예방하려면 발달 단계에 맞추어 생후 4~6개월에 적절히 이유식을 진행하여 철이 풍부한 달걀노른자, 살코기, 어류, 녹색 채소류 등을 섭취한다. 또한 비타민 C는 철의 흡수를 도와주므로 채소나 과일도 다양하게 적절한 양 섭취하는 것이 좋다.

3. 식욕부진과 편식

영유아는 돌이 지나면 성장 속도가 완만해지면서 식욕이 떨어지는 현상이 흔히 나타나고 식욕이나 음식에 대한 기호가 수시로 변하는 특성이 나타난다. 일시적인 현상일 경우가 많으므로 부모나 양육자가 지나치게 예민하게 반응할 필요는 없다. 하지만 지속될 경우 영양 불균형으로 인한 성장 지연이나 비만의 원인이 될 수 있다.

1) 식욕부진

유아기는 영아기에 비해 성장 속도가 완만해지고 식욕이나 식사량의 개인차가 크다. 일반적으로 유아의 식욕은 성장 속도, 활동량과 밀접한 관련이 있고 식욕부진은 일시적인 현상이므로 건강하게 잘 자라면 걱정할 필요가 없다. 오히려 억지로 음식을 강요하면 식욕부진이 고정되어 버리는 경우도 있다. 그러나 식욕부진이 오래 지속되면 성장 지연과 편식의 가장 큰 원인이 되므로 식사 내용이나 조리 방법, 부모의 양육 태도를 검토하고 질병이 있는지를 살펴 교정하도록 노력해야 한다.

| 표 5-2 | 식욕부진의 원인과 대책

식욕부진의 원인	식욕부진의 대책
• 식사성 식욕부진 – 식사 내용의 단조로움: 재료, 조리법, 제공 방법 – 불규칙적이고 빈번한 간식 – 당분과 지방의 과잉 섭취	• 식단의 다양한 변화: 재료, 조리 방법과 색채, 그릇 등 음식과 식사 환경의 변화를 줌 • 유아에게 흥미를 유발하게 함: 조리, 담기 등 요리활동에 참여시켜 자발적으로 먹도록 유도함 • 간식은 식사와 시간 간격을 두어 공복감이 생기도록 함 • 너무 달거나 많은 양의 간식을 주지 않도록 함
• 심리적 식욕부진 – 부모의 지나친 관심 또는 무관심, 과잉보호 – 식사 시 간섭과 예절 강요 – 가정 내 불화로 인한 불안한 식사 분위기	• 1회 식사 시간은 20~30분 내에 끝내고 강제로 먹이지 않도록 함 • 떠먹이지 않음: 정해진 장소에서 일정 시간 음식을 먹도록 지도하고 흘리더라도 질책하지 않음 • 식사 시간은 즐거운 분위기로 유도함
• 질병으로 인한 식욕부진 – 감기, 편도선염, 변비, 충치, 신경장애, 빈혈, 감염 등	• 원인 질환을 치료하는 것이 우선되어야 함
• 신체 활동과 관련된 식욕부진 – 운동 부족 또는 피로	• 운동을 충분히 하도록 함 • 놀고 난 후에는 잠깐 휴식을 취한 후 식사하도록 함
• 환경적 요인 – 부적절한 습도, 기온, 자연환경	• 환경 개선으로 생활환경을 쾌적하게 함

2) 편식

편식은 좋아하는 몇 종류의 음식만을 계속 먹고 다른 식품은 거부하는 식사 형태로 유아기 전반에 걸쳐 중요한 영양문제로 지적된다. 그러나 편식으로 인해 영양소 섭취의 균형이 깨지거나 성장 발달에 장애가 생기는 심각한 문제가 없다면 일시적 현상으로 걱정하지 않아도 되는 경우가 많다. 그 이유는 유아가 3~4세경이면 자아가 발달하여 좋고 싫음의 감정이 뚜렷해져서 식품에 있어서도 싫은 것에 대해서는 거부하지만, 유아의 식욕과 기호는 유동적이므로 식사 환경이나 식단에 다양한 변화를 주면 교정되는 경우가 많기 때문이다. 그러나 편식을 심하게 하면 성장에 필요한 영양소의 공급에 지장을 주어 성장부진을 초래하거나 빈혈, 변비, 영양불균형으로 인한 비만, 신경질적이고 자기중심적인 성격, 면역성 저하 등 좋지 않은 영향을 주므로 고치도록 부모와 양육자가 노력해야 한다.

| 표 5-3 | 편식의 원인과 대책

편식의 원인	편식의 대책
• 식사성 원인 – 이유식의 지연 – 이유기 식품 선택의 단조로움: 다양한 맛을 경험하지 못하여 냄새, 맛, 질감이 낯선 음식을 먹지 않으려 함	• 이유기부터 다양한 식품을 사용함: 맛, 냄새, 질감에 익숙해지도록 다양한 식품 선택과 조리법 필요 • 조리 과정에 유아를 참여시켜 관심을 유도함 • 편식하는 식품의 조리법을 바꿔 봄 • 편식하는 식품을 처음에는 양을 적게 하고 점차 양과 횟수를 늘려 익숙해지게 함
• 생리적·심리적 원인 – 구토, 복통 등 특정 식품에 대한 불쾌한 경험 – 부모의 관심을 끌기 위함 – 부모의 과잉보호 – 먹기 싫은 음식을 강요당할 때	• 식품을 골고루 섭취해야 하는 이유를 유아에게 쉽게 설명함 • 싫어하는 음식을 강요하지 않고 먹으면 칭찬과 격려를 함 • 식사시간은 적당한 공복 상태가 되도록 함
• 식사 환경 – 부모와 형제들의 편식	• 부모와 가족의 편식 습관을 먼저 고침 • 식사 환경을 즐겁게 바꿈. 특히, 또래친구와 함께 즐겁게 먹는 경험을 제공함
• 사회·경제적 원인 – 유통 조건, 경제적 원인으로 식품 선택 기회, 식품 구매의 제한: 다양한 식품 접하지 못함	• 구할 수 있는 냉동·건조식품들을 이용해 봄

4. 비만

비만은 섭취 에너지가 소비 에너지보다 많아서 체내에 지방이 과도하게 축적되는 것이다. 최근 식생활의 서구화와 생활양식 변화에 따른 육류 섭취의 증가, 기름진 패스트푸드와 인스턴트식품 섭취, 단순당질 식품의 섭취 증가, TV와 비디오 시청 및 컴퓨터 게임 등으로 인한 활동량의 감소가 유아비만의 원인으로 지적된다.

영유아기는 지방세포 수가 증가하는 시기이므로 유아비만으로 지방세포의 크기와 수가 증가하면 세포 수를 줄이기 어렵고 성인비만으로 이어질 가능성이 있다. 또한 유아의 과도한 비만은 고혈압, 당뇨병, 고지혈증 등 성인병을 일으키는 원인이 되고, 운동을 잘 못하는 데서 오는 열등감과 또래 친구들의 놀림으로 내성적이고 소극적인 성격이 되기 쉽다. 유아는 자신의 식생활과 생활습관을 조절하고 관리할 능력이 없으므로 부모와 양육자가 유아비만에 관심을 갖고 예방·관리해야 한다.

유아기의 비만 판정은 2017년 한국 소아·청소년 성장도표를 기준으로 연령별, 성별 체질량 지수 백분위수를 사용한다. 체질량 지수 95백분위수 이상을 비만으로 진단하고 85~94백분위수는 과체중으로 판정한다. 비만인 유아는 연 1회 동반 질환의 위험성을 평가하여 위험 요인이 있는 경우 식사 치료, 운동 치료, 행동 치료를 포함한 생활습관 교정이 필요하다.

영유아 비만 관리의 일차적 목표는 성장과 발달을 위한 적절한 영양을 공급하고 에너지 소비를 늘려 섭취 에너지와의 균형을 맞추도록 하는 것이다. 즉, 섭취 에너지만을 염두에 두고 음식을 제한하려고만 해서는 안 되며 적당한 활동과 운동을 통한 에너지 소비와 유아 스스로 건강한 식습관을 실천할 수 있도록 지도해야 한다.

영양적으로 균형 잡힌 식단을 목표로 하되 가능한 한 채소와 과일을 많이 포함하고 단백질과 동물성 지방 섭취가 과다하지 않도록 하며, 영양소는 적고 에너지가 높은 인스턴트식품, 당분이 많은 과자, 케이크, 탄산음료를 제한한다.

✲ 비만아를 위한 식사 요법

제한해야 하는 식품	제공해도 좋은 식품
쌀밥, 빵, 국수, 스파게티 감자, 고구마 설탕, 잼, 탄산음료(콜라 등) 카스텔라, 찰떡, 만두, 양갱, 과자류	우유, 치즈, 달걀, 육류, 생선 두부, 청국장, 유부 버터, 마가린, 식물성 기름 당근, 시금치, 오이, 무, 배추 등 채소 귤, 오렌지, 사과, 배 등 과일

비만한 유아는 활동량이 적은 경우가 많으므로 흥미를 갖고 쉽게 할 수 있는 운동으로 에너지 소비를 늘리도록 한다. 또한 유아기는 보호자가 생활 전반에 관여할 수 있으므로 좋은 식습관을 위한 행동 변화가 효과적인 방법이 될 수 있다. 정해진 시간 및 장소에서 가족과 함께 식사하고, 아침을 거르지 않고, 과식이나 폭식을 하지 않도록 한다. 짜게 먹는 습관, 빨리 먹는 습관, 군것질을 자주 하는 습관을 버리도록 지도한다.

✲ 비만 치료를 위한 식사 방법과 주의 사항

- 단기간에 체중을 줄이기 위해 무리하게 식사량을 제한하지 않도록 한다.
- 하루 세 끼의 식사를 균형 있게, 규칙적으로 섭취하도록 한다.
- 생선, 고기류, 콩 제품은 하루 필요량을 충분히 먹을 수 있게 해 주고 지방이 많은 음식은 줄이도록 한다.
- 채소나 과일, 해조류 등을 이용하여 부족한 분량을 보충해 주도록 한다.
- 음식을 싱겁게 하고 설탕류나 당분이 들어간 음식은 제한하도록 한다.
- 인스턴트식품과 냉동식품, 탄산음료를 제한한다.

5. 충치

많은 영유아에서 충치가 흔히 발생한다. 젖니를 건강하게 잘 관리하는 것은 건강한 영구치를 확보하는 데 매우 중요하므로 올바른 치아 관리로 충치를 예방해야 한다. 젖니는 만 12개월부터 36개월 사이에 충치가 많이 생기며, 특히 만 3세 미만의 유아는 '우유병 충치(baby bottle tooth decay: BBTD)'가 가장 많다. 주로 위쪽 앞니 4개에서부터 시작하는데 진행 속도가 매우 빨라 동시에 충치가 생기며, 우유병을 물고 잠드는 습관이 있거나 아이를 달래기 위해 당분이 많은 음료를 우유병에 담아 먹이는 경우 발생한다. 즉, 잠자는 동안 침의 분비는 감소되고 당분(우유나 분유, 과즙)이 치아 표면의 박테리아에 의해 분해되어 치아에 손상을 일으키는 산을 형성하기 때문이다. 이를 예방하려면 젖병을 입에 문 채 잠들지 않도록 하는 것이 중요하고, 6개월 무렵부터는 밤중 수유를 중단하고 주스 등의 음료는 컵에 따라 마시도록 습관을 들이는 것이 좋다.

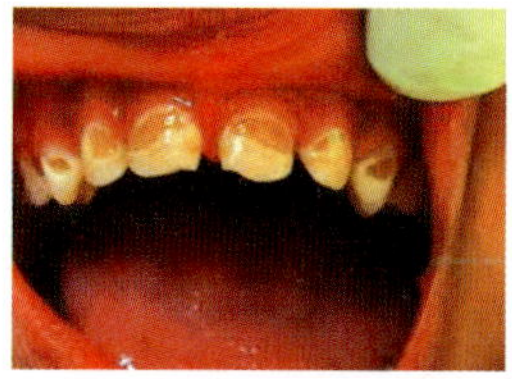

| 그림 5-1 | 우유병 충치

출처: 대한치과의사협회(www://kda.or.kr).

충치의 생성을 억제하는 식품의 선택이 중요하다. 당이 많고 끈적거리는 식품은 자주 섭취하면 충치가 쉽게 발생하는 반면 채소류, 해조류, 단백질 식품은 충치 유발 가능성이 낮다. 또한 튼튼한 치아와 건강한 잇몸을 형성할 수 있도록 칼슘, 단백질, 비타민을 충분히 섭취하고 치아를 청결하게 관리하는 것이 중요하다.

| 표 5-4 | 충치 유발과 관련된 식품

식품군	충치 저유발성 식품	충치 고유발성 식품
유제품	우유, 치즈, 플레인요구르트	아이스크림, 초콜릿 우유, 밀크 쉐이크, 과일 요구르트
육류	살코기, 달걀, 생선, 견과류, 무가당 피넛버터	가당 육류, 당 함유 견과류 가당 피넛버터
과일·채소류	신선한 과일, 채소 무가당 과일·채소 주스	말린 과일, 잼과 젤리, 과일 잼 가당 과일 음료
곡류	팝콘, 프레젤, 무가당 크래커	쿠키, 파이, 페스트리 가당 아침식사용 시리얼
기타	무가당 껌과 소다수 무가당 커피와 차	가당 껌, 캔디, 꿀, 시럽 가당 커피와 차

출처: 임현숙 외 역(2000).

▶ 올바른 치아관리 요령

- 생후 6개월부터 영유아의 이를 닦아 주어야 한다.
- 생후 12개월이 지나면 우유병을 물고 자는 습관을 중단시켜야 한다.
- 무분별한 간식 섭취를 줄여야 한다.
- 생후 12개월이 지나면 치과에서 구강 검진을 받는다.
- 만 12개월부터 만 36개월까지의 영유아는 수시로 입 안을 들여다보아야 한다.
- 영유아와 같이 자기 전 이를 닦는 습관을 기른다.
- 올바른 칫솔 사용법을 익히게 한다.

그러므로 영유아의 치아를 잘 보존하려면 1년에 반드시 2번 정도 정기검사를 받고 음식물 섭취 후 바로 칫솔질을 하는 습관을 길러 주도록 하며 특히 잠자리 전 칫솔질이 중요함을 인식시켜야 한다. 영유아의 충치나 잇몸질환을 조기에 치료하면 치아의 건강과 더불어 소화기 건강을 찾게 되며 치열이 비뚤어지는 것도 최대한 예방할 수 있게 된다. 무엇보다 요즘 범람하는 설탕이 든 음식과 인공음료를 피하도록 해 주는 것이 치아 건강에 중요하다.

출처: 대한치과의사협회(www://kda.or.kr).

6. 식품 알레르기

식품 알레르기는 3세 미만 유아의 4~6%에서 나타날 만큼 흔하고 영아기부터 알레르기가 시작되는 경우가 많다. 어릴수록 위장관 점막이 더 미숙하고 알레르기를 막을 수 있는 면역 기능도 약하기 때문에 알레르기가 나타나기 쉽다.

식품 알레르기는 사람이 가진 단백질과 다른 종류의 단백질이 체내에 들어와서 호흡기, 피부, 위장관 등에서 과민반응을 일으키는 것으로 천식, 알레르기성 비염, 두드러기, 아토피 피부염, 설사, 구토 등의 증상을 보인다.

가족력이 있는 경우 식품 알레르기 발생률이 더 높으므로 부모의 식품 알레르기 경력을 보는 것이 도움이 되는 경우가 많다. 이유식을 진행할 때 가능한 한 알레르기를 잘 일으키는 것으로 알려진 식품은 늦게 주는 것이 좋고, 다양한 식품을 한꺼번에 먹이기보다는 단일 식품을 한 가지씩 도입하고 문제가 없다면 점차 양을 늘려 가도록 한다. 알레르기 가족력이 있는 영유아는 가능한 한 모유수유를 하는 것이 바람직하고 최소 2세까지는 우유, 달걀흰자, 대두, 땅콩 같은 알레르기 유발 식품은 피하는 것이 좋다.

알레르기 반응이 일어나면 의심이 되는 식품을 한 가지씩 2~3주 정도 제거하여 반응을 보고 원인 식품을 찾아내어 일단 공급을 중단한다. 그러나 우유, 달걀, 두유 등 성장기의 영유아에게 중요한 식품이 유발 식품인 경우가 많아서 장기간에 걸쳐 여러 식품을 제한하면 영양부족으로 인한 성장부진이 될 수 있다. 따라서 영양적으로 대체할 수 있는 식품을 잘 활용해야 한다. 또한 유아가 성장하면서 알레르기 반응이 줄어드는 경우가 많으므로 한번 알레르기 반응을 보였다고 해서 그 식품을 완전히 중단할 것이 아니라 3~6개월의 간격을 두고 조심스럽게 다시 시도해 보도록 한다.

식품의약품안전처에서는 한국인에게 식품 알레르기를 유발하는 원인식품을 지정하여 관리하고 있는데 특히 어린이 기호식품을 조리 판매하는 경우 알레르기를 유발할 수 있는 성분이나 원료가 포함되면 「어린이 식생활안전관리 특별법」에 의해 반드시 표시하여야 한다.

| 그림 5-2 | 식품 알레르기 원인식품

| 표 5-5 | 식품 알레르기와 대체식품

제한식품	피해야 할 식품	대체식품
우유	치즈, 아이스크림, 요구르트, 크림수프, 버터, 푸딩, 커스터드	두유
계란	계란이 든 국수, 마요네즈	계란이 들어 있지 않은 제과류
밀	튀김, 밀가루든 과자, 파스타, 핫도그 소시지	쌀빵, 떡, 옥수수, 보리쌀, 오트밀시리얼, 당면
대두	간장, 참치 통조림, 대두가 포함된 시리얼, 두유, 마가린	견과류, 우유, 코코넛
옥수수	옥수수빵, 팝콘, 팬케이크 시럽, 사탕, 베이킹 파우더	설탕, 메이플 시럽, 꿀, 베이킹소다

출처: 교육부(2016). 식품알레르기 교육 참고자료.

7. 선천성 대사장애

선천성 대사장애(inborn errors of metabolism)는 태어날 때부터 영양소의 대사에 필요한 효소가 없어 대사가 진행되지 못하고 중간 물질이 비정상적으로 축적됨으로써 뇌와 장기에 손상을 초래하는 질병이다. 신생아 때 발견하여 치료하지 않으면 정상 회복이 어려워 평생 정신지체와 발육장애 등을 앓을 수 있다. 우리나라에서는 신생아들에게 유전성 대사장애에 대한 검사를 받도록 국가적인 지원을 하고 있다. 우리나라에서 비교적 발생 빈도가 높은 페닐케톤뇨증(phenylketonuria), 갈락토오스혈증(galactosemia), 단풍당뇨증(maple syrup urine disease), 선천성 갑상선 기능 저하증, 호모시스틴뇨증(homocystinuria), 선천성 부신 과형성증의 6가지 대사 이상에 대해서는 선별검사를 받도록 하고 있으나, 그 외에 히스티딘뇨증(histidinuria), 글리코겐 저장질환(glycogen storage disease) 등도 보고되었다.

선천적인 갑상선 기능 저하증과 부신 과형성증은 부족한 호르몬인 갑상선 호르몬, 코티졸과 알도스테론 호르몬을 투여하여 치료하고, 나머지 선천성 대사장애는 질환에 맞는 특수한 조제분유와 식사 조절을 하여야 한다. 예를 들어, 페닐케톤뇨증, 단풍당뇨증, 호모시스틴뇨증 등과 같이 아미노산 대사장애가 있는 경우 단백질을 완전 가수분해하여 대사시키지 못하는 아미노산을 제거하고 만든 특수 조제분유를 먹여야 하고, 이유 후의 식사에서도 대사시키지 못하는 아미노산의 식품 중 함량을 조사하여 섭취를 제한하는 식사요법을 실시한다.

06장

영유아 식품안전관리

영유아는 성인에 비해 면역력이 약하여 식품과 조리 과정의 위생관리가 소홀하면 식중독이 발생하기 쉽고, 이는 영유아의 성장 발달과 건강 유지에 지장을 초래하므로 철저한 위생관리가 중요하다. 위생관리는 식재료, 조리 인력, 시설 및 설비의 세 가지 측면에서 관리체계가 확립되고 작업 각 단계마다 중점적인 관리가 이루어져야 한다. 최근에는 전 과정에서 식품위해요소의 혼입이나 오염을 사전에 방지하기 위한 식품위해요소 중점관리기준(Hazard Analysis critical Point: HACCP) 제도를 도입하여 단체급식의 안전한 위생관리를 유도하고 있다.

1. 식품안전과 위생관리 개요

1) 영유아 식품안전의 중요성

식품의 안전성은 모두에게 중요하나 특히 영유아의 식품은 더 안전하게 관리되어야 한다. 영유아는 성인에 비해 독성물질에 대한 해독 능력과 면역 체계가 약하고 성인에 비해 체중당 섭취하게 되는 독성물질의 농도가 높기 때문이다. 또한 당장 부작용이 나타나지 않아도 체내에 축적되어 나중에 커서 문제가 나타날 수도 있다.

식품위생은 원료에서부터 식탁에 오르는 음식의 모든 단계에서 건강에 영향을 미치는 위해물질이 포함되지 않도록 하는 것을 말한다. 식품에 포함될 수 있는 위해 요소는 다음과 같은 것이 있다.

- 생물학적 위해 요소: 세균, 바이러스, 기생충, 곰팡이 등
- 화학적 위해 요소: 살충제(잔류농약), 식품첨가물 및 보존제, 세척제, 유독한 금속 성분
- 물리적 위해 요소: 식품에 혼입된 이물질(깨진 유리, 먼지, 쇳조각, 머리카락 등)

안전한 식품은 이러한 위해 요소가 없거나 건강에 해를 미치지 않는 매우 낮은 수준인 식품이다. 영유아의 위생사고를 막기 위해서는 식재료, 조리 인력, 시설 및

설비에 대한 위생관리와 각 작업 단계별 관리가 필요하다. 우리나라는 「어린이 식생활안전관리 특별법」을 제정하여 어린이 식품안전보호구역을 지정하고 영양표시를 의무화하고 안전·영양 기준에 적합한 식품에 대해 품질인증제도를 실시하고 있다.

2) 식중독

(1) 식중독의 정의와 발생 현황

식중독(food poisoning)은 식품위생법에서 "식품의 섭취로 인하여 인체에 유해한 미생물 또는 유독물질에 의하여 발생하였거나 발생한 것으로 판단되는 감염형 또는 독소형 질환"으로 정의한다. 즉, 음식물과 함께 들어오는 위해한 미생물이나 유독물질에 의해 구토, 복통, 두통, 현기증, 발열 등의 건강상의 장애를 일으키는 것으로 원인물질에 따라 잠복기가 다르고 전염성이 없다.

식중독 발생은 감소 추세이나 학교, 기업체 등의 집단급식소 환자 수가 증가되는 경향이 있어 우려되고 있다. 발생 건수는 음식점의 식중독 발생률이 가장 높으나 집단급식소는 1회 급식 인원이 많아 환자 수가 많이 발생되므로 철저한 위생관리가 필요하다. 월별 식중독 발생 추이를 보면 하절기인 6~9월에 집중적으로 발생하나, 최근에는 겨울철에도 많이 발생한다. 과거에는 식중독 원인이 주로 세균에 의한 것이었으나 최근에는 노로바이러스(Norovirus)에 의한 식중독이 급증하여 2019년에는 노로바이러스에 의한 식중독이 전체 발생 건수의 16.0%, 환자 수의 27.1%를 차지하는 것으로 나타났다.

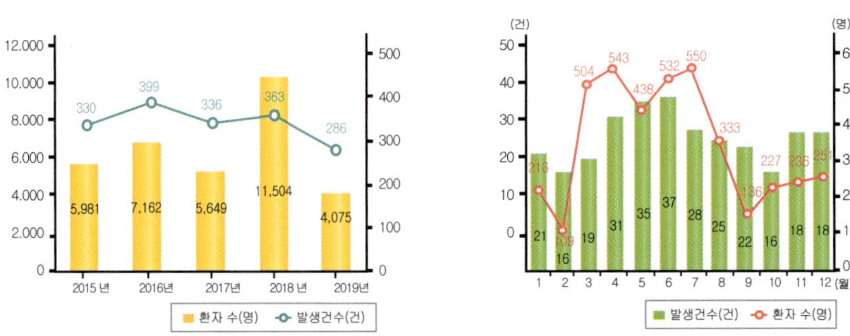

| 그림 6-1 | 우리나라의 식중독 발생 현황

(2) 식중독의 분류 및 발생 원인

식중독은 세균, 바이러스 등의 미생물에 의해 발생하는 경우와 식품에 함유된 독성성분, 잔류농약, 식품첨가물 등의 화학물질에 의해 발생한다.

| 표 6-1 | 식중독의 분류

분류	종류	원인균 및 물질	
미생물 식중독 (30종)	세균성 (18종)	감염형	살모넬라, 장염비브리오, 콜레라, 비브리오 불니피쿠스, 리스테리아모노사이토제네스, 병원성대장균(EPEC, EHEC, EIEC, ETEC, EAEC), 바실러스 세레우스, 쉬겔라, 여시니아 엔테로콜리티카, 캠필로박터 제주니, 캠필로박터 콜리
		독소형	황색포도상구균, 클로스트리디움 포프리젠스, 클로스트리디움 보툴리눔
	바이러스성 (7종)	–	노로, 로타, 아스트로, 장관아데노, A형간염, E형간염, 사포 바이러스
	원충성 (5종)	–	이질아메바, 람블편모충, 작은와포자충, 원포자충, 쿠도아
자연독 식중독		동물성	복어독, 시가테라독
		식물성	감자독, 원추리, 여로 등
		곰팡이	황변미독, 맥각독, 아플라톡신 등
화학적 식중독		고의 또는 오용으로 첨가되는 유해물질	식품첨가물
		본의 아니게 잔류, 혼입되는 유해물질	잔류 농약, 유해성 금속화합물
		제조·가공·저장 중에 생성되는 유해물질	지질의 산화생성물, 니트로아민
		기타 물질에 의한 중독	메탄올 등
		조리기구·포장에 의한 중독	녹청(구리), 납, 비소 등

출처: 식품안전나라(http://www.foodsafetykorea.go.kr).

① 미생물에 의한 식중독

일정 수 이상 증식한 세균, 바이러스 또는 이들이 만든 독소를 함유한 식품을 섭취하였을 때 발생하며, 세균에 의한 세균성 식중독이 대부분이다. 세균성 식중독은 세균이 체내로 들어와 장점막을 침범하여 식중독을 일으키는 감염형 식중독, 식품 내의 세균이 증식하면서 생산한 독소가 식중독을 일으키는 독소형 식중독으로 더 분류된다. 식중독을 일으키는 원인균은 노로바이러스에 의한 식중독이 가장 많이 발생하였고 병원성 대장균, 살모넬라, 황색포도상구균, 장염비브리오에 의한 것이 70% 이상이다.

미생물에 의한 식중독의 주요 발생 원인은 오염된 식품, 식품을 상온에 오래 방치한 경우, 식품을 조리할 때 완전히 가열하지 않은 경우, 도마·칼 등의 조리기구를 통한 오염, 개인 위생을 잘 지키지 않은 경우 등이다. 따라서 미생물에 의한 식중독은 개인 위생습관, 식품의 위생적인 취급, 조리식품의 신속한 냉각 및 냉장, 완전한 가열 조리를 통해 예방할 수 있다.

식중독을 일으키는 미생물의 종류와 오염원, 증상 및 예방 방법에 대한 내용을 〈표 6-2〉에 정리하였다. 건강에 직접적인 위해가 없는 미생물이라도 유통기간을 단축시키고 부패의 원인이 되는 일반적인 오염을 일으키므로 주의해야 한다.

| 표 6-2 | 식중독균의 증상과 예방법

미생물	오염원	증상	예방법
황색포도상구균  • 독소를 생성하여 식중독 유발 • 독소가 생성되면 가열(100℃)하여도 파괴되지 않음 • 건조한 상태에서도 생존	▶사람 또는 동물의 피부, 점막에 널리 분포 ▶화농성 질환자가 취급 준비한 음식물	발병 시기 1~5시간(평균 3시간) 증상 구토, 복통, 설사, 오심	▶개인 위생관리 철저(손 씻기) ▶화농성 질환자의 음식물 조리나 취급 금지 ▶위생복, 위생모자 착용 및 청결 유지
살모넬라  • 토양이나 물에서 장기간 생존 가능 • 건조한 상태에서 생존	▶사람·가축 분변, 곤충 등에 널리 분포 ▶달걀, 식육류와 그 가공품 ▶분변에서 직·간접적으로 오염된 식품	발병 시기 8~48시간 (균종에 따라 다양) 증상 복통, 설사, 구토, 발열	▶달걀, 생육은 5℃ 이하로 저온에서 보관 ▶조리에 사용된 기구 등은 세척·소독하여 2차 오염 방지 ▶육류의 생식을 자제하고, 74℃, 1분 이상 가열조리
병원성대장균 0157 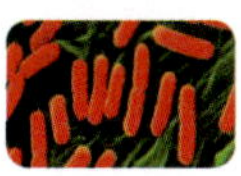 • 소량(~100마리)으로 식중독 유발 • 베로독소를 생산하여 식중독 유발 • 심한 경우 용혈성요독증으로 사망 유발	▶환자나 동물의 분변에 직·간접적으로 오염된 식품 ▶오염된 칼·도마 등에 의해 다져진 음식물	발병 시기 12~72시간 (균종에 따라 다양) 증상 설사, 복통, 발열, 구토	▶조리기구(칼, 도마 등)를 구분 사용하여 2차 오염 방지 ▶생육과 조리된 음식물 구분 보관 ▶다진 고기류는 중심부까지 74℃, 1분 이상 가열
장염비브리오  • 해수 온도 15℃ 이상에서 증식 • 2~5%의 염도에서 잘 자라고, 열에 약함 • 주로 6~10월 사이에 급증	▶여름철 연안에서 채취한 어패류 및 생선회 등 ▶오염된 어패류를 취급한 칼, 도마 등 기구류	발병 시기 평균 12시간 증상 복통, 설사, 발열, 구토	▶어패류는 수돗물로 잘 씻기 ▶횟감용 칼, 도마 구분 사용 ▶오염된 조리기구는 10분간 세척·소독하여 2차 오염 방지
바실러스  • 포자를 형성하는 균으로 가열하여도 생존 가능 • 구토형과 설사형이 있음	▶자연계에 널리 분포하여 토양, 곡류, 채소류에 존재 ▶구토형: 볶음밥, 파스타류 등 ▶설사형: 식육, 스프 등	발병 시기 • 구토형: 1~5시간 • 설사형: 8~15시간 증상 • 구토형은 황색포도상구균 식중독과 유사 • 설사형은 클로스트리디움 식중독과 유사	▶곡류, 채소류는 세척하여 사용 ▶조리된 음식은 장시간 실온 방치 금지 ▶냉장 보관 ▶음식물이 남지 않도록 적정량만 조리 급식
캠필로박터  • 산소가 적은 환경(5%)에서 증식 • 30℃ 이상에서 증식 활발 • 소량으로 식중독 유발	▶가축, 애완동물 등 ▶닭고기와 관련된 식품 ▶도축·도계 과정에서 오염된 생육 ▶소독되지 않은 물	발병 시기 평균 2~3일 증상 복통, 설사, 발열, 구토, 근육통	▶생육을 만진 경우 손을 깨끗하게 씻고 소독하여 2차 오염 방지(개인 위생관리 철저) ▶생육과 조리된 식품은 구분하여 보관 ▶74℃, 1분 이상 가열조리 ▶가급적 수돗물 사용
리스테리아 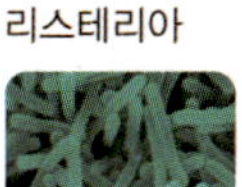 • 저온(5℃)에서 생장 가능 • 임신부에게 조산 또는 사산 유발 가능	▶살균 안 된 우유나 연성치즈, 생육(닭고기, 쇠고기), 생선류(훈제연어 포함)	발병 시기 9~48시간(위장관성) 2~6주(침습성) 증상 발열, 근육통, 오심, 설사	▶살균 안 된 우유 섭취 금지 ▶냉장 보관 온도(5℃ 이하) 관리 철저 ▶식육, 생선류는 충분히 가열조리 ▶임신부는 연성치즈, 훈제 또는 익히지 않은 해산물 섭취 자제

미생물	오염원	증상	예방법
클로스트리디움 퍼프린젠스  • 포자를 형성하는 균으로 가열하여도 생존 가능 • 산소가 없는 환경에서도 생장 가능	▶동물 분면, 토양 등에 존재 ▶대형 용기에서 조리된 스프, 국, 카레 등을 방치할 경우	발병 시기 8~12시간 증상 설사, 복통, 통상적으로 가벼운 증상 후 회복됨	▶대형 용기에서 조리된 국 등은 신속히 제공 ▶국 등이 식은 경우 잘 섞으면서 재가열하여 제공 ▶보관 시 재가열한 후 냉장 보관
여시니아  • 저온(4℃)에서도 생장 가능 • 열에 약함	▶동물의 분변에 직·간접적으로 오염된 우물·약수물이나 돈육에 존재 ▶살모넬라와 유사한 경로로 감염	발병 시기 평균 2~5일 증상 복통, 설사, 발열, 기타 다양함	▶돈육 취급 시 조리기구와 손을 깨끗이 세척·소독 ▶칼·도마 등은 채소류와 구분 사용하여 2차 오염 방지 ▶가열 조리온도 준수 철저 ▶가급적 수돗물 사용
보툴리늄  • 포자를 형성하는 균으로 가열하여도 생존 가능 • 산소가 없는 환경에서 생장 • 운동신경을 마비시키는 치명적인 독소를 생성하여 사망 유발	▶병·통조림, 레토르트 제조 과정	발병 시기 8~36시간 증상 현기증, 두통, 신경장애, 호흡곤란	▶병·통조림, 레토르트 제조 과정에서 멸균처리 철저(120℃, 4분) ▶신뢰할 수 있는 회사 제품 사용 ▶의심되는 제품은 폐기
노로바이러스 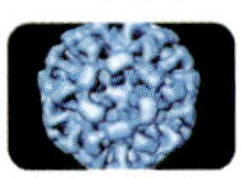 • 사람 장관에서만 증식 • 자연환경에서 장기간 생존 가능	▶사람의 분변에 오염된 물이나 식품 ▶노로바이러스에 감염된 사람에 의한 2차 감염 ▶겨울철에 많이 발생	발병 시기 24~48시간 증상 오심, 구토, 설사, 복통, 두통	▶오염된 해역에서 생산된 굴 등 패류 생식 자제 ▶어패류는 가급적 가열 후 섭취(85℃, 1분 이상) ▶채소류 전처리 시 수돗물 사용 ▶지하수 사용 시설은 주변 오염원(화장실 등) 관리 철저

출처: 식품의약품안전처. '알기쉬운 식중독 예방요령' 홍보용 포스터.

② 자연독과 화학적 식중독

자연독에 의한 식중독은 복어나 일부 어류, 감자싹, 독버섯, 목화씨와 같은 식품이 갖고 있는 독성 성분에 의한 것과 땅콩, 쌀 등에 곰팡이로 인해 생긴 독성물질에 의한 것이 있다. 곰팡이에 의해 생긴 독은 독성이 매우 강하므로 곰팡이가 생긴 음식이나 식품은 섭취하지 않도록 한다.

또한 식품 가공 공정에서 첨가되는 식품첨가물, 잔류농약이나 수은, 납 등의 중금속 등에 의해 식중독이 나타날 수 있다.

(3) 식중독 예방의 일반 원칙

식중독을 예방하기 위해서는 위생적인 식품의 관리와 개인 위생이 필수적이다.

① 청결한 작업 환경과 개인 위생

식중독의 직접적인 감염 경로는 대부분 식품 취급자에 의해 발생하는데 기침, 재채기, 청결하지 않은 손을 통해 음식에 유입되는 경우가 흔하다. 따라서 음식의 조리, 보관, 저장할 때뿐만 아니라 음식을 먹을 때도 손을 깨끗이 씻어야 한다. 또한 식품 보관 및 조리 장소를 정기적으로 청소하여 관리하고, 조리에 사용되는 기구도 사용 전에 깨끗하게 닦아 건조된 것을 사용한다.

② 미생물 번식을 막기 위한 시간과 온도 관리

식중독을 일으키는 미생물은 실온에서 급속히 증식하고 시간이 경과함에 따라 그 증가 속도가 더욱 빨라진다. 따라서 식중독을 예방하기 위해서는 보관 및 조리에서 시간과 온도에 주의해서 취급해야 한다.

- 식품을 실온에 방치하지 않도록 신속히 조리하거나 냉장 보관한다.
- 음식의 가열이 불충분하면 조리된 식품도 식중독을 일으키므로 음식의 내부 온도가 75℃(어패류는 85℃) 1분 이상 되도록 충분히 익힌다.
- 조리된 음식은 실온에 오래 방치하지 말고 가능한 빨리 먹도록 하고, 남은 음식은 반드시 완전히 식혀서 냉장 보관한다.
- 물은 반드시 끓여서 마신다.

| 그림 6-2 | 식중독 예방 요령

출처: 식품의약품안전처(http://www.kfda.go.kr).

2. 식재료 및 음식의 위생관리

신선하고 질이 우수한 식재료는 음식의 위생 및 안전성에 매우 중요한 요소이므로 구매 및 검수, 보관 및 저장 단계에서 철저한 관리가 필요하다. 또한 음식을 만들기 위한 조리, 배식 단계에서도 식중독균의 오염을 막고 안전성을 확보할 수 있도록 유의하여야 한다.

1) 구매 및 검수 단계

위생적이고 질이 우수한 식재료를 구매하기 위해서는 위생관리 능력 및 운영 능력이 있는 업체를 선정하여야 하고 정기적으로 납품 차량 및 배달원의 위생 상태도 점검하여야 한다. 또한 식재료에 대한 규격 기준을 명확하게 제시하고 이에 따라 납품된 재료에 대한 검수를 철저히 한다.

◘ 구매 및 검수의 일반 원칙

- 곡류, 식용유, 통조림 등 상온에서 보관할 수 있는 것을 제외한 육류, 어패류, 채소류 등 신선도가 중요한 식품은 당일 구입하여 당일 사용한다.

- 식재료에 대한 위생 관련 규격을 설정하고 이에 따라 검수한다.
- 검수할 때는 식재료를 바닥에서 60cm 이상 높이의 검수대 위에 올려놓고 검수하며 식재료명, 품질, 납품 온도, 이물질 혼입, 포장 상태, 유통기한, 수량 및 원산지 표시를 검수확인표(부록 참조)에 기록한다.
- 검수 기준에 부적합한 식재료는 자체 규정에 따라 반품 등의 조치를 취하고, 기준에 적합한 식재료로 재납품할 것을 지시한다.

| 표 6-3 | 식재료 관련 규격

구분	식재료 규격	비고
곡류 및 과채류	1. 원산지 표시 또는 친환경농산물인증품, 품질인증품, 우수관리인증농산물, 이력추적관리농산물, 지리적특산품 등을 표시한 제품	거래명세서에 표기
전처리 농산물	1. 제품명, 업소명, 제조연월일, 전처리하기 전 식재료의 품질(원산지, 품질등급, 생산연도), 내용량, 보관 및 취급 방법 등을 표시한 제품	
어·육류	1. 육류의 공급 업체는 신뢰성 있는 인가된 업체	
	2. 육류는 등급판정 확인서가 있는 것	
	3. 수입육인 경우 수출국에서 발행한 검역증명서, 수입신고필증이 있는 제품	
	4. 어류는 원산지 표시한 제품	
	5. 냉장·냉동 상태로 유통되는 제품	
어·육류 가공품	1. 인가된 생산 업체의 제품	
	2. 원산지 표시 및 유통기한 이내의 제품	거래명세서에 표기
	3. 냉장·냉동 상태로 유통되는 제품	
난류	1. 세척·코팅 과정을 거친 제품(등급판정란 권장) ※ 가능한 한 냉소(0~15℃)에서 보관·유통	축산법 제35조, 축산물의 가공기준 및 성분규격(8. 보존 및 유통기준)
김치류	1. 인가된 생산 업체의 제품	
	2. 포장 상태가 완전한 제품	
양념류	1. 표시 기준을 준수한 제품	
기타 가공품	1. 모든 가공품은 유통기한 이내의 제품, 포장이 훼손되지 않은 제품	거래명세서에 표기

출처: 교육부(2016). 학교급식 위생관리지침서.

▶ 식품의 유통기한 표시

식품에 표기된 유통기한은 제조일로부터 소비자에게 판매가 허용되는 기한으로, 적절하게 보관·관리한 식품은 이 기간 동안 일정 수준의 품질과 안전성이 보장됨을 의미한다. 우유, 두부, 묵, 도시락 등 21개의 식품은 식품공전에서 유통기한을 정하고 있으나 그 외 제품은 제조자가 정해서 의무적으로 표시하도록 하고 있다. 수입식품은 유통기한 표시 방법이 나라마다 다르고, 빨리 부패나 변질이 되는 식품은 소비자 사용기한(use by date), 그런 우려가 적은 식품은 상미기한 또는 품질유지기한(best before date), 유효일자(expiration) 등 제품에 따라 다른 명칭을 쓰므로 주의하여 보도록 한다.

식품의 검수를 위한 요령은 다음과 같다(식품의약품안전처, 2017).

식품의 검수 요령

- 중량, 온도, 확인
  - 냉장식품: 10℃ 이하(신선편의식품 5℃ 이하)
  - 냉동식품: −18℃ 이하(녹은 흔적이 없이 냉동 상태 유지)
  - 채소류: 상온(전처리 식재료는 10℃ 이하)
  - 생선 및 육류 : 5℃ 이하
  - 포장식품: 진공포장식품은 두 팩 사이에 온도계를 넣고 온도 측정
- 품질, 포장 상태, 표시 사항 등의 확인
  - 발주서와 거래명세서를 대조하여 일치 여부 확인
  - 유통기한, 원산지 등 표시 사항 확인
- 식재료별 검수 기준
  - 육류: 등급판정서 확인(날짜, 중량, 등급 확인) 및 온도 측정(냉장) 또는 냉동, 소고기는 적색, 돼지고기는 선홍색인 것, 지방은 담황색으로 탄력이 있고 향이 있으나 이취가 없는 것
  - 채소류: 원산지, 중량, 신선도 등 확인(전처리 채소는 냉장 온도 확인). 신선한 것으로 시들거나 벌레 먹지 않고 반점이 없으며 특유의 색과 향을 지니고 있는 것

▶ 식품 품질인증제도

식품을 구매할 때 농축수산물 및 가공식품에 대한 품질인증제도를 알고 참고하면 도움이 된다. 농림축산식품부와 해양수산부에서는 소비자들에게 믿을 수 있는 식품을 제공하고 생산자는 고품질의 안전한 농축수산물을 생산하도록 하기 위한 목적으로 다양한 인증제도를 운영하고 있다.

	농림산물		축산물	
	유기농산물	무농약농산물	유기축산물	무항생제축산물
친환경 농축산물	합성농약과 화학비료를 사용하지 않고 재배한 농산물	합성농약은 사용하지 않고 화학비료는 권장시비량의 1/3 이하를 사용하여 재배한 농작물	항생제·합성항균제·호르몬제가 포함되지 않은 유기사료로 사육한 축산물	항생제·합성항균제·호르몬제가 포함되지 않은 일반사료로 사육한 축산물
우수관리인증	농산물의 안정성 확보를 위해 농약, 중금속, 미생물 등 농식품 위해요소에 대한 관리 인증 제도		축산물, 식품 업체 가공업을 대상으로 생산-제조-유통 과정에서 위해요소 관리를 인증하는 제도	
가공식품 인증	가공식품이 일정한 국가표준규격을 충족하는 식품임을 인증하는 제도		유기 농축산물을 원료로 하여 제조 가공하였음을 인증하는 제도	
지리적 표시 농산물		우수한 지리적 특성을 가진 농산물 및 가공품의 지리적 표시를 등록·보호하기 위한 제도로 소비자의 알 권리를 충족시키고, 우수한 농산물의 경쟁력을 강화하기 위한 제도		

2) 보관 및 저장 단계

식품은 검수가 끝나는 대로 식품의 품질을 최적으로 유지하기 위해 냉장, 냉동 보관하거나 곧바로 전처리 과정을 거치도록 한다. 식품을 보관할 때는 유통기간에 따라 먼저 구입한 식재료를 먼저 사용하는 선입 선출이 용이하도록 보관, 관리해야 한다.

| 표 6-4 | 식재료별 보관 온도

구분	식재료	보관 온도	비고
주식류	쌀, 밀가루, 보리쌀, 라면 등	15~25℃	
육류	쇠고기, 돼지고기 등	냉장 상태: 5℃ 냉동 상태: -18℃	
생선류	고등어, 꽁치, 삼치 등	냉장 상태: 5℃ 냉동 상태: -18℃	
엽채류	배추, 양배추, 시금치, 상추, 콩나물 등	씻거나 전처리된 상태: 5℃ 자연 상태: 15~25℃	
근채류	무, 양파, 감자 등	씻거나 전처리된 상태: 5℃ 자연 상태: 15~25℃	

출처: 교육인적자원부(2007).

(1) 냉장·냉동 저장

- 적정량을 보관함으로써 냉기 순환이 원활하여 적정 온도가 유지되도록 한다(냉장·냉동고 용량의 70% 이하 보관).
- 냉장·냉동고에 식품을 보관할 경우에는 반드시 그 제품의 표시 사항(보관 방법 등)을 확인한 후 그에 맞게 보관한다.
- 오염 방지를 위해 날 음식은 냉장실의 하부에 가열조리 식품은 상부에 보관한다.
- 보관 중인 식재료는 뚜껑을 덮거나 포장하여 보관 중에 식재료 간의 오염이 일어나지 않도록 유의한다.

- 냉장·냉동고 문의 개폐는 신속하게 하며, 필요 시 최소한으로 한다.
- 선입 선출의 원칙을 지킨다.
- 개봉하여 일부 사용한 캔 제품 소스류는 깨끗하게 소독된 용기에 옮겨 담아 개봉한 날짜와 유통기한, 원산지, 제조업체 등을 표시하고 냉장 보관한다.
  - 큰 용량의 제품을 나누어 보관할 때는 라벨에 제품명, 개봉일, 유통기한, 원산지, 제조업체를 반드시 표시하고 다 쓸 때까지 표시가 남아 있도록 관리한다.
  - 상온 보관이 가능한 식품은 별도의 식품 보관실에 바닥에서 30cm 이상의 높이에 선반을 두고 보관한다.
- 식재료 보관은 항상 정리정돈 상태를 유지하고 정기적인 점검을 실시하여 유통기한, 식재료 이름, 포장 상태, 개봉일, 원산지 및 수량 표시 등을 확인한다. 특히 어린이집의 경우 평가제에서 식재료의 유통기한에 대해 엄격하게 관리하고 있다.
- 주 1회씩 성에를 제거하고 수시로 안팎을 청소한다.
- 냉장고는 5℃ 이하, 냉동고는 −18℃ 이하의 내부 온도가 유지되는가를 확인하며, 이상이 있을 때는 즉시 조치한다.

(2) 상온 보관

- 모든 식품은 청결하게 보관(포장에 손상이 없이 보관)한다.
- 통풍을 고려한 선반을 설치하여 식품별로 분류, 정리하고 식품명을 표기하여 손쉽게 찾아 사용토록 한다.
- 설탕, 밀가루 등 습기를 흡수하는 식품은 선반 위 칸에 보관하고, 무거운 식품은 선반 아래 칸에 보관한다.
- 식품 보관 선반은 바닥에서 30cm 이상, 벽으로부터 15cm 이상의 공간을 띄워 청소가 용이하도록 한다.

- 온·습도계를 설치(온도 15.6~21.1℃, 습도 50~60% 유지)하여 장마철 등 높은 온·습도에 의하여 곰팡이 피해를 입지 않도록 한다.
- 유통기한이 있는 것은 유통기한 순으로 사용할 수 있도록 유통기간이 짧은 것부터 진열하며 유통기한의 라벨이 보이도록 진열한다.
- 청소 도구나 화학물질은 식품과 함께 보관하지 않고 별도의 공간을 마련하여 보관한다.

(3) 식재료 분류별 보관 및 저장 준수 사항

식재료의 보관 및 저장 기준과 기간은 식품에 따라 다르기 때문에 식품의 품질을 유지하기 위해서는 먼저 구매한 식품부터 사용할 수 있도록 새로운 식품은 먼저 구매한 식품 뒤에 적절한 상태로 보관하여야 한다.

① 주식류

- 곡류는 건조하면서도 서늘하고 통풍이 잘 되는 곳에 보관하여야 하며 개봉한 곡류는 위생적인 용기에 담아 보관해야 한다.
- 벌레나 곰팡이가 핀 곡류, 색깔이 변하고 냄새가 나는 곡류는 식용으로 사용해서는 안 된다.
- 곡류 저장 시 습도는 50~60%를 준수하도록 한다.

② 채소류

- 채소는 물기를 제거한 후 포장지나 위생적인 용기에 담아 냉장 보관해야 한다.
- 전처리 후 씻은 채소와 씻지 않은 채소는 분리하여 보관해야 한다.
- 3℃ 이하의 냉장 보관은 냉해를 가져올 수 있으므로 냉장고 온도에 주의하여 보관한다.

- 양파를 오래 보관해야 할 경우는 껍질을 제거하지 않은 상태로 서늘하고 그늘진 곳에 보관한다.
- 감자나 고구마 등을 오래 보관해야 할 경우에는 전처리 후 지퍼백이나 위생적인 용기에 담아 냉장 보관한다. 감자를 사용할 경우 녹색 및 배아 부위는 잘라 내고 사용한다.
- 채소류는 먹을 수 없는 부분은 떼어 내고 흐르는 물에 3회 이상 깨끗이 씻어 냉장 보관한다.

③ 어육류

- 육류는 반드시 모든 단계에서 냉장 또는 냉동 상태로 보관한다.
- 육류를 3~4일 정도 저장해야 할 경우 4℃ 이하에서 보관하도록 한다.
- 달걀은 씻지 않은 상태로 냉장 보관한다.
- 생선은 내장을 제거하고, 아가미를 벌려 소금물로 깨끗이 씻어 물기를 뺀 다음 다른 식품과 분리하여 냉장 보관한다.
- 건어물은 건조하고 통풍이 잘 되며 서늘한 곳에 보관한다.
- 패류는 해감 후 소금물로 가볍게 씻어 바로 사용할 경우 냉장 보관을 하고 장기간 보관할 경우에는 냉동 보관한다.
- 어묵은 냉장 상태로 보관해야 하며 반드시 유통기한 확인 후 사용한다.

④ 조미료류

- 모든 조미료류는 유리제나 합성수지제 용기에 넣어 15~25℃의 서늘한 곳에서 직사광선을 피해 보관한다.
- 공산품과 장류는 유통기한 및 보존 방법에 유의하여 보관한다.
- 조미료류를 사용할 때에는 물이나 기타 이물질이 들어가지 않도록 주의해야 하며 사용 즉시 마개를 막아 보관한다.

⑤ 유지류

- 위생적인 용기에 담아 직사광선을 받지 않고 통풍이 잘 되는 서늘한 곳에서 보관하는데 액상 유지는 실온 보관, 고형 유지(마가린, 버터)는 10℃ 이하에서 냉장 보관한다.
- 생선과 같이 냄새가 많이 나는 식품과 분리하여 보관한다.

✲ 식재료 보관 및 저장 시 유의 사항

식재료는 같은 식품이라도 제조 회사마다 보관 및 저장 방법이 다를 수 있으므로 다음과 같은 사항에 유의하여 지정된 장소에 보관 및 저장해야 한다.

- 냉동 보관 표시가 없는 품목은 냉동 저장하지 않는다. 멸치, 다시마, 고춧가루 등도 보관 방법을 확인 후 지정된 장소에 보관하고 장류, 케첩, 소스류 등은 개봉 후 냉장 보관한다.
- 식품을 개봉할 때에는 유통기한이 표시된 부분이 잘려 나가지 않도록 개봉하고 공기가 들어가지 않도록 밀폐 보관한다.
- 과다하게 구매하지 말고 필요한 만큼만 구매하여 가능한 한 빨리 사용하도록 한다.
- 생식재료와 조리된 음식은 구분된 칸에 보관하고, 날고기와 생채소는 냉장고 하단에, 조리된 음식은 냉장고 상단에 보관한다.
- 식재료를 별도의 통에 담아 보관할 경우 식품 표시 사항이 없으면 무표시 식품을 사용하는 것이 되므로 식품 포장 겉면의 표시 사항을 오려서 식품과 함께 보관한다.

3) 전처리 단계

전처리는 조리를 위해 재료를 다듬고 씻고 용도에 맞게 자르는 작업으로 식재료 종류별로 어류, 육류, 채소류 등으로 구분하여 교차오염이 일어나지 않게 유의해야 한다.

◘ 전처리 단계의 일반 원칙

- 전처리는 정해진 구역에서 실시하여 청결이 유지되어야 하는 작업 구역(조리 구역, 식기 보관 구역, 배식 구역)과 구분되도록 한다.

- 전처리에 사용되는 칼, 도마, 집게 등의 기구나 세척용기는 식재료별로 구분해서 사용하고 여의치 않으면 채소류→육류→어류→가금류 순으로 하고 각각을 처리한 후 세척과 소독을 한 뒤 다음 식재료를 처리한다.
- 전처리된 식품과 하지 않은 식품은 분리해서 보관한다.
- 식품이 바닥에 닿지 않도록 한다.
- 고무장갑, 앞치마 등은 전처리용을 사용한다.
- 식품은 반드시 먹는 물을 사용하여 이물질이 완전히 제거될 때까지 세척한다.
- 전처리 과정이 필요한 식품은 온도관리를 철저히 해야 한다.
- 전처리된 식재료는 사용 전까지 냉장 보관해야 한다.

▶ 교차오염(cross contamination)이란?

교차오염은 오염된 식재료, 조리기구, 조리 종사자로 인해 오염되지 않은 식재료나 음식이 미생물로 오염되는 것을 말한다. 이를 방지하려면

- 구역을 일반작업구역과 청결작업구역으로 분리해서 작업을 분리시킨다.
  - 일반작업구역: 검수, 전처리, 저장, 세정 작업
  - 청결작업구역: 조리(가열, 비가열), 식기 보관, 상차림
- 칼, 도마 등의 조리기구나 용기는 용도별, 조리 사용 전 후로 구분해서 사용한다.
- 반드시 손을 씻고 소독한 후 식품을 취급한다.
- 식품 취급 등의 작업은 바닥에서 60cm 이상에서 실시하여 바닥의 오염된 물이 튀어 들어가지 않게 한다.
- 전처리에 사용하는 용수는 반드시 먹는 물로 사용한다.
- 식품 또는 음식을 분리 보관한다(전처리 식품과 전처리하지 않은 식품, 날음식과 익힌 음식).

[그림 6-3]은 조리실에서 사용하는 칼, 도마, 용기, 고무장갑, 앞치마 등 조리용품 구분 사용 내용이다.

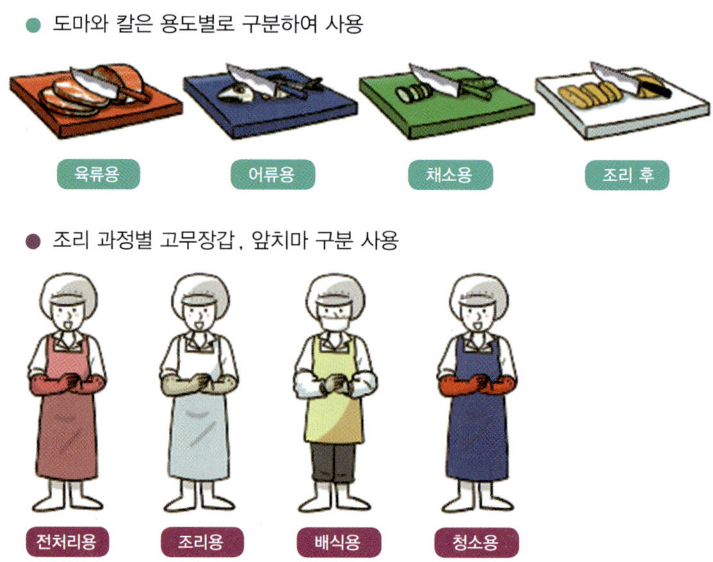

| 그림 6-3 | 조리용품 구분 사용

출처: 교육부, 한국교육개발원(2017). 학부모 모니터단 운영안내서.

(1) 생으로 먹는 채소·과일의 세척·소독

- 식품을 충분히 세척하지 않은 상태에서 소독할 경우 소독 효과가 떨어지므로 세척 후 소독한다. 잎채소류는 오염된 외피를 제거한 후 한 장씩 세척하고, 다른 채소류는 세척 후 절단한다.
- 표기된 용법에 따라 제조된 소독액의 농도를 테스트 페이퍼로 확인한 후 세척한 생채소나 과일은 차아염소산나트륨 소독액(100ppm에서 5분간)으로 소독하고 3번 이상 충분히 씻는다.

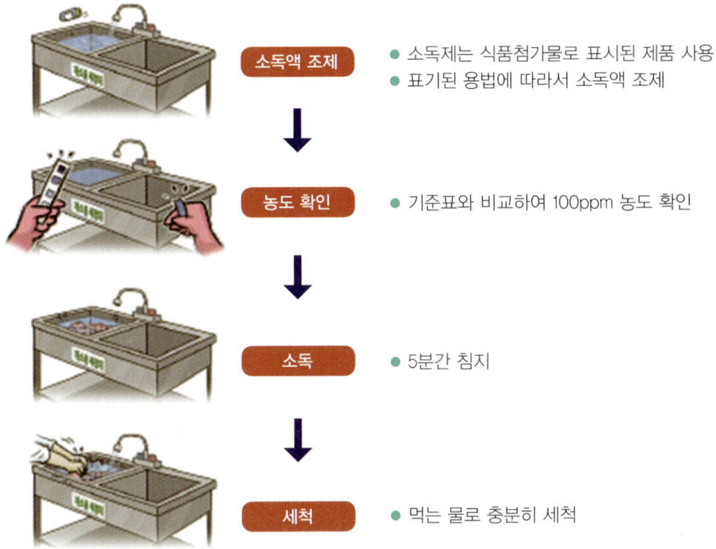

| 그림 6-4 | 소독 과정 순서도

출처: 교육부, 한국교육개발원(2017). 학부모 모니터단 운영안내서.

(2) 냉동식품의 해동

- 냉동식품을 사용하는 경우 냉장 해동(5℃ 이하), 흐르는 물 해동(21℃ 이하), 적합한 온도의 전자레인지 해동 방법으로 해동시켜야 한다.
- 냉장 해동 시에는 다른 식재료와의 교차오염에 주의하고 '해동 중'임을 표시한다.
- 한번 해동한 식품은 재냉동하지 않도록 하고, 전자레인지 해동 시에는 즉시 사용한다.
- 국거리용 고기나 생선은 해동 없이 냉동 상태로 사용 가능하다.

4) 조리 단계

조리 단계에서는 식중독균의 오염과 증식을 막기 위해 온도와 시간 관리에 최선을 다해야 한다. 세균은 4℃ 이하나 60℃ 이상에서는 증식이 억제되나 일반적으로 5~57℃는 세균이 급속히 증식하는 위험 온도 범위이다. 따라서 가열이 불충분하거나 조리된 식품을 오래 방치하면 식중독을 일으킬 수 있다.

◘ 조리 단계의 일반 원칙

- 가열 조리할 때는 안전을 위해 내부 중심 온도를 확인한다.
  - 위해 미생물의 사멸을 위해서 가능한 음식의 내부 온도가 74℃ 이상인지 탐침온도계를 사용하여 확인하고 최소 2분 이상 유지되도록 가열한다.
  - 밥, 국을 제외한 튀김, 구이 및 찜, 조리 및 볶음, 데침 등 모든 가열 조리 시에 온도 확인을 한다.
- 비가열 조리 식품은 가열 조리된 식품과 접촉되지 않도록 한다.
- 조리된 음식은 실온에 4~5시간 이상 보관해야 할 경우 위해 미생물 증식 방지를 위해 반드시 세척·소독된 용기에 뚜껑을 덮어 60℃ 이상, 또는 4℃ 이하로 저장해야 한다.

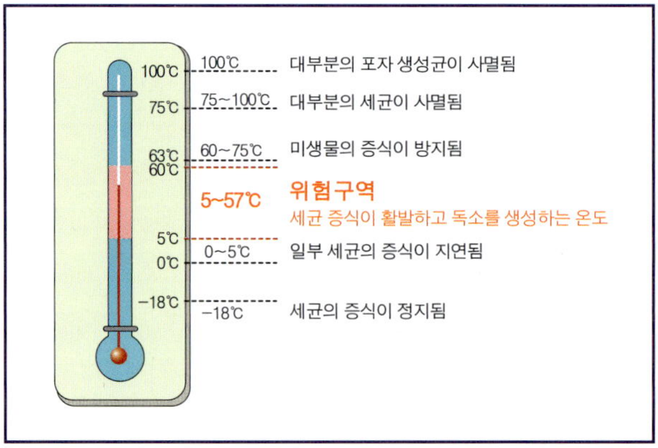

| 그림 6-5 | 온도 범위와 미생물 생장의 관계

5) 검식 단계

검식 결과는 향후 식단 개선의 자료로 활용할 수 있으며 검식 시 주의 사항은 다음과 같다.

- 조리 후 맛을 보는 검식 용기 및 도구는 구분하여 사용하며 사용 후 반드시 세척·소독·보관하여야 한다.
- 검식은 음식이 생산 완료된 후부터 배식하기 직전에 실시한다.
- 검식을 실시(이물질, 이미, 이취, 온도 등)하여 가열 상태가 완전하지 않을 경우 음식을 폐기하고 비상 식재료로 다시 조리하여 배식한다.
- 뜨거운 음식은 57℃ 이상, 차가운 음식은 5℃ 이하인지 확인한다.
- 음식의 맛, 온도, 질감, 분량, 조화 등의 검식 내용을 검식일지에 작성·보관한다.

〈표 6-5〉는 검식 후 작성해야 하는 검식일지의 양식이다.

| 표 6-5 | 검식일지

식단명		검식 시간	평가: 만족 ○ 보통 △ 불만족 ×					중심 온도	검식 결과 보완 사항
			맛	온도	질감	분량	조화		
오전 간식									
점심									
오후 간식									
시간 연장 (저녁)									
특이 사항 (식단 변경 사유)									

출처: 부천근로복지공단어린이집.

6) 배식 단계

음식이 완성되어 검식 과정을 거친 후 위생적인 급식을 위해서 만들어진 음식은 조리 후 가능한 한 빨리 배식하고 운반 기구 및 배식 기구를 청결히 관리하여야 한다.

◘ 배식 단계의 일반 원칙

- 조리 종료 후 2시간 이내에 급식하도록 하고 적온(찬 음식 10℃, 더운 음식 57℃)이 유지되도록 한다.
- 배식 직전에 깨끗이 소독된 행주로 식사할 식탁이나 책상을 닦는다.
- 배식에 참여하는 모든 사람은 배식을 시작하기 전에 손을 깨끗이 씻고 소독한 후 위생모, 위생장갑과 마스크를 착용하며, 적절한 배식 전용 도구(집게, 국자 등)를 각각의 음식마다 사용하거나 일회용 장갑을 사용하여 손이 음식에 직접 닿지 않도록 한다.
- 배식 방법은 급식시설의 특성에 맞게 결정하되 연령별로 1인 분량이 다르므로 배식 담당자(교직원)에게 적절한 1인 분량을 담아서 기준량을 정해 놓고 배식 담당자가 이를 확인한 후 배식을 실시한다.
- 음식을 옮기거나 보관할 때 청결하고 소독된 용기를 사용함으로써 위생적으로 배식한다.
- 배식용 앞치마와 보육용 앞치마는 구분해서 사용하여야 한다.
- 배식 중에 남아 있는 음식과 바로 조리한 음식은 섞지 않도록 하며, 배식하던 용기에 다른 음식을 혼합하여 배식하지 않는다.
- 영유아에게 배식된 음식은 손을 대지 않았다 하더라도 식사가 끝나면 다시 배식하지 않고 전량 폐기한다.

- 영유아들이 마실 물은 항상 청결하게 관리되어야 하며, 끓여서 식힌 물이나 생수를 제공하고, 정수기를 사용할 경우 정수기의 꼭지와 필터는 정기적인 위생관리가 이루어져야 한다.

〈표 6-6〉은 영유아에 급간식 배식 시 유의 사항이다.

| 표 6-6 | 급간식 배식 시 유의 사항

식품 및 음식명	배식 방법
생선찌개/탕/조림	• 뼈가 있는 생선은 살을 발라 배식하는 것이 위생상, 안전상 바람직하다.
국 건더기	• 연령에 따라 숟가락으로 떠먹을 수 있는 크기로 잘라 배식한다.
불고기용 육류	• 영아들은 잘게 잘라 배식해야 한다.
닭 찜/튀김	• 살코기만 발라 연령에 따라 한입 크기로 잘라 배식한다.
메추리알 장조림	• 만 3세까지는 한입 크기로 잘라 배식한다.
카레라이스/짜장밥	• 카레나 짜장 속에 들어 있는 채소가 밥과 함께 떠지지 않으면 채소만 남기 때문에 조리 시 채소를 잘게 잘라 조리한 후 배식한다.
나물류	• 영유아들이 싫어하는 음식이므로 쉽게 씹을 수 있도록 연령에 맞게 잘라 배식한다.
면류	• 만 1세의 경우 면을 잘 끊지 못하므로 잘게 잘라 숟가락으로 먹을 수 있도록 하고, 만 2세 이상은 연령에 따라 포크나 젓가락 등 적절한 도구와 함께 배식한다.
만두류	• 구운 만두보다는 물만두가 먹기에 좋으며, 영아의 경우 속이 빠지지 않도록 반으로 잘라 숟가락으로 먹을 수 있도록 배식한다.
전류	• 연령에 따라 한입 크기로 잘라 배식한다.
김	• 영유아들의 손바닥 크기로 잘라 배식한다.
과일류	• 연령에 따라 한입 크기로 잘라 배식한다.
요구르트/주스	• 영아는 빨대를 제공하고 유아는 마개를 떼어 내고 먹도록 한다.

▶ 보존식 확보

보존식은 식중독이나 기타 음식물로 인해 발생할 수 있는 질환의 원인을 밝혀내기 위한 근거 자료가 되기 때문에 식품위생법에 의거하여 단체급식소에서는 급식 대상자에게 제공되는 모든 음식(식사, 간식 포함)을 배식 직전에 담아 다음의 사항에 유념하여 보존하여야 한다.

- 보존식은 스테인리스 재질로 된 각각의 뚜껑이 있는 전용 용기 또는 1회용 멸균 팩을 사용한다.
- 보존식의 대상은 제공한 메뉴, 대체 메뉴(품절로 다른 메뉴를 제공한 경우) 등 영유아교육기관에서 영유아에게 제공되는 모든 음식에 대해 보존해야 한다.
- 보존량은 음식의 종류별로 각각 100g 이상 독립 보관하고 사용한 식재료 중 채소, 어패류, 식육류는 각각 50g씩 보관한다.
- 납품받은 가공 완제품을 그대로 제공하는 경우 원상태(포장 상태)로 보관한다.
- 보존식 기록지에 날짜, 시간, 채취자 성명을 기록하고 관리한다.
- 보관 장소는 −18℃ 이하에서 144시간 보존식 전용 냉동고에 보관한다.

예 2020년 5월 1일 화요일 오전 12시에 보존식을 보관한 경우 폐기 일시는?
→ 2020년 5월 7일 월요일 오전 12시 이후에 폐기한다.

| 그림 6-6 | 보존식 냉동고

출처: 부천근로복지공단어린이집.

[그림 6-7]은 보존식을 보관할 때 기록해야 할 보존식 기록표이다.

▲ 올바른 보존식의 예

- 100g 이상씩 보존량 모두 맞춤
- 매일 제공되는 김치는 물론 간식까지 모두 보존하고 있음
- 우유는 포장 상태 그대로 보존함

▲ 잘못된 보존식의 예

- 보존량이 부족함(100g 미만)
- 간식으로 제공된 음식은 보존하고 있지 않음

※ 보존식 기록표 표시 예

채취 일시	20ㅇㅇ년 ㅇㅇ월 ㅇㅇ일 ㅇㅇ시 ㅇㅇ분
폐기 일시	20ㅇㅇ년 ㅇㅇ월 ㅇㅇ일 ㅇㅇ시 ㅇㅇ분
채취자	조리원 : ㅇ ㅇ ㅇ
메뉴	잡곡밥, 동태 매운탕, 동육 채소볶음, 옥수수 계란찜, 배추김치, 김, 요구르트(완제품)

| 그림 6-7 | 보존식의 보관 방법과 기록표

출처: 식품의약품안전처, 어린이급식관리지원센터(2013). 영유아 단체급식 가이드라인.

위생관리를 위해 전체 조리 과정의 작업별 주요 점검 항목은 [그림 6-8]과 같다.

검수

항목	부적합 사항	조치 사항
● 표시 사항	무표시 또는 일부 표시	반품 → 재입고 → 제품 확인
● 유통기한	유통기한 초과 또는 무표시	
● 내부 온도	제품별 적정(표시) 온도 초과	
● 포장 상태	포장 일부 또는 전체 파손	
● 수량·중량	표시량 미달 또는 부족	
● 이물 혼입 등	이물 혼입 제품	

↓

보관

항목	부적합 사항	조치 사항
● 보관 온도	냉동제품 -18℃ 이상 냉장제품 5℃ 이상	식품표시 사항 중 보관온도 준수 냉동제품 -18℃ 이하 보관 냉장제품 0~5℃ 이하 보관

↓

소독

항목	부적합 사항	조치 사항
● 소독 농도	치아염소산나트륨 100ppm 이하	소독제표시 사항 중 사용 방법 준수 치아염소산나트륨 100ppm

↓

조리

항목	부적합 사항	조치 사항
● 중심 온도	74℃ 이하 74℃ 이상 1분 이하 가열	74℃ 이상 1분 이상 가열

↓

배식

항목	부적합 사항	조치 사항
● 보관 온도	차가운 음식 5℃ 이상 더운 음식 60℃ 이하	차가운 음식 5℃ 이하 보관 더운 음식 6℃ 이상 보관

↓

청소

항목	부적합 사항	조치 사항
● 소독 농도	치아염소산나트륨 200ppm 이하	소독제 시 사항 중 사용 방법 준수 치아염소산나트륨 200ppm

| 그림 6-8 | 조리 작업별 위생관리 주요 점검 항목

출처: 식품의약품안전처(http://www.kfda.go.kr).

3. 조리 인력 위생관리

음식은 사람에 의해 만들어지기 때문에 개인의 위생관리는 안전한 식품 조리에 매우 중요하다. 직접 음식을 취급하고 조리하는 조리 인력에 대한 위생교육과 관리가 매우 중요하며 식품 납품업자의 위생관리도 주의하여야 한다.

1) 조리 종사자의 위생관리

급식 업무에서 일하는 사람을 채용할 때는 신체검사와 함께 식품위생법 제40조 1항의 규정에 따른 건강진단을 통해 건강 상태를 확인해야 한다. 또한 1년에 1회 정기 건강진단을 받아야 할 의무가 있고(병설유치원의 경우 6개월에 1회 건강진단 실시) 그 결과를 건강진단 결과서에 기록해 두어야 한다.

✲ 조리 업무에 종사할 수 없는 사람(식품위생법 시행규칙 제50조)

- 소화기계 전염병 환자 및 보균자
- 제1군 감염병(콜레라, 장티푸스, 파라티푸스, 세균성 이질, 장출혈성 대장균 감염 등, A형 간염) 환자
- 결핵 환자(비감염성인 경우 제외)
- 피부병 및 화농성 질환자

매일 조리 작업을 시작하기 전에 급식 관리자가 조리 종사자의 건강 상태를 확인해야 한다. 발열, 복통, 구토, 설사 등의 식중독 의심 증상이 있는 사람과 손에 상처나 전염성 피부 질환이 있는 사람은 조리에서 배제해야 한다.

조리원의 복장 위생

위생관리를 위해 조리원은 깨끗한 복장 상태가 필수적이고 정기적으로 청결 상태를 확인해야 한다.

| 그림 6-9 | 복장 위생

출처: 식품의약품안전처(2016). 식중독 예방진단 컨설팅매뉴얼.

- 두발: 조리실 내에서 일하는 조리 종사자는 두발을 청결하게 하고 머리카락이 노출되지 않도록 위생모를 착용한다.
- 위생복: 조리 작업용과 배식용, 청소용으로 구별해서 착용하고, 위생복의 청결 상태를 정기적으로 확인한다. 또한 음식물을 준비하거나 배식할 때는 반드시 1회용 장갑을 착용하며, 앞치마는 세척하여 소독 후 건조시켜 착용하며 착용 중에도 항시 청결을 유지하도록 한다.
- 복장: 상의는 흰색이나 옅은 색상의 면 소재로 목둘레나 소맷단이 늘어지지 않는 것을 착용하며, 하의는 몸에 여유가 있는 복장을 하며, 토시도 매일 세척 후 건조하여 착용하고 외출복과 구분하여 보관·관리한다.
- 화장: 지나친 색채 화장과 향수는 삼가며, 인조 속눈썹 같은 부착물은 떨어질 염려가 있으므로 사용을 금한다. 또한 마스크는 코까지 덮는다.

- 장신구: 조리 종사원은 시계, 반지, 목걸이, 귀걸이, 팔찌 등을 착용해서는 안 된다.
- 손톱: 매니큐어나 인조손톱을 붙여서는 안 되며 항상 짧고 청결하게 유지한다.
- 작업화: 조리실 내에서는 전용 위생화를 착용하고, 위생화를 신고 외부로 나가거나 화장실 출입을 해서는 안 된다.

조리원의 손관리

손은 우리 눈으로는 보이지 않는 많은 미생물이 존재하여 조리 작업 과정 중에 식재료, 기구, 음식을 오염시켜 식중독을 일으킬 수 있다. 따라서 음식물을 먹거나 식재료를 취급하고 조리하는 모든 단계에서 손 씻기는 식중독 예방의 첫 단계라 할 수 있다. 조리장 입구에 손 세척용 전용 싱크대를 설치하여 올바른 방법으로 손 씻기를 할 수 있도록 한다.

▲ 작업을 시작하기 전, 원재료의 식품을 만진 후

▲ 귀, 입, 코, 머리와 같은 신체 부분을 만지거나, 코를 풀거나, 기침을 한 후

▲ 쓰레기 및 청소용품을 만진 후

▲ 화장실을 다녀온 후

| 그림 6-10 | 손 세척 및 소독을 해야 하는 경우

출처: 교육부, 한국교육개발원(2017). 학부모 모니터단 운영안내서.

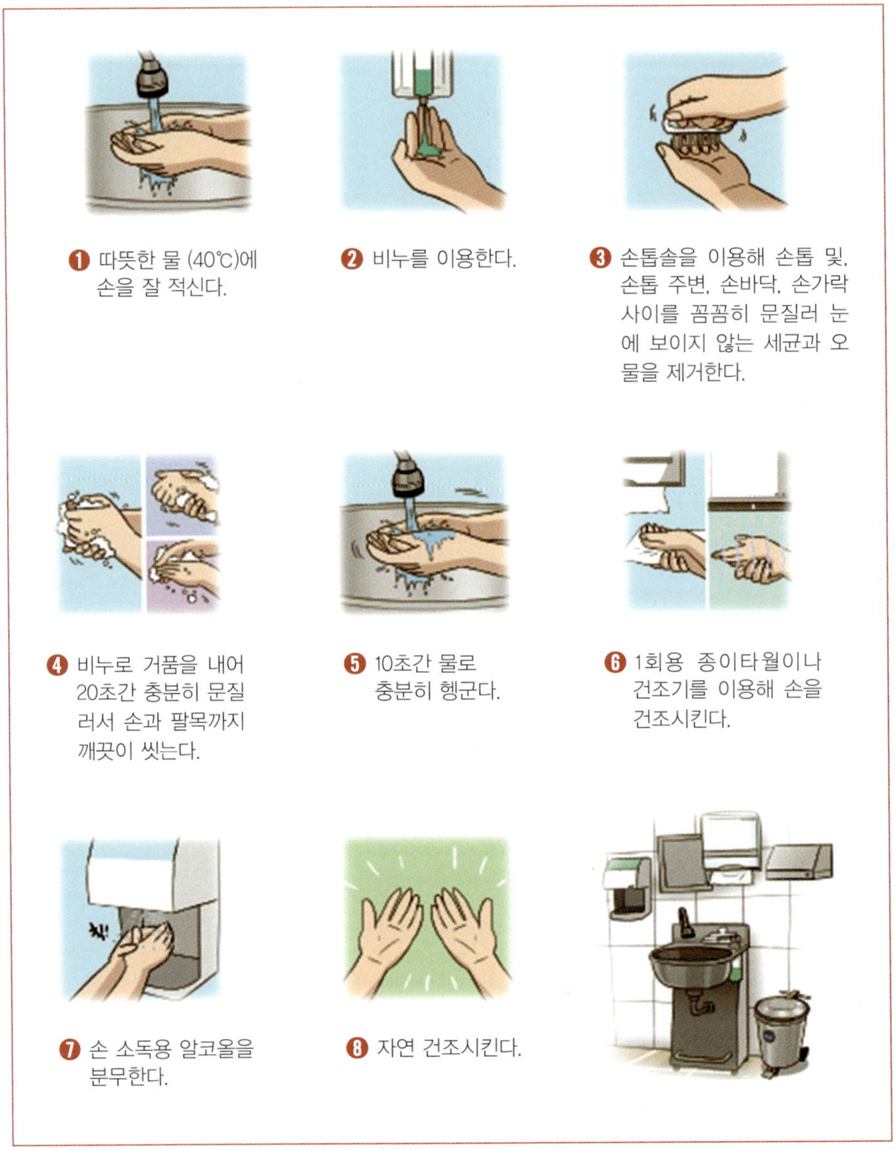

| 그림 6-11 | 손 세척 및 소독 방법

출처: 교육부, 한국교육개발원(2017). 학부모 모니터단 운영안내서.

2) 납품업자의 위생관리

식품 납품업자도 조리 종사자와 마찬가지로 건강진단을 받아야 한다. 납품업자는 검수실까지만 출입함을 원칙으로 하고 부득이 조리장에 출입할 때는 전용 신발로 갈아 신고 손 소독을 해야 한다.

3) 영유아교육기관 교직원의 위생관리

영유아교육기관에서 근무하는 모든 교직원은 영유아의 급간식에 참여하게 되므로 철저하게 개인 위생을 관리해야 하며, 시간제 및 임시 고용된 대체교사, 실습 생들도 급간식의 배식에 관여할 수 있기 때문에 다음과 같이 건강관리를 하여야 한다.

- 어린이집의 모든 보육교직원 및 어린이집에서 함께 거주하는 자는 연 1회 이상의 건강검진을 실시해야 한다.
- 건강검진 결과는 처음 건강검진 결과서를 받은 날짜로부터 1년이 경과되기 전에 다시 검사를 받아서 유효한 결과서를 보관해야 한다.
- 시간제, 대체교사, 임시 고용자도 1개월 이상 근무 시 건강검진을 받아야 하며, 실습을 하는 실습학생들도 보건소에서 보건증을 받아 결과서를 보관하여야 한다.

4. 시설 및 설비의 위생관리

영유아교육기관 급식의 안전성 확보를 위해서는 위생적이고 안전하게 조리·제공될 수 있는 급식 시설과 설비가 갖추어져야 하고 정기적인 청소, 소독을 통해 시설과 급식기기의 위생관리가 이루어져야 한다.

1) 급식소의 구조, 시설 및 설비

급식소는 조리 작업으로 온도 및 습도가 높아 위생문제에 노출되기 쉽다. 주위 환경이 깨끗하고 환기가 잘 되는 지상에 위치하는 것이 좋으나 부득이 지하나 반지하에 위치할 경우 설계 단계부터 위생적인 고려를 해야 한다. 영유아교육기관의 급식작업이 위생적으로 이루어지려면 조리실, 식품보관실, 급수시설이 위생적으로 설계되고 필요한 설비와 기구가 능률적으로 배치되어야 한다.

| 표 6-7 | 급식소의 필요 설비와 기구

구분	필요 설비와 기구
조리실	• 구획관리: 벽과 문을 설치하여 전처리실, 조리실, 세척실로 구획하거나 작업 과정에서 교차오염이 발생하지 않도록 조치한다. • 벽, 바닥, 천장: 내화성, 내수성 및 내구성 있는 재질로 청소와 소독이 쉽고 화재를 예방할 수 있어야 한다. • 방충관리: 출입구와 창문에 해충, 쥐의 침입을 막을 수 있는 방충망 등의 설비를 갖추어야 한다. • 환기관리: 조리실 내 증기와 불쾌한 냄새를 배출할 수 있는 환기시설을 설치해야 한다. • 조명관리: 검수실 540룩스 이상, 조리실 200룩스 이상이어야 한다. • 손 세척시설과 손 소독시설의 설치 • 냉장고(실), 냉동고: 냉장고 5℃ 이하, 냉동고 -18℃ 이하 유지 • 식품 세척시설, 조리시설, 식기구 세척시설, 식기구 보관장 • 전기살균소독기(또는 열탕소독시설) • 전자식 탐침온도계, 뚜껑이 있는 페달식 쓰레기통

구분	필요 설비와 기구
식품보관실	• 구분 보관: 식품과 비식품은 별도로 구분된 장소에 보관 • 유통기한 관리: 유통기한이 경과된 원료 또는 완제품을 조리할 목적으로 보관하지 않음
급수시설	• 사용하는 물에 따라 관리 기준이 다르므로 급수시설을 확인하여 관리함 – 정수기 사용 시: 필터대장 부착, 청결관리, 청소 주기 확인 – 지하수 사용 시: 성적서 비치 (일부 항목은 1회/1년, 모든 항목은 1회/2년) – 상수도 사용 시: 식수는 끓여서 사용

출처: 식품의약품안전처(2017). 어린이급식관리지침서.

급식소는 효율적인 작업 흐름과 위생문제를 고려하여 공간을 나누고 필요한 설비와 기구를 능률적으로 배치하여야 한다. 교차오염을 방지하기 위해 가능한 설계 단계부터 벽과 문을 이용하여 조리실을 일반작업구역과 청결작업구역으로 구분하고 작업한다.

| 표 6-8 | 작업 구역별 작업 내용 구분

작업 구역	작업 내용
일반작업구역	검수, 전처리, 세정, 식품 절단 작업(가열 전, 소독 전)
청결작업구역	식품 절단 작업(가열 후, 소독 후), 조리 작업(가열·비가열 처리)

2) 세척 및 소독

위생적인 급식을 위해서는 사용하는 급식기구 및 용기의 세척과 소독이 적절한 방법으로 이루어져야 한다. 이로써 식품 접촉 표면(그릇, 도구, 설비)을 통한 교차 오염을 예방하고 미생물을 안전한 수준으로 감소시킬 수 있기 때문이다.

- 세척: 급식기구 및 용기의 표면을 세척제를 사용하여 음식 찌꺼기와 잔여물을 제거하는 작업 과정
- 소독: 급식기구, 용기 및 음식이 접촉되는 표면에 존재하는 미생물을 위생상 안전한 수준으로 감소시키는 것

세척과 소독의 일반 원칙

세척 방법에는 손으로 씻는 방법과 식기세척기를 이용하는 방법이 있는데, 급식 형태와 규모에 따라 적절한 방법을 선택한다.

- 수작업으로 이루어지는 세척 및 소독

1단계 – 애벌세척: 40℃ 정도의 먹는 물로 기구, 용기에 묻은 음식물 찌꺼기를 씻어 낸다.

2단계 – 세척: 수세미에 세제를 묻혀 남아 있는 이물질을 완전히 제거한다.

3단계 – 헹굼: 40℃의 깨끗한 물로 세제를 충분히 씻어 낸다.

4단계 – 살균소독: 대상에 따라 열탕소독, 살균소독 등 적절한 방법으로 식기 및 조리 도구를 소독한다(표 6-9).

5단계 – 건조 보관: 소독이 끝난 식기는 2차 오염이 되지 않도록 자연건조시킨 후 식기보관고에 보관한다.

| 표 6-9 | 살균소독의 종류 및 방법

종류	대상	소독 방법	비고
열탕소독	식기, 행주	77℃에서 30초 이상 가열	
건열소독	식기	식기 표면 온도가 71℃ 이상	소독고에 보관
화학소독	칼, 도마, 조리도구, 고무장갑, 앞치마	'기구 등의 살균소독제'를 구입하여 용법에 맞게 사용	도마와 고무장갑의 경우 소독제에 일정 시간 침지

출처: 교육부(2016). 학교급식 위생관리지침서.

| 표 6-10 | 세척제의 용도별 분류 및 사용

세척제 종류		내용
1종 세척제	채소용 또는 과일용 세척제	사람이 그대로 먹을 수 있는 채소·과일 등에 사용하는데, 채소·과일을 5분 이상 담가서는 안 되며, 씻은 후에는 반드시 먹는 물로 세척한다. – 흐르는 물: 과일·채소 30초 이상, 식기류 5초 이상 – 흐르지 않는 물: 물을 교환하여 2회 이상 세척
2종 세척제	식기류용 세척제(자동세척기용 또는 산업용 식기류 포함)	NaOH(수산화나트륨) 함유량 5% 미만의 제품을 사용한다.
3종 세척제	식품의 가공기구용, 조리기구용 세척제	2, 3종 세척제 사용 후에는 잔류하지 않도록 음용에 적합한 물로 씻어야 하며, 사용 용도 이외로 사용하거나 규정량 이상 사용하여서는 안 된다.

※ 1종은 2종 및 3종 (또는 2종을 3종으로) 이상 사용 가능하나, 3종은 2종으로 (또는 2종을 1종으로) 사용 불가하다.

출처: 식품의약품안전처(2016). 식중독 예방진단 컨설팅매뉴얼. 재구성.

● 식기세척기를 이용한 세척 및 소독

음식 찌꺼기를 제거한 후 식기세척기에 급식기구 및 식기를 넣으면 세척·헹굼·소독이 자동적으로 이루어진다. 급식소의 규모, 사용하는 식기의 재질과 종류에 따라 세척기의 종류와 처리 용량을 결정한다.

3) 환경위생

영유아의 급간식 제공에서 청소와 소독을 통해 환경을 청결하게 유지하는 것은 식중독 예방을 위한 기초 작업이다. 음식물을 쏟으면 바로 청소하고 미생물이 번식하지 않도록 배수구를 자주 청소해야 한다. 또한 벽이나 바닥의 깨진 틈이 있으면 설치류나 해충 등이 침입하거나 서식할 가능성이 높아지므로 주기적인 시설의 점검과 관리가 필요하다. 급식소의 청소와 소독 작업을 체계화하려면 총괄적인 세척 및 소독 일정의 주기별 계획을 수립하여 실시하는 것이 좋다. 〈표 6-11〉은 시설·설비·기구의 주기적 위생관리 계획의 예시이다.

| 표 6-11 | 시설·설비·기구의 주기적 위생관리

시기	청소 구역	비고
일별	• 급식 기기 및 배식 기구류(주걱, 국자, 집게, 대스푼, 수저, 컵 등) • 주방 및 배식카 → 알코올 및 염소소독 • 배수구, 식품 창고	• 매일 세척하여 식기소독고 소독 및 일광소독
주별	• 각종 기기류 • 식당 벽 및 바닥 대청소 • 가스레인지 청소 • 휴게실	• 매주 금요일: 1회 이상 • 식당 벽 청소 시 전열기구에 물이 들어가지 않도록 유의
월별	• 유리창 청소 및 방충망 청소 • 조명, 환기 기구 청소 • 식품 창고 대청소(월 1회, 쌀 입고 전)	• 소독, 청소 시 가스 누출 여부 점검 확인 실시
연간	• 급식 납품 업체 위생 상태 점검 • 개학 및 방학 대비 대청소 • 식판 및 기기 스케일 제거(약품 사용) • 위생 관련 시설, 설비, 기기 점검 및 보수	

시설·설비·기구의 위생적인 관리 방법은 다음과 같다.

- 세척은 시설·설비는 물론 기구와 기기의 표면까지 올바른 세척 단계를 거쳐 세척제를 이용하여 문질러 닦은 후 물로 헹궈 내는 작업으로 소독 전에 반드시 거쳐야 한다.
- 식기세척기는 반드시 매일 청소를 하며 세척제로 세척 후 '기구 등의 살균소독제'를 사용하여 소독한다. 이와 더불어 스케일 제거제를 넣어 1시간 가동 후 건조 및 환기를 위해 옆면은 열어 둔다.
- 씽크대는 사용 시마다 거름망의 찌꺼기를 제거한 후 거름망은 세척제를 이용하여 닦고 물로 헹군 후 소독한다.
- 개수대 내·외부는 수세미를 이용하여 세척제로 닦은 후 흐르는 물로 씻어 내리고 소독한다.
- 조리대는 수세미를 이용하여 세척제로 세척한 후 흐르는 물로 헹구며 염소용액 200ppm을 사용하여 소독 세척한다.
- 주방의 바닥은 음식물 찌꺼기를 제거한 후 세척제를 뿌려 솔로 바닥 구석구석을 문지른 후 물을 끼얹어 세척액을 제거하고 소독해야 한다.
- 배수구는 덮개를 걷어 낸 후 배수로 덮개는 세척하고 깨끗한 물로 씻어 낸 후 호스의 분사력을 이용하여 배수로 내 찌꺼기를 제거하고 솔을 이용하여 닦고 물로 씻어 내며 거름망을 꺼내어 음식물 찌꺼기를 제거하고 거름망과 뚜껑 내부를 세척제로 세척한다.
- 배기후드는 청소 전에 후드 아래의 조리 기구를 비닐로 덮어야 하며 후드 내 거름망을 떼어내 거름망은 세척제에 불린 후 세척하고 수세미에 세척제를 묻혀 후드 내·외부를 닦고 건조시킨다.
- 유리창 창틀은 세척제를 적신 부드러운 수세미나 청소용 수건을 사용하여 닦은 후 그대로 건조하거나 마른 수건을 이용하여 물기를 닦아 낸다.

- 조리실의 천장은 물이나 세제 사용 여부에 따라 세척 방법이 다르다. 물이나 세제 사용이 불가능할 경우 먼지 및 이물을 제거하고, 청소용 수건을 세척제에 적셔 닦아 낸 후 깨끗한 청소용 수건으로 닦은 후 건조시킨다. 천장 청소는 시작 전에 전기함 차단 및 조리기구를 비닐 등으로 덮은 후 청소를 시작한다.

해충 구제 및 예방

- 해충을 효과적으로 구제하려면 적절한 관리가 필요하다. 위생관리를 철저히 하여 해충이 번식할 수 있는 장소를 없애고 유입을 방지한다.

– 해충의 유입을 막을 수 있는 물리적 장치(방충문, 방충망, 포충등, 에어커튼 등)을 설치한다.
– 창틀과 문틀이 갈라진 곳이 있는지 정기적으로 점검하여 메우거나 막는다.
– 작업 중 출입문 및 창을 개방하지 않도록 한다.
– 빛이나 냄새, 음식물 찌꺼기 등 설치류 및 해충 유인요소를 제거한다.
– 방역을 주기적으로 실시하고, 방역 일자와 소독필증을 기록 보관한다. 4~9월에는 2개월 1회 이상, 10~3월에는 3개월 1회 이상 실시한다.

폐기물 관리

- 급간식 환경에서는 조리 과정도 중요하지만 폐기물을 처리하는 쓰레기통 관리도 위생에 중요하다. 청결한 쓰레기통 관리를 위해 다음 사항에 유의하여 관리한다.

– 일반 쓰레기통 및 음식물 쓰레기통은 반드시 뚜껑이 있어야 하고 페달로 열고 닫을 수 있는 것을 사용한다,
– 폐기물 오수가 새지 않도록 파손된 부분이 없는지 확인하고, 폐기물이 장시간 방치되지 않도록 한다.
– 음식물 쓰레기는 물기를 제거한 후 쓰레기통으로 즉시 옮긴다.
– 하루 작업이 끝나면 반드시 쓰레기통을 비우고 세척, 소독하여 건조시킨다.

5. HACCP에 의한 위생관리

위생적이고 안전한 급식 제공을 위해서는 체계적인 관리체계가 필요하다. HACCP(Hazard Analysis Critical Control Point)은 음식을 생산하는 각 과정에서 발생할 수 있는 위해를 예방하기 위한 감시활동으로 식품의 안전성과 품질을 확보하기 위한 계획적인 급식 관리 시스템이므로 이에 따른 위생관리가 필수적이다.

1) HACCP의 개념

HACCP은 '식품위해요소 중점 관리 기준'으로서 식품의 원재료, 제조, 가공, 보존, 유통 등 식품을 생산하는 전 과정에서 위해물질이 혼입되거나 오염되는 것을 막기 위해, 각 단계에서 발생할 우려가 있는 위해 요소를 규명하고 이를 중점적으로 관리하기 위한 중요 관리점을 결정하여 체계적이고 효율적으로 식품 생산을 관리하기 위한 위생관리 방법이다. 기존의 식품안전관리 방법이 '후조치'라면 HACCP은 원료 및 공정별로 위해 요소를 미리 파악하고 중점적으로 관리하는 '선조치' 시스템이다.

우리나라에서는 1995년에 처음 식품위생법에서 HACCP 적용을 규정한 이후 축산물 가공처리에 적용한 것을 시작으로 식육가공품, 어육가공품, 냉동수산식품, 유가공품 등의 제조 가공에 널리 적용하고 있으며 2000년부터는 집단급식소에서도 실시하도록 하였다. 교육부는 급식의 위생과 안전성 확보가 중요한 학교급식의 HACCP 모델을 개발하여 2001년부터 조리실이 설치된 모든 급식학교에서 자율적인 위생관리 수단으로 적용하도록 하고 있다. 영유아 급식시설에도 HACCP 시스템을 적용하여 영유아 급식의 안전성과 위생을 체계적으로 관리하여야 할 것이다.

2) HACCP의 주요 절차

HACCP의 주요 절차는 국제식품규격위원회(Codex)가 규정한 12단계 7원칙에 따른 HACCP 시스템을 현장에 적용한다.

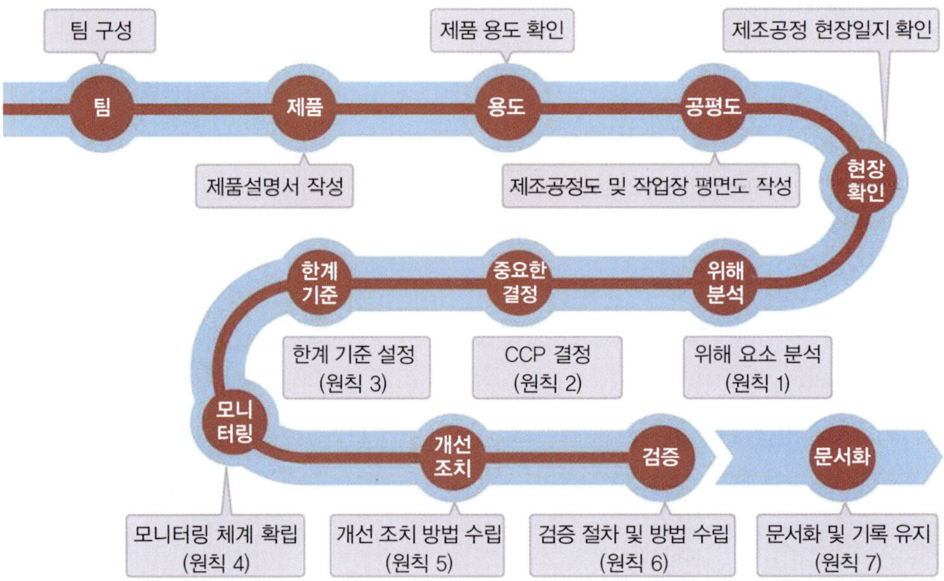

| 그림 6-12 | HACCP의 12단계와 7원칙

출처: 식품의약품안전처(2015). 알기쉬운 HACCP 관리.

▶ HACCP에 사용되는 용어 설명

용어	정의
식품위해요소 중점 관리 기준 (Hazard Analysis Critical Control Point: HACCP)	식품의 원료, 제조, 가공, 보존, 유통의 전 과정에서 위해물질이 해당 식품에 혼입되거나 오염되는 것을 사전에 방지하기 위하여 각 과정을 중점적으로 관리하는 기준
위해 요소 분석 (Hazard Analysis)	인체의 건강을 해칠 우려가 있는 생물학적·화학적·물리학적 인자에 대한 분석
중요 관리점 (Critical Control Point: CCP)	위해요소 중점 관리 기준을 적용하여 식품의 위해를 방지, 제거하거나 안전성을 확보할 수 있는 단계 또는 공정
한계 기준 (Critical Limit: CL)	허용 가능한 것과 불가능한 것을 구별하는 기준
CP (Control Point)	CCP로 관리할 수 없으나 위해 요소 관리상 관리되어야 하는 지점, 공정 또는 절차
모니터링 (Monitoring)	위해 요소의 관리 여부를 점검하기 위하여 실시하는 일련의 관찰이나 측정 수단
개선 조치 (Preventive Measures)	모니터링 결과가 중요 관리점의 한계 기준으로 관리되지 못한 경우에 취하는 조치
검증 (Verification)	해당 업소에서 위해 요소 중점 관리 기준의 계획이 적절한지 정기적으로 평가하는 조치
작업 공정의 흐름도 (Flow Diagram)	위해 분석의 보조적인 용도로 사용되며, 원재료의 반입부터 제조, 가공의 단계별 공정 흐름을 기재한 flow chart
HACCP팀	HACCP 계획 작성에 책임이 있는 사람들과 그룹

출처: 양일선 외(2008).

07장

영유아교육기관의 급간식 관리

1 급간식의 의의
2 급간식의 효과
3 급간식 관리
4 영유아교육기관의 식단 작성

인간의 성장 과정에 있어 영유아기는 신체·운동, 사회·정서, 인지, 언어적인 측면에서 급속한 성장과 발달이 이루어지는 단계로서 왕성한 발육과 활발한 운동력을 돕기 위해 충분한 영양 공급과 에너지가 필요한 중요한 시기이다. 영유아가 성장하면서 바람직한 체위와 체격, 골격, 건강한 체질과 올바른 식생활 습관이 형성되도록 하기 위해서는 양적, 질적으로 균형 잡힌 영양과 적절한 급간식 제공이 필요하다. 또한 영유아의 자아가 확립되면서 영유아 스스로 음식을 선택하고 선호하는 음식에 대한 기호도가 분명해지는 식습관의 기초가 형성되고, 한번 형성된 식습관은 일생 동안 지속될 가능성이 높기 때문에 영유아 시기의 급간식 지도는 매우 중요하다.

1. 급간식의 의의

영유아교육기관에 다니고 있는 영유아들은 유치원의 경우 주로 반일제로 1일 4시간 정도, 어린이집의 경우 1일 8시간 이상 기관에서 보내게 됨으로써 하루 중 절반 이상을 기관에서 생활하게 된다. 특히 어린이집이나 어린이집의 야간 연장반을 이용하는 영유아의 경우 하루 중 깨어 있는 대부분의 시간을 기관에서 보내게 되고, 맞벌이 가정의 영유아들은 아침을 굶고 등원하거나 늦은 귀가로 인해 가정에서의 음식 제공이 어려운 상황이기 때문에 어린이집에서 제공하는 점심과 오전이나 오후에 제공되는 간식은 영유아의 성장 발달에 중요한 의의를 가진다.

2. 급간식의 효과

영유아교육기관에서 제공되는 급간식을 통해 다음과 같은 효과를 기대할 수 있다.

① 영유아의 영양소 필요량을 섭취할 수 있다.

어린이집의 경우 100인 이상을 보육할 경우 전문 영양사가 작성한 식단에 의해 급간식이 제공되고 있으며, 100인 이하를 보육하는 경우도 육아종합지원센터나 급식관리지원센터에서 전문 영양사가 제공하는 식단을 사용하거나 어린이집 5개 기관이 연합하여 영양사를 고용하고 식단을 제공받아 급간식을 제공하고 있기 때문에 영유아에게 필요한 1일 영양소 필요량을 유치원의 경우 1/3 정도, 어린이집의 경우 1/2 정도를 균형 있게 섭취할 수 있다.

② 식습관 형성과 개선을 도울 수 있다.

한번 형성된 식습관은 일생 동안 지속될 수 있기 때문에 영유아 시기의 식습관 형성은 매우 중요하다. 영유아교육기관에서는 가정과 달리 선호하는 음식만을 먹을 수 없는 상황에서 실천적 교육을 통해 바람직한 방향으로 실생활과 연계하여 지속적이고 체계적으로 올바른 식습관을 형성하도록 지도하고, 편식이나 비만을 일으킬 수 있는 식습관에 대해서도 개선해 나갈 수 있으며, 가정과의 연계를 통해 가정에서의 식습관 형성에도 도움을 줄 수 있다.

③ 식사 예절을 습득할 수 있다.

영유아교육기관에서는 영유아의 발달에 따라 식탁과 의자는 영유아의 체위에 적합하도록 준비하고 식사 도구의 모양이나 무게, 종류도 연령에 맞는 것을 준비한다. 예를 들면, 영아기에는 포크를 제공하고 점차 유아기로 접어들어 젓가락 사용이 가능해질 때 바른 젓가락 사용법 지도와 함께 젓가락을 제공한다. 수저의 경우 연령에 따라 길이가 짧고 가볍고 둥근 것을 제공하여 식사 도구로 인해 상실감을 느끼지 않도록 배려함은 물론 음식의 분량과 크기에 있어서도 세심한 배려를 한다. 영아의 경우 음식의 양도 소량으로 제공하고 한입에 먹을 수 있도록 작게 잘라 먹기 좋은 형태로 공급하며, 영유아들이 기분 좋은 상태에서 음식을 먹을 수 있도록 교사와 바람직한 상호작용이 이루어지기 때문에 자연스럽게 식사 예절을 습득할 수 있다.

④ 단체급식으로 인한 경제적인 절약과 부모의 수고를 감소시킨다.

영유아교육기관은 단체 급간식으로 인해 초기에는 시설 및 설비 마련과 조리사와 영양사의 고용으로 기관을 운영하는 운영자에게는 부담이 되지만 영유아의 영양적 측면이나 식생활 교육적 측면에서 매우 중요하다. 부모의 입장에서는 영유아교육기관에서 식재료를 일괄적으로 대량 구매하고 영양사가 작성한 식단을 자격을 가진 전문 조리사가 조리함으로써 각 가정에서 부모가 음식을 준비하는 것보다 경제적인 절약과 수고를 감소시킬 수 있으며 성장 발달에 따른 영양소를 골고루 섭취할 수 있고, 영유아가 먹기 좋게 조리한다는 측면에서 바람직하다. 또한 국가 경제적 차원에서도 영유아교육기관을 통해 식품 소비를 유도하여 생산과 소비를 바람직한 방향으로 이끌어 갈 수 있으며, 영유아의 건강한 발달을 도모할 수 있다.

⑤ 위생적인 급간식을 할 수 있다.

50인 이상 단체급식을 위해서는 집단급식 설치운영 지침을 준수해야 하고 그 이하의 영유아를 보육하는 어린이집에서도 평가제의 한 영역에서 단체급식에 필요한 위생적인 측면을 강조하고 있기 때문에 전문 조리사에 의한 급간식 준비는 물론 급간식 준비를 위한 선별된 식재료와 조리를 위한 위생적인 조리 도구를 갖추어야 한다. 식재료의 경우 전처리에서부터 조리 과정과 조리 후의 배식, 남은 음식에 대한 처리까지 집단급식 설치운영 지침이나 평가제 지표에 따라 진행되기 때문에 영유아들에게 제공되는 급간식은 위생적인 면에서 믿고 먹을 수 있다.

영유아교육기관에서 제공하는 급간식을 통해 얻을 수 있는 효과를 요약하면 [그림 7-1]과 같다.

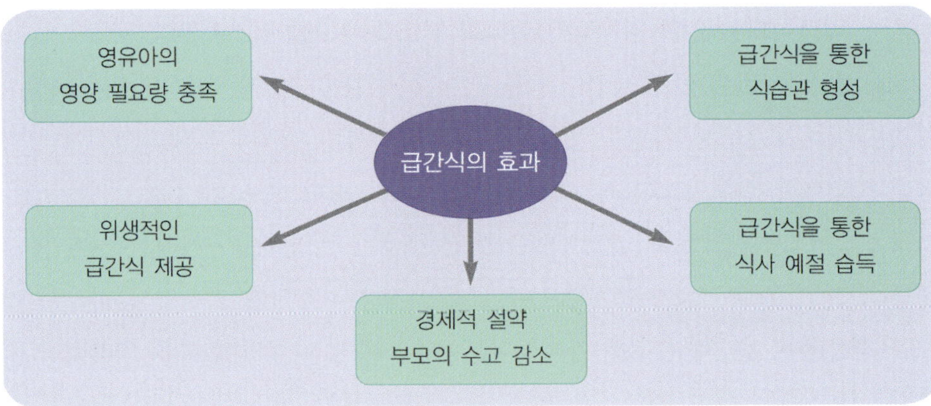

| 그림 7-1 | 영유아교육기관 급간식의 효과

3. 급간식 관리

1) 급식 관리

영유아교육기관에서 제공되는 급간식 중 급식은 1일 4~8시간 정도를 이용하는 영유아에게는 점심에 해당되며, 어린이집의 야간 연장반을 이용하는 영유아에게는 점심과 저녁 식사가 급식에 해당된다. 영유아기는 음식에 대한 기호가 발달해 감에 따라 점차 좋아하는 식품만을 먹으려는 성향이 나타나며, 유아기에 접어들면서 영아 시기에 비해 성장 속도의 둔화와 함께 식욕이 저하되거나 스스로가 선택한 식품만을 섭취하려는 식품에 대한 고정화 현상이 나타나기도 한다. 그러므로 유아 시기에는 다양한 음식을 접하고 선택할 수 있는 기회를 제공하여 바른 선택과 스스로 먹을 수 있는 적당한 분량을 알고 먹을 수 있도록 하는 것이 중요하다. 영유아들은 성인에 비해 한 번에 먹을 수 있는 음식의 분량이 훨씬 적고, 1인 1회 섭취 분량도 개인적인 차이가 많이 난다. 또한 유아는 시각적으로 너무 많은 양의 음식을 배식하면 먹으려 하지 않거나 먹다가 남기게 되고, 반대로 식탐이 많은 유아의 경우 배가 불러도 주어진 음식을 모두 먹음으로 해서 비만을 유발할 수 있기 때문에 연령과 개별성에 따라 배식을 하고 필요한 경우 다시 제공하는 방법으로 급식에 대한 관리를 해야 한다.

| 표 7-1 | 하루 급간식의 적정 열량 배분

구분		1~2세	3~5세
급식	아침	30%(270kcal)	25%(350kcal)
	점심	30%(270kcal)	30%(420kcal)
	저녁	25%(225kcal)	30%(420kcal)
간식	오전 간식	5%(45kcal)	5%(70kcal)
	오후 간식	10%(90kcal)	10%(140kcal)
계		100%(900kcal)	100%(1,400kcal)

영유아의 하루 급식의 적정 열량의 배분은 〈표 7-1〉과 같이 만 1~2세 영아의 경우 1일 총 열량 900kcal 중 아침 30%, 점심 30%, 저녁 25%와 간식 15% 내외로 배분하는 것이 바람직하다. 만 3~5세 유아의 경우 1일 총 열량 1,400kcal 중 아침은 25%인 350kcal, 점심과 저녁은 각각 30%인 420kcal가 적정 열량이기 때문에 아침, 점심, 저녁의 식사가 고루 섭취될 수 있도록 하는 것이 바람직하며 나머지 15%인 150~210kcal의 열량은 오전, 오후 각각 1회씩 제공되는 간식으로 보충하는 것이 적당하나 영유아의 활동량과 식사 섭취에 따라 조절할 수 있다.

영유아들은 한 번에 섭취할 수 있는 식사의 양이 제한적이기 때문에 식사 계획시 열량 배분과 영양가 있는 식단 작성에 유의해야 하며, 특히 영아의 경우에는 하루에 필요한 열량을 배분함에 있어 각별한 주의와 영아의 개인차에 따른 식사량 조절과 식사 제공 횟수에 대한 배려가 있어야 한다. 최근에는 맞벌이 가정의 증가로 인해 아침을 굶고 등원하는 영유아들이 늘고 있다. 아침을 굶을 경우 배고픔으로 인해 오전 간식이나 점심에 아침 식사 분량까지 많은 양의 음식을 급하게 먹는 사례가 발생하기도 한다. 영유아들은 소화기관의 구조나 건강 측면에서 한 번에 많은 양의 음식을 섭취하거나 급하게 먹을 경우 소화기 장애나 비만을 일으킬 수 있기 때문에 학부모에게 오전 간식이 아침 식사의 대용이 아님을 알리고 간식보다는 제때의 식사가 중요함을 강조하여 아침 식사를 하고 등원할 수 있도록 한다. 또한 맞벌이 가정의 경우 부모의 귀가가 늦어지면 오후 간식을 먹은 후 저녁을 먹지 않고 잠이 드는 영유아도 있을 수 있기 때문에 영유아교육기관에서의 오전과 오후 간식 제공이 중요하며, 부모의 늦은 귀가를 대비해 일찍 잠이 들지 않도록 하는 낮잠 지도가 꼭 필요하다.

다음의 〈표 7-2〉는 영유아의 연령별 각 식품의 1일 섭취 횟수와 1인 분량이다.

영유아에게 권장되는 1일 식품군별 섭취 횟수는 우유 및 유제품류는 4회, 육류·생선·달걀 등의 단백질 식품은 3회, 곡류 및 빵류는 4회, 과일 및 채소 등의 비타민 C 공급 식품은 1회, 녹황색 채소 과일류는 1회, 기타 무기질과 비타민을 공급하는 과일 및 채소류는 2회 정도가 바람직하다. 섭취 분량은 〈표 7-2〉에 제시된 바와 같이 연령에 따라 다르게 공급되어야 하며, 조리 방법에 있어서도 연령별로 다양화하거나 영유아가 쉽게 먹을 수 있도록 조리되어 균형 있는 음식이 제공되어야 한다.

| 표 7-2 | 연령별 각종 식품군의 1일 적정 급식 빈도와 1회 섭취 분량

식품군	1일 급식 빈도	연령		
		만 1~2세	만 2~3세	만 4~5세
우유 및 유제품	4회	• 우유 1/2컵 • 떠먹는 요구르트 1/2컵 • 떠먹는 치즈 20g	• 우유나 떠먹는 요구르트 1/2~3/4컵 • 치즈 20~30g	• 우유나 떠먹는 요구르트 3/4컵 • 치즈 20~30g
육류, 생선, 달걀 등	3회	• 육류, 생선, 가금류 30g • 달걀 1개 • 익힌 콩 1/2컵 • 땅콩버터 2t	• 육류, 생선, 가금류 30g • 달걀 1개 • 익힌 콩 1/2컵 • 땅콩버터 2t	• 육류, 생선, 가금류 30~60g • 달걀 1개 • 익힌 콩 1/2~3/4컵
곡류 및 빵류	4회	• 빵·국수 등 1/4컵 • 빵 1/2쪽 • 시리얼 1/3컵	• 빵·국수 등 1/3컵 • 빵 1쪽 • 시리얼 1/2컵	• 빵·국수 등 1/2컵 • 빵 1쪽 • 시리얼 3/4컵
비타민 C가 들어 있는 과일 및 채소류	1회	• 과일 주스 1/4컵 • 작은 과일 1개 • 익힌 채소 2t	• 과일 주스 1/2컵 • 작은 과일 1개 • 익힌 채소 1/4컵 • 생채소 1/2컵	• 과일 주스 1/2컵 • 작은 과일 1개 • 익힌 채소 1/4컵 • 생채소 1/2컵
녹황색 채소 및 과일류	1회	• 작은 과일 1개 • 익힌 채소 2t	• 작은 과일 1개 • 익힌 채소 1/4컵 • 생채소 1/2컵	• 작은 과일 1개 • 익힌 채소 1/4컵 • 생채소 1/2컵
기타 과일 및 채소류	2회	• 과일 주스 1/4컵 • 작은 과일 1개 • 익힌 채소 2t	• 과일 주스 1/2컵 • 작은 과일 1개 • 익힌 채소 1/4컵 • 생채소 1/2컵	• 과일 주스 1/2컵 • 작은 과일 1개 • 익힌 채소 1/4컵 • 생채소 1/2컵

※ t: 티스푼
출처: 정미라 외(2014).

2) 간식 관리

영유아의 하루 간식의 적정 열량의 배분은 〈표 7-1〉과 같이 오전과 오후에 각각 1회씩이 적당하나 영아의 경우나 활동량이 많은 유아의 경우에는 횟수를 조절하여 제공하여야 하며 주식에 영향을 주지 않는 범위 내에서 1일 총 필요량의

15%인 150~210kcal를 공급하는 것이 바람직하다.

영유아에게 있어서 간식은 세 번의 식사로 부족한 영양소를 보충하는 데 목적이 있으며, 맞벌이 부모들로 인해 아침을 결식하거나 늦게 귀가하는 영유아들에게는 아침이나 저녁을 대신 할 수 있는 중요한 역할을 한다. 간식은 주식으로 부족한 열량을 보충하는 역할도 하지만 영유아들은 주식에 대한 기대감보다 간식에 대한 기대감이 더 크기 때문에 간식을 먹으면서 긴장 이완이나 놀이활동에서 오는 피로감을 잊고 정서적 안정감을 느낄 수 있다. 또한 집단끼리 모여 가벼운 마음으로 간식을 먹는 것은 간식의 영양적인 기능과 함께 또래 관계 형성에 있어 사회적인 기능의 출발점이 될 수도 있으며, 또래 집단에 대한 동조 경향이 강해 바람직한 식품 선택이나 식사 예절을 갖춘 또래들로 인해 식습관 형성에 영향을 미칠 수 있기 때문에 영유아교육기관에서는 이러한 영유아의 심리를 잘 이용하여 간식을 지도하는 것이 효과적이다.

〈표 7-3〉은 간식으로 적합한 음식의 종류, 〈표 7-4〉는 간식을 제공할 때 유의사항에 대한 예이다. 〈표 7-5〉는 유아들이 섭취하는 간식의 종류와 1일 평균 섭취량이다.

| 표 7-3 | 간식으로 적합한 음식의 종류

열량 급원식품	단백질 및 칼슘 급원식품	비타민 급원식품	바람직한 간식의 예	바람직하지 않은 간식의 예
샌드위치, 밀전병, 감자, 고구마, 밤, 옥수수, 주먹밥, 떡볶이, 와플, 빵, 케익류, 호떡 등	우유, 요구르트, 치즈, 달걀, 푸딩, 두유, 미숫가루, 두부구이 등	과일 주스류, 과일 쉐이크, 사과, 귤, 포도, 배, 복숭아, 감, 토마토, 참외, 수박, 채소모듬전, 채소나 과일 샐러드, 오이와 당근 등의 생채소 스틱 등	제철 과일, 채소 샐러드, 채소스틱, 우유 및 유제품, 감자, 고구마 샌드위치 등	즉석, 가공, 냉동 식품은 지양 (탄산음료, 라면, 과자, 초콜릿, 젤리, 패스트푸드 등 고열량, 저영양 식품)

출처: 교육부, 육아정책연구소(2017).

| 표 7-4 | 간식을 제공할 때 유의 사항(예)

<table>
<tr><th>식품</th><th>유의 사항</th><th>연령</th></tr>
<tr><td>파인애플</td><td>브로멜린(bromelin)이라는 단백질 분해효소가 있어서 혀나 구강의 단백질을 분해하여 구강염을 일으킬 수 있으므로 과량을 섭취하지 않도록 하며, 특히 빨아먹지 않게 주의함</td><td rowspan="4">연령 구분 없음</td></tr>
<tr><td>인절미, 경단 등</td><td>찹쌀로 만든 떡처럼 끈적이는 음식은 기도를 막을 수 있으므로 주의함</td></tr>
<tr><td>고구마, 백설기, 강력분으로 만든 빵</td><td>음료와 함께 제공하지 않으면 너무 퍽퍽해서 삼키기가 어렵고, 삼키면서 목이 메는 경우가 있으므로 주의함</td></tr>
<tr><td>젤리, 찹쌀떡, 새알심 등</td><td>형태가 유동적이어서 기도를 막을 경우 조금의 틈도 생기지 않게 되므로 항상 주의함</td></tr>
</table>

출처: 교육부, 육아정책연구소(2017).

| 표 7-5 | 유아들이 섭취하는 간식의 종류와 1일 평균 섭취량

(단위: %)

구분	과자 스낵	빵 케잌	떡 떡볶이	라면	국수류	과일/ 주스	음료수	우유 유제품	튀김류
전체	43.5	6.3	2.0	0.3	0.0	21.1	2.1	24.4	0.4
남자	45.9	5.6	1.8	0.5	0.0	20.3	1.8	23.4	0.7
여자	40.9	7.1	2.3	0.0	0.0	21.8	2.3	25.5	0.0

출처: 정미라 외(2014).

3) 유아기의 영양

유아기는 성장발육과 개인차에 따라 에너지와 영양필요량이 다르고 영아기에 익숙한 음식을 선호하거나 점차 좋아하는 식품만을 가려 먹으려는 성향이 나타나기도 하지만, 새로운 것에 대한 호기심과 경험하고자 하는 욕구도 강하다.

(1) 유아기 영양의 특징

- 영아기에 비해 성장 속도가 완만해지나, 여전히 성장기이므로 양질의 단백질, 비타민, 무기질이 풍부한 영양 밀도가 높은 음식의 제공이 필요하다.
- 유아의 성장발육 및 신체활동 정도에 따른 개인차로 인해 영양 요구량의 차이가 크다.
- 식품 기호가 변하기 쉬우므로 편식, 식욕부진 등의 문제가 생기기 쉽고 식사량이 저하되기 쉽다.
- 소화 기능과 치아 기능이 발달하는 시기이므로, 발달 정도에 따라 식사 기술과 식행동의 적절한 지도가 필요하다.

4. 영유아교육기관의 식단 작성

영유아는 점심 전까지 하루 일과에 따라 활동을 하기 때문에 낮 동안 활동량이 많고 소화 능력이 왕성하여 고른 영양소가 함유된 점심 식단을 구성하여 급식을 제공해야 한다.

1) 식단 작성의 순서 및 요령

영유아 시기는 소화기관의 발달이 완성되어 가는 시기이며, 활동량이 많고 소화 능력이 왕성한 반면, 한 번에 많은 음식을 섭취할 수 없으므로 영양소가 고르게 함유된 간식과 점심 식사를 통해 충분한 영양분을 골고루 제공할 수 있도록 식단을 작성하여야 한다. 대체로 영유아교육기관에서는 오전 간식, 점심, 오후 간식으로 음식이 제공되기 때문에 음식의 재료가 중복되지 않도록 식단 작성의 순서에 맞춰 음식의 종류와 분량을 결정하여야 한다.

(1) 급식 횟수와 영양량 배분

영유아 급식의 경우 점심 1식과 간식 2회를 제공하는 경우가 대부분이므로 점심 급식에는 1일 영양섭취 기준에서 간식으로부터 얻는 양을 제외한 양의 1/3을 제공하는데 일반적으로 1일 필요 에너지의 25~30% 정도를 섭취하도록 연령별, 성별 영양소 섭취 기준과 소화흡수율 등을 고려하여 계획한다.

(2) 음식 품목 수 결정

영양소의 균형 있는 섭취를 위해서는 한두 가지 음식으로 한정하지 말고 음식 품목 수를 다양하게 하여 영양소에 대한 충족도를 높이도록 한다. 식단의 음식 품목 수는 식단가와 식단 유형에 따라 정해지지만, 일반적으로 주식, 국 또는 찌개류, 주반찬, 부반찬, 김치류의 다섯 가지이다. 주반찬은 육류, 가금류, 어류 및 난류 등 동물성 식품을 재료로 한 구이, 조림, 볶음, 튀김류로 하고, 부반찬은 채소를 재료로 한 나물, 무침, 샐러드류가 된다.

(3) 음식 구성

음식 구성 시에는 영유아의 영양적 요구, 식습관 및 기호도, 음식의 관능적 특성, 예산, 위생, 급식시설 및 기기, 조리 인력의 숙련도 등을 고려하여 영유아의 성장과 발육에 필요한 칼슘과 철, 단백질이 풍부한 우유, 치즈, 요구르트 등 소화 흡수율이 높은 식품은 매일 공급해야 한다. 영유아들에게 제공되는 음식은 식감이 좋은 씹기 쉬운 음식, 입에서 바삭거리는 소리가 나는 음식, 익힌 채소보다는 생채소, 수분이 많은 음식, 여러 가지 식품이 혼합된 음식보다는 간단하고 단순한 맛을 느낄 수 있는 음식으로 구성해야 한다.

(4) 음식별 식재료 종류 및 분량 결정

급식 대상 영유아들의 연령 및 발달 상황 등을 고려하여 각각의 음식을 구성하는 식재료의 종류를 결정하고 각각의 1인 식재료 분량을 산정한다. 식재료는 위생적인 측면을 고려하여 그 계절에 많이 나는 계절식품을 활용한다.

(5) 영양 제공량 확인

영유아 급식의 특성상 적정한 영양 공급이 무엇보다 중요하므로 영양량 확인은 필수적이다. 따라서 영양가 분석을 통해 급식 계획 시 결정한 영양 제공량을 충족하는지 비교하여 과부족한 영양량은 음식 품목이나 조리법을 조정하여 수정한다.

(6) 식품에 대한 기호도 반영

식단 작성 시 영유아의 식품에 대한 기호도가 반영되지 않을 경우 잔반이 많아져 경제적 손실은 물론 영유아들에게 적절한 영양을 공급하는 데 어려움을 겪게 된다. 식품 기호를 모두 반영하는 데는 무리가 있지만 선호하지 않는 식품은 조리방법을 달리 하여 제공해야 필요한 영양을 충분히 섭취할 수 있다. 〈표 7-6〉은 유아의 식품에 대한 기호도이다.

| 표 7-6 | 유아의 식품에 대한 기호도

음식의 종류 \ 기호도	높음	중간	낮음
밥류	쌀밥	밤밥	보리밥
국수류	자장면	칼국수	비빔국수, 수제비
일품요리	김밥, 자장면, 볶음밥, 달걀덮밥, 잡채밥	오징어덮밥	
빵류	햄버거, 샌드위치	토스트	
국 및 찌개	미역국, 오뎅국, 곰국, 크림수프	감자국, 달걀국, 오징어 찌개, 배추된장국	두부 감자국
튀김, 볶음, 전	불고기, 포크커틀릿, 닭튀김, 잡채, 달걀프라이, 오징어볶음, 감자크로켓	감자볶음	호박전
조림, 찜, 구이	김구이, 생선구이, 햄구이, 닭도리탕, 달걀찜		감자조림
생·숙채, 김치	과일 샐러드, 동치미, 배추김치, 채소 샐러드, 감자 샐러드	콩나물무침, 깍두기, 절임무채, 단무지	가지나물

출처: 정미라 외(2014).

(7) 식단 작성 순서

반복되는 식단의 주기를 기본으로 주식과 부식의 종류, 소화의 용이성, 책정된 급식비 등을 고려하여 현실성 있게 식단 작성 순서도에 따라 구성한다. 동일한 식품을 선택하더라도 다양한 조리 방법을 이용하여 식단에 변화를 주고 정해진 반복 단위(1주일이나 1개월)를 정한 후 이를 기준으로 주식의 종류를 결정하고 채소 반찬이나 동물성 단백질 식품은 몇 회 급식할 것인지 결정한다. 조리 방법은 구이나 볶음, 조림, 튀김은 어떤 것으로 몇 회 정도 제공할 것인지, 국은 어떤 것으로 하며, 후식용 과일은 무엇으로 제공할 것인가를 결정한다. [그림 7-2]는 식단 작성 순서이다.

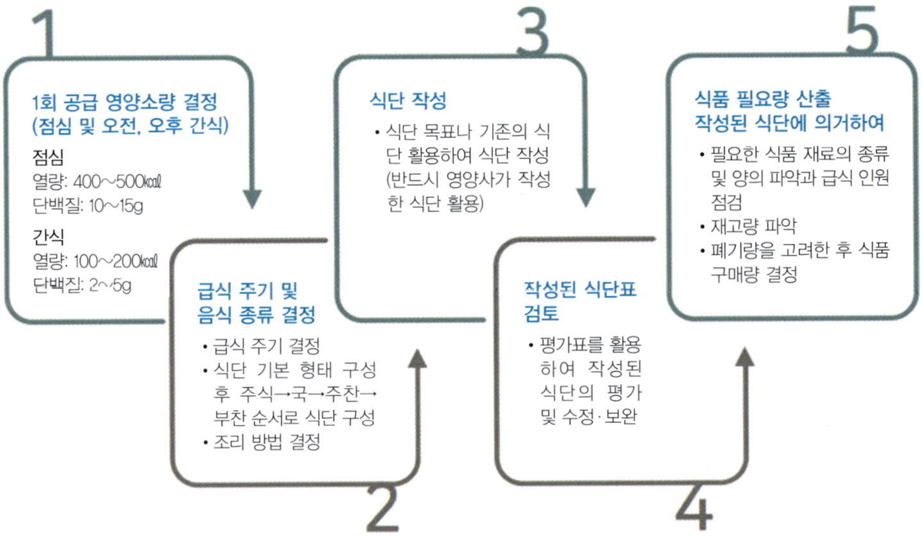

| 그림 7-2 | 식단 작성 순서

출처: 교육부, 육아정책연구소(2017). 유치원급간식 운영관리지침서.

(8) 식단 작성

식품 교환표와 식단 작성의 순서도를 이용하여 식단을 작성한다. 계절과 세시풍속, 생일, 특별한 행사 등을 고려하여 주식의 형태를 결정한 후 국이나 찌개 종류를 선택한다. 주식과 부식은 영유아의 식품에 대한 기호나 조리 방법을 고려하여 작성한다.

식단 작성 시 주의할 식재료

- 여름철에는 식중독이 발생하기 쉬워서 상하기 쉬운 식재료나 보관이 어렵고 조리 시간이 많이 걸리고 조리 단계가 복잡한 음식은 제한해야 한다.

기간	종류	종목
3~10월	패류	• 소라, 조개, 꼬막, 굴, 석화, 홍합 등
	젓갈류	• 꼴뚜기젓, 명란젓, 어리굴젓, 오징어젓, 창난젓 등
4~9월	회류 및 알류	• 광어, 한치, 참치회, 멍게, 해삼, 성게알, 연어알, 미더덕, 홍어, 동태곤이 등
6~9월	어류 및 콩가공품류	• 콩국, 콩비지, 판두부 등
연중 금지	육내장류	• 선지, 순대, 곱창, 간, 천엽, 닭근위 등
연중 주의	식재료	• 가열 공정 없이 제공되는 농·축·수산물(가열 후 사용 가능) • 냉동 엽채류, 무침용 건어물, 육회용 쇠고기 • 생굴류(회/무침/석화) • 비포장 가공식품(두부류 등)
비고	금지 메뉴	• 삭히는 공정 • 생굴 등 날것의 상태로 제공되는 식품 • 족발 등 제조 공정의 위생 상태 확인이 어려운 완제품 등
	연중 주의 메뉴	• 조리 공정이 복잡하거나 수작업이 많은 메뉴 • 꽈리고추, 두릅, 원추리, 머윗대, 토란대, 생취 등의 미량 독소에 의한 장염 유발 식재료가 포함된 메뉴 등

출처: 어린이급식관리지원센터(2017). 2017년도 어린이 급식관리지침서.

〈표 7-7〉~〈표 7-10〉은 부천근로복지공단어린이집에서 제공한 평가제 지표를 고려한 계절별 식단 예시이다.

| 표 7-7 | 봄 식단 구성의 예

구분	월	화	수	목	금
오전 간식	참치채소죽 아몬드	장국죽 유기농오이스틱	스크램블에그 멸치	표고버섯죽 유기농당근스틱	황태콩나물죽 땅콩
점 심	보리밥 냉이된장국 김계란말이 마늘쫑멸치볶음 배추김치 사과	혼합잡곡밥 두부새우젓국 치킨까스 콩나물무침 깍두기 단감	짜장밥 계란실파국 유기농단무지 배추김치 방울토마토	차조밥 순두부맑은국 새우브로콜리볶음 청포묵무침 깍두기 배	쌀밥 오징어무국 메추리알장조림 도라지오이생채 배추김치 오렌지
오후 간식	과일샐러드	단호박된장수제비	소보로빵 우유	수제라이스핫도그 모과차	떡꼬치 현미차
열량/단백질	701.8kcal/12.6g	745.1kcal/16.7g	703.8kcal/17.1g	762.0kcal/16.7g	787.9kcal/19.4g
구분	월	화	수	목	금
오전 간식	밤죽 아몬드	미역된장죽 유기농오이스틱	브로콜리감자스프 멸치	브로콜리죽 유기농당근스틱	요플레
점 심	현미밥 홍합미역국 두부달걀부침 유채나물무침 깍두기 파인애플	흑미밥 쑥된장국 코다리강정 연두부/양념장 배추김치 오렌지	나물비빔밥 달래장국 배추김치 주스	수수밥 콩가루배추국 돈육볶음 양배추쌈/쌈장 배추김치 바나나	쌀밥 쇠고기미역국 잡채 돌나물무침 배추김치 요구르트 〈생일잔치〉
오후 간식	시금치참치주먹밥 옥수수차	미트스파게티 자스민차	단팥빵 요구르트	찐고구마 유자차	식혜, 무지개떡 사과, 딸기
열량/단백질	751.7kcal/16.9g	789.2kcal/13.8g	682.3kcal/15.7g	765.3kcal/20.6g	732.7kcal/17.6g
구분	월	화	수	목	금
오전 간식	녹두죽 아몬드	타락죽 유기농오이스틱	채소모닝빵/요구르트 멸치	잣죽 유기농당근스틱	버섯죽 멸치
점 심	보리밥 감자국 오징어채볶음 달걀찜 깍두기 배	현미쑥쌀밥 쇠고기무국 동태전 봄동나물 배추김치 사과	카레라이스 맑은우동국 오이피클 배추김치 파인애플	서리태밥 김치콩나물국 버섯불고기 올방개묵무침 깍두기 토마토	쌀밥 닭개장 호박볶음 연근조림 깍두기 딸기
오후 간식	유부초밥 모과차	오색떡국	수제채소도넛 주스	버터감자구이 유자차	카레소스떡볶이
열량/단백질	687.5kcal/17.4g	745.9kcal/20.2g	684.6kcal/13.7g	774.5kcal/20.5g	691.2kcal/16.6g
구분	월	화	수	목	금
오전 간식	시금치죽 아몬드	흑임자죽 유기농오이스틱	시리얼/두유 멸치	들깨죽 유기농당근스틱	흑미죽 땅콩
점 심	차수수밥 달래된장찌개 닭감자조림 브로콜리/초고추장 배추김치 사과	잡곡밥 콩비지찌개 버섯탕수 깻잎나물 깍두기 파인애플	오므라이스 유부장국 양상추샐러드 배추김치 바나나	녹두밥 어묵국 삼치엿장조림 시금치나물 깍두기 주스	쌀밥 설렁탕 어묵감자조림 미나리숙주나물무침 깍두기 딸기
오후 간식	잔치국수	간장치킨강정 녹차	단호박찐빵 우유	과일꼬치	꿀떡 결명자차
열량/단백질	718.3kcal/17.0g	772.1kcal/19.0g	734.2kcal/17.6g	752.7kcal/20.9g	712.7kcal/18.2g

* 위의 식단을 기본으로 식재료 입고 사정에 따라 식단이 변경될 수 있으며 화학조미료 및 인스턴트식품은 사용하지 않음
* 한국인 영양 권장 섭취 기준: 영아(만 1~2세) 열량 900kcal/단백질 20g 유아(만 3~5세) 열량 1,400kcal/단백질 25g
* 식재료 원산지: 쌀-무농약 국내산, 쇠고기-국내산 한우, 돼지고기·닭고기-국내산, 김치-국내산(직접 담금)
* 당근, 단무지, 햄, 멸치는 생협에서 입고됨

※ 지면 관계상 토요일 식단은 삭제함

| 표 7-8 | 여름 식단 구성의 예

구분	월	화	수	목	금
오전 간식	단호박죽	미역죽 유기농오이스틱	고구마죽	타락죽 유기농당근스틱	새우채소죽
점 심	칼슘강화혼합잡곡밥 감자국 메추리알장조림 열무된장무침 배추김치 방울토마토	수수밥 시금치된장국 수제돈까스/소스 오이피클 깍두기 메론	짜장밥 오이냉국 과일샐러드 배추김치 주스	기장밥 북어무국 오색버섯잡채 채소달걀말이 배추김치 참외	쌀밥 김치국 삼치무조림 쑥갓나물 깍두기 수박
오후 간식	치즈샌드위치 우유	떡볶이 옥수수차	버터감자구이 매실차	유부초밥 결명자차	증편 둥글레차
열량/단백질	710.5kcal/18g	782.4kcal/18.2g	709.2kcal/19.0g	785.6kcal/21.6g	95.6kcal/1.64g
구분	월	화	수	목	금
오전 간식	브로콜리죽	유정란죽 유기농오이스틱	쇠고기장국죽	들깨죽 유기농당근스틱	새우채소죽
점 심	보리밥 호박된장국 돈육볶음 부추무생채 배추김치 파인애플	흑미밥 미역냉국 두부탕수 시금치나물 깍두기 토마토	비빔밥 유부된장국 달걀프라이 배추김치 짜먹는 요구르트	차조밥 삼계탕 도토리묵무침 근대나물 깍두기 수박	쌀밥 오징어무국 어묵볶음 가지나물 배추김치 사과
오후 간식	카스텔라 우유	호박전 녹차	고로케 자스민차	절편 오곡미숫가루	유두국수
열량/단백질	687.5kcal/17.4g	745.9kcal/20.2g	684.6kcal/13.7g	774.5kcal/20.5g	691.2kcal/16.6g
구분	월	화	수	목	금
오전 간식	황태콩나물죽	차조죽 유기농오이스틱	흑임자죽	두유	아욱죽
점 심	녹두밥 순두부탕 순살닭갈비 삼색냉채 배추김치 참외	현미쑥쌀밥 들깨배추국 돼지갈비찜 숙주나물무침 깍두기 메론	류산슬덮밥 맑은우동국 콘샐러드 배추김치 방울토마토	쌀밥 소고기미역국 떡잡채 오이지무침 배추김치 매실주스 〈생일잔치〉	차수수밥 콩나물냉국 코다리강정 상추치커리무침 깍두기 바나나
오후 간식	찐빵 우유	메밀국수	찐감자 유자차	오미자차, 무지개떡 수박, 토마토	생크림과일샐러드
열량/단백질	784.1kcal/17.3g	759.6kcal/18.3g	681.4kcal/14.4g	710.9kcal/22.1g	724.1kcal/18.5g
구분	월	화	수	목	금
오전 간식	마죽	연두부죽 유기농오이스틱	시금치죽	녹두죽 유기농당근스틱	흑미죽
점 심	혼합잡곡밥 초계탕 두부달걀지짐 해초무침 깍두기 수박	검은콩밥 어묵국 연근전 도라지생채 깍두기 사과	콩나물무밥 도토리묵냉국 배추김치 요구르트	현미밥 소고기당면국 알감자조림 호박볶음 배추김치 토마토	쌀밥 수제비국 햄케첩볶음 깻잎나물 배추김치 파인애플
오후 간식	건포도핫케이크 우유	콩국수	찐옥수수 오미자차	프라이드치킨 절임무	가래떡/조청 옥수수수염차
열량/단백질	697.3kcal/19.7g	781.4kcal/23.3g	681.4kcal/19.4g	759.6kcal/17.3g	721.0kcal/21.7g

* 위의 식단을 기본으로 식재료 입고 사정에 따라 식단이 변경될 수 있으며 화학조미료 및 인스턴트식품은 사용하지 않음
* 한국인 영양 권장 섭취 기준: 영아(만 1~2세) 열량 900kcal/단백질 20g 유아(만 3~5세) 열량 1,400kcal/단백질 25g
* 식재료 원산지: 쌀-무농약 국내산, 쇠고기-국내산 한우, 돼지고기·닭고기-국내산, 김치-국내산(직접 담금)
* 당근, 단무지, 햄, 멸치는 생협에서 입고됨

| 표 7-9 | 가을 식단 구성의 예

구분	월	화	수	목	금
오전 간식		미역된장죽 유기농오이스틱	밤스프	녹두죽 유기농당근스틱	단호박죽
점 심	〈개천절〉	현미밥 콩나물국 미트볼케첩조림 오이생채 배추김치 포도	카레라이스 유정란실파국 오이피클 배추김치 주스	보리밥 호박된장국 돈육볶음 청포묵김가루무침 배추김치 바나나	쌀밥 육개장 두부달걀부침 삼색냉채 깍두기 방울토마토
오후 간식		롤케이크 우유	크림스파게티 둥글레차	고구마맛탕 오미자화채	흑미가래떡 구기자차
열량/단백질		772.1kcal/19.0g	600.1kcal/11g	752.7kcal/20.9g	713.5kcal/22.7g
구분	**월**	**화**	**수**	**목**	**금**
오전 간식	황태콩나물죽	아욱죽 유기농오이스틱	채소모닝빵 우유	단팥죽 유기농당근스틱	떠먹는 요구르트
점 심	차조밥 버섯들깨탕 삼치엿장조림 무나물 깍두기 사과	흑미밥 시금치된장국 수제 돈까스 양상추참깨샐러드 배추김치 메론	보리비빔밥 강된장국 유정란프라이 배추김치 파인애플	서리태밥 어묵김치국 오징어떡볶음 채소계란찜 깍두기 배	쌀밥 새알미역국 잡채 깻잎장 배추김치 오렌지주스
오후 간식	수제햄버거 자스민차	닭칼국수	고구마단호박범벅 녹차	프라이드치킨 절임무	무지개떡, 화채 포도, 사과
열량/단백질	701.8kcal/12.6g	745.1kcal/16.7g	703.8kcal/17.1g	762.0kcal/16.7g	787.9kcal/19.4g
구분	**월**	**화**	**수**	**목**	**금**
오전 간식	닭죽	흑미죽 유기농오이스틱	누룽지	바나나	참치채소죽
점 심	차수수밥 북어무국 닭강정 연두부/양념장 깍두기 연시	혼합잡곡밥 아욱국 돼지갈비찜 근대나물 배추김치 배	오므라이스 소고기배추국 옥수수샐러드 배추김치 포도	〈가을나들이〉	쌀밥 부대찌개 느타리호박볶음 명엽채조림 깍두기 사과
오후 간식	해물부추전 현미차	볶음우동 옥수수수염차	메추리알깐풍기 녹차	카스텔라 요구르트	포도설기 유자차
열량/단백질	751.7kcal/16.9g	789.2kcal/13.8g	682.3kcal/15.7g	231.5kcal/5.1g	732.7kcal/17.6g
구분	**월**	**화**	**수**	**목**	**금**
오전 간식	장국죽	타락죽 유기농오이스틱	현미콘플레이크	검은콩죽 유기농당근스틱	버섯들깨죽
점 심	발아현미밥 청국장찌개 오징어초무침 비름나물무침 깍두기 메론	수수밥 애호박감자국 동태전 도토리묵무침 배추김치 바나나	쇠고기콩나물밥 낙지수제비국 · 오이지무침 배추김치 짜먹는 요구르트	현미쑥쌀밥 미역국 닭갈비 시금치나물 배추김치 단감	쌀밥 설렁탕 어묵감자조림 미나리숙주나물무침 깍두기 파인애플
오후 간식	직접 만든 마늘빵 우유	짜장면 메밀차	치킨또띠아 매실차	구운 계란 요구르트	꿀떡 대추차
열량/단백질	687.5kcal/17.4g	745.9kcal/20.2g	684.6kcal/13.7g	774.5kcal/20.5g	691.2kcal/16.6g

* 위의 식단을 기본으로 식재료 입고 사정에 따라 식단이 변경될 수 있으며 화학조미료 및 인스턴트식품은 사용하지 않음
* 한국인 영양 권장 섭취 기준: 영아(만 1~2세) 열량 900kcal/단백질 20g 유아(만 3~5세) 열량 1,400kcal/단백질 25g
* 식재료 원산지: 쌀-무농약 국내산, 쇠고기-국내산 한우, 돼지고기·닭고기-국내산, 김치-국내산(직접 담금)
* 당근, 단무지, 햄, 멸치는 생협에서 입고됨

| 표 7-10 | 겨울 식단 구성의 예

구분	월	화	수	목	금
오전 간식	흑미죽	유기농호박죽 유기농오이스틱	시금치죽	미역죽 유기농당근스틱	새우채소죽
점 심	기장밥 감자수제비국 닭갈비 파래무생채 배추김치 귤	현미쑥쌀밥 배추된장국 코다리강정 참나물무침 깍두기 사과	버섯덮밥 콩나물국 배추김치 짜먹는 요구르트	보리밥 어묵쑥갓국 두부강정 유채나물 깍두기 바나나	쌀밥 육개장 단호박전 다시마튀각 깍두기 배
오후 간식	찹쌀꽈배기 우유	굴떡국	국수장국	순대 결명자차	꿀떡 옥수수차
열량/단백질	710.5kcal/18g	782.4kcal/18.2g	709.2kcal/19.0g	785.6kcal/21.6g	95.6kcal/1.64g
구분	월	화	수	목	금
오전 간식	건새우아욱죽	녹두죽 유기농오이스틱	고구마죽	브로콜리죽 유기농당근스틱	두유
점 심	현미밥 우거지된장국 고등어엿장조림 연두부/양념장 깍두기 방울토마토	혼합잡곡밥 순두부찌개 안동찜닭 봄동나물무침 깍두기 파인애플	영양밥 감자국 김구이 배추김치 바나나	차조밥 오징어무국 계란장조림 콩나물무침 배추김치 주스	쌀밥 굴미역국 잡채 오이생채 배추김치 요구르트 〈생일잔치〉
오후 간식	호빵 우유	미트스파게티	해물파전 자스민차	꼬치어묵	식혜, 무지개떡 사과, 귤
열량/단백질	784.1kcal/17.3g	759.6kcal/18.3g	681.4kcal/14.4g	710.9kcal/22.1g	724.1kcal/18.5g
구분	월	화	수	목	금
오전 간식	유기농 호박죽	타락죽 유기농오이스틱	영양닭죽	밤죽 유기농당근스틱	버섯죽
점 심	흑미밥 북어무국 부추계란말이 호박오가리나물 배추김치 사과	적두밥 콩가루배추국 이면수카레구이 도토리묵무침 깍두기 귤	나물비빔밥 홍합미역국 달걀프라이 배추김치 푸딩	잡곡밥 달래두부된장국 버섯낙지볶음 오이무침 깍두기 바나나	쌀밥 근대국 오징어불고기 어묵볶음 배추김치 방울토마토
오후 간식	카스텔라 우유	치즈떡볶이 녹차	김가루주먹밥 직접 담근 모과차	파래감자전	초코설기 대추차
열량/단백질	697.3kcal/19.7g	781.4kcal/23.3g	681.4kcal/19.4g	759.6kcal/17.3g	721.0kcal/21.7g
구분	월	화	수	목	금
오전 간식	참치채소죽	북어죽 유기농오이스틱	검은콩호두죽	직접 키운 호박죽 유기농당근스틱	새우채소죽
점 심	수수밥 건새우아욱국 오징어초무침 피망감자채볶음 배추김치 바나나	발아현미밥 청국장찌개 코다리강정 얼갈이나물 깍두기 귤	마파두부덮밥 다시마무국 배추김치 배	흑미밥 조랭이미역국 참치채소전 도토리묵채소무침 배추김치 파인애플	쌀밥 육개장 호두멸치볶음 물파래무생채 깍두기 바나나
오후 간식	모닝빵샌드위치 우유	볶음우동 둥글레차	궁중떡볶이 결명자차	직접 만든 핫도그 직접 담근 유자차	바람떡 구기자차
열량/단백질	687.5kcal/17.4g	745.9kcal/20.2g	684.6kcal/13.7g	774.5kcal/20.5g	691.2kcal/16.6g

* 위의 식단을 기본으로 식재료 입고 사정에 따라 식단이 변경될 수 있으며 화학조미료 및 인스턴트식품은 사용하지 않음
* 한국인 영양 권장 섭취 기준: 영아(만 1~2세) 열량 900kcal/단백질 20g 유아(만 3~5세) 열량 1,400kcal/단백질 25g
* 식재료 원산지: 쌀-무농약 국내산, 쇠고기-국내산 한우, 돼지고기·닭고기-국내산, 김치-국내산(직접 담금)
* 당근, 단무지, 햄, 멸치는 생협에서 입고됨

(9) 작성된 식단표 검토

- 반복되는 주기별로 식단을 작성할 경우 주식과 부식이 중복되지 않았는지 검토한다.
- 여섯 가지 기초 식품군이 골고루 사용되었는지 검토한다.
- 제철 식품이 적절히 사용되었으며, 식품의 구입이 용이한지 검토한다.
- 조리법에 있어 맛, 형태, 색, 질감, 온도 등이 조화로운지 검토한다.
- 급식과 간식의 준비와 배식에 있어 인력이나 기구의 사용에는 문제가 없는지 검토한다.
- 특정한 식품이나 냉동식품 등이 많이 사용되고, 같은 조리법이 자주 사용되지 않았는지 검토한다.

위와 같이 식단표를 검토하고, 급식과 간식이 진행된 후에 잔식량 조사로 영유아의 기호도를 파악하여 다음 식단 작성 시 참고하여 반영한다.

2) 급식정보 제공을 위한 식단표

어린이집이나 유치원에서 제공하는 급간식은 가정통신문이나 게시판에 식단표를 제시하고 문서로 남겨 두어야 한다. 식단표는 일주일 또는 한 달 동안 제공하는 음식명을 제시하고 쌀, 배추김치, 쇠고기, 돼지고기, 닭고기 및 그 가공품 등을 조리하여 제공할 때는 원산지 표시 사항을 기재해야 한다.

| 표 7-11 | 어린이집 식단표의 예

	일자(요일)	4(월)	5(화)	6(수)	7(목)	8(금)
둘째주	오전 간식	카스텔라 우유	버섯크림 수프	달걀 우유	애호박 조갯살죽	포도 우유
	점심	쌀밥 들깨배춧국 고등어조림 참나물 깍두기	보리밥 두부새우젓국 소고기청경채볶음 양배추쌈/ 쌈장 배추김치	중국식볶음밥 계란국 콜리플라워/ 참깨잣소스 배추김치	기장밥 배추된장국 시금치 달걀말이 진미채간장볶음 무초절임	밤콩밥 열무된장국 치킨커틀릿/ 소스 양배추샐러드 배추김치
	오후 간식	볶음우동	비빔만두 옥수수차	녹두전 매실 주스	무지개떡 우유	호박죽
	열량(㎉)/ 단백질(g)	510.69/ 17.19	421.68/ 13.79	424.18/ 15.73	569.34/ 19.91	535..79/ 16.91
	원산지 표시 사항	쌀 국내산 김치 국내산	쌀 국내산 쇠고기 호주산 김치 국내산	쌀 국내산 돼지고기 호주산 김치 국내산	쌀 국내산 김치 국내산	쌀 국내산 닭고기 호주산 김치 국내산

출처: 어린이급식관리지원센터(2017). 2017년도 어린이 급식관리지침서.

08장

영유아의 식습관 지도

1 식습관 예절 지도
2 식생활 지도 및 위생 지도
3 편식 지도
4 손 씻기 지도
5 양치 지도

출생 후 1년까지 급속한 성장을 보이던 영아의 성장 속도는 생후 1년이 지나면서 비교적 완만한 성장을 보이지만 유아기에는 신체·운동, 사회·정서, 인지 측면에서 여전히 왕성한 발달이 이루어진다. 또한 유아기에는 자아가 확립되면서 학습과 탐구 및 사회활동이 시작되고 음식을 선택함에 있어서도 식품에 대한 기호도가 분명해지고 식습관이 형성되기 때문에 다양한 음식을 접할 수 있는 기회를 제공하는 것이 중요하며, 식품의 선택과 섭취에 있어 바른 선택과 바른 식습관을 형성하도록 지도해야 한다. 특히 영유아교육기관에서는 영유아가 사회활동을 시작하는 인간관계 형성과 또래집단이나 주위의 식행동을 모방하기 쉽기 때문에 교사의 세심한 관심과 체계적이고 일관성 있는 지도가 필요하다.

1. 식습관 예절 지도

우리나라는 예로부터 '동방예의지국'으로 예절을 중요시하는 문화이다. '세 살 버릇 여든 간다'라는 우리의 속담처럼 식습관 예절은 영유아기에 한번 형성되면 일생을 함께 할 수 있기 때문에 가정에서는 물론 영유아교육기관에서의 영유아 식습관 예절 지도는 세심한 배려와 지속적인 지도가 중요시된다.

| 표 8-1 | 바람직한 식습관 형성을 위해 유의해야 할 점

구분	유의해야 할 점
음식에 대한 기호	• 미각이나 음식에 대한 호기심을 고려해야 한다. • 편식이나 결식하지 않고 골고루 즐겨 먹도록 한다. • 영유아가 싫어하는 음식이나 낯선 음식에 대한 거부반응은 단계적으로 서서히 시정하도록 한다.
식사 예절	• 음식의 소중함을 알고 감사하는 마음으로 적당량만 먹도록 한다. • 식사 전·후에 적절한 인사말을 하는 것이 습관화되도록 한다. • 식사 시 다른 사람에게 불쾌감이나 거부감을 주지 않도록 지도한다. • 어른보다 먼저 식사하는 것은 예의에 어긋나는 것임을 알도록 한다. • 다른 친구들이 함께 먹을 준비가 될 때까지 또는 식사를 마칠 때까지 기다린다. • 맛있는 것을 혼자 먹지 않도록 한다.

구분	유의해야 할 점
식사 태도	• 식사 전후에는 손을 깨끗이 씻는 습관을 길러 준다. • 식탁에서는 친구들과 조용한 분위기를 유지하도록 한다. • 식사 중 자세를 바르게 하고 자리를 뜨지 않도록 지도한다. • 정해진 시간 내에 식사를 하되, 조용하게 천천히 음식을 꼭꼭 씹어 먹도록 한다. • 식사 중 음식을 입에 넣고 이야기하지 않도록 하되 간단한 대화는 허용한다. • 음식을 흘리지 않도록 하되, 흘린 음식을 주워 먹지 않도록 한다. • 식기를 바르게 사용하고, 자신이 사용한 식기와 수저는 스스로 치우도록 지도한다. • 식사 후에는 얼굴, 입 가장자리, 손 등을 깨끗이 닦도록 한다. • 식사 후에는 양치질을 할 수 있도록 한다. • 식사 후에는 조용한 휴식을 갖도록 한다.

1) 식습관 예절 지도 시 고려 사항

- 식탁과 의자는 영유아의 신체 조건에 적합하도록 준비한다.
- 세척의 편리성과 청결하게 관리할 수 있는 재질의 식기를 준비한다.
- 식사시간에는 음식을 가지고 장난하지 않도록 한다.
- 감사한 마음으로 음식을 먹도록 한다.
- 음식을 먹으면서 흘리거나 쏟았을 경우 좌절감을 느끼지 않도록 격려해 준다.
- 음식의 모양, 색깔 등에 민감하기 때문에 영유아가 선호하는 형태로 음식을 조리하여 제공한다.
- 식사 도구는 모양, 색을 고려하고 무게는 연령에 맞는 것으로 한다.
- 음식 양의 제공에 있어 한꺼번에 많은 음식을 제공할 경우 식사를 포기하려 할 수 있으므로 소량씩 주고 식욕에 따라 조절하여 먹을 수 있도록 한다.
- 음료의 경우 영아는 가능한 한 손잡이가 있는 작은 컵에 1/3 정도, 유아는 작은 컵에 1/2 정도 채워 제공한다.
- 너무 뜨겁거나 찬 음식은 피한다.
- 음식의 크기는 연령에 따라 한입에 먹을 수 있도록 작게 잘라 먹기 좋은 형태로 제공한다.

- 바깥놀이 같은 활동량이 많은 활동을 한 후에는 피곤함 때문에 잘 먹으려 하지 않을 수 있으므로 휴식을 취한 뒤 식사를 하도록 한다.

2. 식생활 지도 및 위생 지도

식생활 지도 및 위생 지도는 하루 일과의 일상생활 속에서 음식을 먹는 시간 전후에 연령에 관계없이 매일 지속적이고 일관성 있게 이루어지는 것이 효과적이다. 식생활 지도는 음식을 먹기 전과 음식을 먹을 때, 음식을 먹은 후로 나누어 파악하며, 편식, 비만, 식사 도구의 올바른 사용법 등에 대해 알아보고, 식생활 위생지도는 손 씻기 지도와 양치 지도에 대해 살펴본다.

〈표 8-2〉는 영유아의 연령에 따라 교사나 부모가 해야 할 식생활 지도 내용이다.

| 표 8-2 | 영유아의 연령별 식생활 지도 내용

연 령	지도 내용	지도 방법
6~14개월경	우유병 잡고 먹기	• 영아가 우유병을 잡도록 하고 교사가 함께 잡아준다. • 영아가 우유병을 잡으면 교사의 도움을 줄여 혼자 잡도록 한다. • 우유병이 미끄러지지 않도록 얇은 헝겊으로 감아 주고, 가슴에 수건을 말아 놓아 우유병을 받쳐준다.
15~18개월경	빨대로 마시기	• 컵에 음료를 채워 구멍이 약간 큰 빨대를 꽂아 주고 교사가 빨아 먹는 시범을 보인다. • 짧은 빨대부터 시작하여 점점 빨대 길이를 늘린다. • 처음에는 튜브 용기에 빨대를 꽂아서 튜브를 눌러 줌으로써 음료가 쉽게 빨대를 따라 올라가도록 하고, 영아가 직접 튜브 용기를 눌러 보게 한다.
	컵으로 마시기	• 손잡이가 달린 컵을 사용한다. • 컵의 손잡이를 잡게 하고 입으로 가져가게 한다. • 영아 뒤에서 손을 잡고 마실 수 있도록 도와준다. • 혼잡 잡고 마실 수 있을 때는 격려하여 스스로 마시도록 한다.

연 령	지도 내용	지도 방법
15~18개월경	숟가락으로 떠먹기	• 영아가 쥐기 편한 손잡이가 약간 큰 숟가락을 준다. • 뒤에서 영아의 손을 잡고 그릇에서 입으로 가져가도록 도와준다. • 숟가락에 잘 붙는 으깬 감자, 푸딩 같은 음식을 준비해 흘리지 않도록 한다. • 숟가락 사용의 경험에 중점을 두고 미숙하더라도 기회를 많이 주어 충분히 경험하도록 한다.
2~2세 반경	포크 사용하기	• 포크로 쉽게 찍어 올릴 수 있는 과일 조각, 빵 조각, 삶은 고기 등 영아가 좋아하는 음식을 제공한다. • 교사가 시범을 보이고 어려워 할 경우 영아의 손을 잡아 집어 올리는 것을 돕고 점차 스스로 할 수 있게 격려한다.
3세경	컵에 물 따르기	• 처음에는 입구가 큰 컵과 작은 주전자에 물을 조금만 채워주고 물을 따를 때 주전자나 용기를 기울이는 방법을 보어준다. • 깨지지 않는 가벼운 스텐 용기와 컵을 사용한다. • 작은 주전자나 컵을 가지고 물놀이를 하도록 한다.
3~4세 반경	젓가락 사용하기	• 나무 젓가락 등으로 쉽게 옮길 수 있는 스펀지 조각 옮기기로 시작하여 차차 대추, 피땅콩, 도토리, 호두, 같은 것을 옮겨 담는 연습을 한다. • 점심이나 간식시간에 젓가락을 바르게 쥐고 잡기 쉬운 음식부터 먹게하여 차츰 젓가락 사용에 익숙하게 한다.

출처: 정미라 외(2014). 재구성.

1) 음식을 먹기 전

(1) 음식을 먹기 전에 반드시 손을 씻는다.

영유아교육기관에서는 여러 명의 또래들과 함께 생활하고, 많은 활동을 하기 때문에 가정에서보다 쉽게 손이 더러워질 수 있으므로 음식을 먹기 전에 반드시 손을 깨끗이 씻도록 해야 한다. 영아들은 물휴지나 물수건으로 손을 닦아 주거나 씻겨 주고, 유아들은 스스로 씻을 수 있도록 도와주어 깨끗한 손으로 음식을 먹도록 한다. 영유아교육기관에서는 식사나 간식 전 손 씻기가 잘 지켜지고 있으나 가정에서는 소홀히 할 수 있으므로 손 씻기의 중요성과 영유아교육기관과 가정과의 손 씻기 지도의 연계성이 영유아의 식생활 위생 지도에 중요함을 가정통신문이나 보건(튼튼) 통신문, 영양소식, 부모교육 등을 통해 알려주고 손 씻기 지도에 대한 정보를 제공해 준다.

(2) 식탁과 의자는 바르게 놓고 깨끗이 닦는다.

영아의 경우 교사가 직접 해야 하지만 유아의 경우 식사 준비 도우미로 교사를 도와줄 수 있다. 식탁과 의자를 바르게 정리하고 식탁을 깨끗이 닦을 수 있도록 지도하고 어려워할 경우 교사가 시범을 보여 준다. 영유아가 다소 서툴더라도 격려해 주어 식사 준비를 일이 아닌 즐거운 놀이활동으로 느끼도록 한다.

(3) 식사 배식을 돕는다.

영아의 경우 교사가 직접 배식하여 영아가 앉아 있는 식탁 위의 먹기 편리한 위치에 식판을 놓아 준다. 유아의 경우 유아 스스로 식판과 수저를 챙기도록 하고 정해진 도우미가 1회용 장갑을 끼거나 음식 집게를 들고 배식하기 쉬운 음식을 유아의 식판에 놓아 줄 수 있도록 하고 음식을 받은 유아는 자신의 식판을 들고 조심스럽게 자리에 앉도록 한다. 국 같은 뜨거운 음식은 델 염려가 있기 때문에 교사가 그릇에 담아 두었다가 약간 식은 후에 배식하도록 유의한다.

(4) 바른 자세로 식탁에 앉는다.

영아들은 의자가 없는 식탁에 앉기 때문에 식판이 놓인 위치에 가까이 앉을 수 있도록 하고 키가 작은 영아는 바닥에 종이 블록이나 방석 등을 깔고 앉아서 먹을 수 있도록 한다. 의자가 있는 유아의 경우 의자를 식탁 가까이에 당겨 바른 자세로 앉아 음식 먹을 준비를 하도록 한다.

(5) 감사한 마음을 표현한다.

특별한 종교적인 감사 표현은 지양하고 교사가 '잘 먹겠습니다'라고 식사 준비에 대한 감사 인사를 함으로써 영유아들이 감사 인사에 익숙해지도록 한다. 영유아들이 다 함께 '잘 먹겠습니다'라고 인사를 함으로써 음식에 대한 소중함과 음식을 준비하는 분들에 대한 고마움을 표현하도록 한다.

2) 음식을 먹을 때

- 웃어른이 먼저 식사를 시작한 후에 먹는다.
- 바른 자세로 앉아서 먹는다.
- 식기와 수저를 바르게 사용한다.
- 음식은 꼭꼭 씹어 천천히 먹는다.
- 음식을 입 안에 넣고 큰 소리를 내거나 말을 많이 하지 않는다.
- 음식을 흘리거나 흘린 음식을 주워 먹지 않는다.
- 편식하지 않도록 하고 밥과 반찬을 함께 먹는다.
- 식사시간에 자리를 이동하지 않는다.
- 식사시간 안에 즐거운 마음으로 가벼운 대화를 하면서 먹는다.
- 입가에 음식이 많이 묻으면 휴지로 닦으면서 먹는다.

3) 음식을 먹은 후

- 입가에 묻은 음식물은 휴지나 수건, 물로 닦는다.
- 식사 후에는 감사하는 마음을 표현한다.
- 식탁 위나 주변에 흘린 음식물을 치운다.
- 남은 음식은 한곳에 모아 잔반통에 담는다.
- 자신이 사용한 식기는 정해진 장소에 가져다 놓는다.
- 식사 후에는 입 주위와 이를 반드시 닦는다.

3. 편식 지도

특정 식품만을 선호하고 다른 식품을 거부할 때 편식이라고 정의하지만, 특정 식품에 대한 선호로 인해 영양소 섭취의 균형이 깨져 성장발육에 장애를 초래하지 않는 한 편식이라 정의하지는 않는다. 특정 식품을 거부해도 영양소의 성분 구성이 유사한 식품으로 대체하여 먹거나 조리법을 달리 하여 먹고 있다면 최소한 영양과 관련된 문제는 없다고 볼 수 있다. 식생활에 활용되는 식품의 종류는 600여 종이 넘으며 이러한 식품들은 성분이나 조리법, 먹는 장소, 연령, 성별, 생리기능 등에 의해 개별적으로 맛을 느끼는 선호도에 따라 식품 기호는 달라질 수 있다. 그러므로 식품에 대한 선호 및 기피 현상은 남녀노소를 불문하고 누구에게나 나타날 수 있다. 하지만 영유아의 경우 특정 식품에 대한 선호로 인해 음식 선택의 폭이 좁아질 수 있고 식품 섭취의 기회가 줄어 편식을 강화시키는 결과를 초래할 수 있다. 편식으로 인한 영양적 불균형은 영유아의 성장발육에 영향을 미치기 때문에 편식을 조장할 수 있는 식생활에 대한 지도가 반드시 필요하다. 편식은 자아의식이 발달하는 3세경부터 많아지며 학령기를 거쳐 사춘기에 고정화되기 때문에 영유아교육기관에서의 편식 지도가 매우 중요하다. 편식 지도가 필요한 경우에 대해 살펴보면 다음과 같다.

▶ 편식 지도가 필요한 경우

- 빵이나 과자류, 설탕이 가미된 음료 등에 대한 선호도가 높고 이러한 음식을 자주 섭취하려고 하여 식사에 영향을 미칠 때
- 대체로 채소류(특히 당근, 파, 시금치, 상추, 쑥갓, 깻잎, 토마토 등), 생선류(종류 여하를 불문하고 싫어하는 경향이 있음), 나물류 등 종류별로 기피하는 식품이 있다고 판단 될 때
- 식품에 대한 선호가 특정 식품(피자, 치킨, 햄버거, 육류 등)에만 편중되어 있어 영양 상태와 성장발육에 문제가 있다고 판단될 때

1) 편식의 원인

편식의 원인은 아이들에 따라 다양할 수 있다. 음식을 섭취하는 과정에서 부정적인 경험을 했다든지 또는 생리적, 사회·경제적 요인, 가정의 식사 환경에 따라 특정 음식에 대한 선호 및 기피 현상을 보일 수 있다. 그러한 원인에 대해 구체적으로 살펴보면 다음과 같다.

(1) 부정적인 경험과 심리적 원인

음식을 먹다가 가시에 걸렸거나, 체한 적이 있다든지, 구토나 복통 등 불쾌한 경험을 했거나, 음식을 먹는 중에 심한 꾸중을 들었다든지, 실제로 입맛에 안 맞는 음식을 억지로 먹은 경험을 했거나, 동물을 아끼는 마음 등이 편식의 원인이 될 수도 있다.

(2) 생리적 원인

기능적인 부분에서 다른 아이들에 비해 촉각, 미각, 청각 등 감각이 예민하고, 성장하는 과정에서 식품의 맛과 냄새, 혀의 촉각 등에 익숙하지 않아 냄새와 향에 예민한 반응을 나타내어 향이 강한 깻잎, 쑥갓, 미나리, 당근, 파 등을 지속적으로 싫어하는 경우 편식의 원인이 된다.

(3) 사회·경제적 요인

지역적으로 영유아가 성장하는 지역에 특정 식품의 유통에 제약을 받거나, 경제적으로 어려운 환경에서 식품의 선택 범위가 좁을 경우 다양한 음식을 접할 기회 부족으로 인한 식생활 환경 때문에 편식의 원인이 될 수 있다.

(4) 가정의 식사 환경

가정의 식생활 환경은 편식의 원인 가운데 가장 큰 원인이 될 수 있다. 영유아의 식생활 환경은 가정에서부터 시작되기 때문에 부모가 편식이 심할 경우 다양한 음식보다는 부모가 선호하는 음식을 준비하기 마련이고, 일반적으로 가정에서는 영유아만을 위한 음식을 준비하기보다는 가족들이 먹는 음식의 일부를 조리법이나 양념 사용에 대한 배려가 있을 뿐 같은 음식을 먹어야 하므로 가족들의 식단에 결함이 있으면 결과적으로 영유아들이 편식을 하게 되는 원인이 될 수 있다. 부모들의 영유아 양육 태도에 따른 편식의 원인을 살펴보면 이유 시기에 이유의 방법이 잘못되었거나 당분이 많은 음식을 섭취하게 하여 다른 맛을 느껴 볼 기회를 제공하지 않았거나, 식단의 구성에 문제가 있을 경우, 식사할 때 간섭이 심하거나 과잉보호하여 음식에 대한 지나친 배려로 다양한 음식을 경험할 기회가 없었을 경우 등이 편식의 원인이 된다.

2) 편식과 관련된 문제행동

- 먹은 음식을 다시 뱉는다.
- 음식을 입에 넣고 무엇을 먹었는지 다시 확인하거나 오랜 시간 입 안에 넣고 있다.
- 음식을 억지로 먹으려고 하거나 나물, 채소같이 싫어하는 음식은 씹지 않고 그냥 꿀꺽 삼켜 버린다.
- 먹고 싶은 음식을 물어보고 원하는 요리를 해 주어도 말뿐 별로 먹지 않는다.
- 싫어하는 음식을 일부러 바닥에 떨어뜨린다.
- 밥을 먹는 시간이 너무 오래 걸린다.

3) 편식 지도 방법

부모로부터 영유아의 편식에 대한 정보를 수집하고, 편식 습관 관찰지를 통해 5회 정도의 관찰을 한 후 관찰한 내용에 기초하여 원인을 파악하고 그에 따른 편식 지도 방향을 설정해야 한다. 편식 지도를 할 때 다음의 지도 원칙을 고려하여 지도하고 편식 지도 과정에서 영유아들이 놀림의 대상이 되지 않도록 유의한다.

(1) 영유아의 정서 상태를 파악한다.

영유아들이 불안하거나 화가 났거나, 기분이 좋지 않거나 스트레스 상황일 때 음식 섭취를 거부하거나 특정 음식을 먹으려는 편식 경향이 더 심해질 수 있으므로 정서적 안정을 취할 수 있도록 배려한다.

(2) 시각적으로 만족할 수 있도록 조리 방법을 다양화한다.

음식은 눈으로 먼저 먹는다고 해도 과언이 아닐 정도로 시각적인 만족이 중요하다. 특히 영유아들은 시각적인 아름다움을 느낄 때 음식을 먹고자 하는 욕구가 높아지므로 시각적인 만족감을 느낄 수 있는 음식을 제공한다. 조리법을 자주 변경하고 맛이나 냄새에 주의하여 영유아가 좋아하는 부드러운 것, 입 안에서 씹어 먹기 좋은 것, 입 안에 넣기 쉬운 크기로 조리하고 기피하는 음식은 눈에 보이지 않게 조리하는 것도 좋은 방법이다.

(3) 식욕을 증진시킬 수 있는 방안을 모색한다.

영유아들은 수면이나 식사 시간, 운동량 등에 따라 식욕을 달리 느낄 수 있으므로 충분한 수면 시간과 식사 시간에 대한 배려와 적절한 운동을 함으로써 소화 흡수를 도와 음식을 먹고자 하는 식욕을 증진시킨다.

(4) 식사 환경을 개선한다.

식사하는 장소는 쾌적하고 아름답게 꾸미고, 그릇이나 수저, 포크, 젓가락 등 식기는 영유아들이 선호하는 모양이나, 색, 캐릭터가 그려진 것을 준비하고 식기의 크기는 영유아들에게 적합한 것으로 준비하여 식사하는 데 불편함이 없도록 한다. 영유아들의 식욕을 촉진시키는 식탁보는 빨간색과 흰색으로 작은 무늬보다는 2~3cm 정도의 체크 무늬가 좋고, 내프킨이나 식탁 위의 장식품도 밝고 화려한 오렌지색이나 빨간색이 식욕을 촉진시키는 데 도움이 된다.

(5) 가족의 식생활을 개선한다.

영유아들은 가족들의 식생활 패턴과 선호하는 음식에 영향을 받기 때문에 부모와의 상담을 통해 가족의 식생활을 개선하고 편식 지도에 있어 영유아교육기관과의 유기적인 관계를 형성하여 일관성 있게 지도한다.

(6) 요리활동에 직접 참여시킨다.

영유아들이 기피하는 식품이라 하더라도 요리하는 과정에 직접 참여하여 요리를 해 봄으로써 음식에 대한 각별한 애정이 생겨 먹어 보려는 노력을 하게 된다.

(7) 음식 먹는 모델을 보여 준다.

특정한 음식에 대해 거부를 하다가도 교사나 또래가 맛있게 먹는 모습을 보여주거나 음식에 관한 바람직한 상호작용을 해 주면 먹어 보려는 시도를 하게 된다. 그러므로 편식을 하지 않는 친구 옆에서 같이 식사하도록 배려하여 식사에 대한 자신감을 갖게 하고, 음식을 먹고자 할 때 선호하지 않는 음식을 먼저 제공하고 좋아하는 음식을 나중에 제공하도록 한다.

(8) 식물을 재배할 기회를 제공한다.

텃밭활동을 통해 영유아들이 직접 식물을 재배할 기회를 제공한다. 직접 씨 뿌리고 물을 주며 가꾸어 수확의 기쁨과 함께 성취감을 느끼도록 배려하고 먹을 만큼 수확하여 직접 씻어 먹도록 하거나 요리활동에 재료로 사용하여 음식을 만들어 먹을 수 있도록 한다. 특히 영유아들이 기피하는 방울토마토, 오이, 가지, 호박, 시금치, 쑥갓, 상추 등의 식물들은 기르기도 쉽고 빠른 시일 안에 수확할 수 있는 성취감을 맛볼 수 있기 때문에 흥미를 가지고 기르면서 먹어 볼 수 있다.

| 표 8-3 | 편식 습관 관찰지

관찰 내용	급/간식	1회 관찰	2회 관찰	3회 관찰	4회 관찰	5회 관찰
선호하는 음식	급식					
	간식					
기피하는 음식	급식					
	간식					
식사 태도	급식					
	간식					
식사 시간	급식					
	간식					
식사량	급식					
	간식					

▶ 편식 교정을 위한 방법

- 한 번에 한 가지씩의 새로운 음식을 소개한다.
- 새로운 음식을 처음 줄 때는 조금만 준다.
- 1주일에 두 번 정도 새로운 음식을 먹을 수 있도록 계획한다.
- 아프거나 기분이 나쁠 때는 새로운 음식을 주지 않는다.
- 배가 고플 때 주는 것이 효과적이다.
- 새로운 음식을 줄 때는 무조건 권하지 말고 음식을 탐색할 수 있는 시간을 준다.
- 음식을 거부할 때, 강압적으로 먹이지 말고 며칠 후 다시 시도한다.
- 새로운 음식을 맛보거나 먹기 시작하면 그 음식이 왜 좋은지 설명하고 칭찬해 준다.
- 처음 먹은 음식은 1~2일 후에 다시 주어 그 음식에 익숙해질 수 있도록 한다.
- 엄마와 함께 시장을 보거나 조리를 하는 등 음식과 관련된 활동에 직접 참여하게 한다.

4. 손 씻기 지도

몸을 깨끗이 하는 것 중 가장 우선되어야 하는 것은 손을 씻는 일이며, 특히 식습관 지도에 있어 가장 중요한 것은 깨끗하게 손을 씻는 것이다. 영유아들의 손 씻기 습관 형성을 위해서는 먼저 부모나 교사가 손 씻는 모델을 제시하여 바르게 손 씻는 방법을 알려주고 하루 일과 중에 필요할 때마다 손 씻는 시간을 마련해 주어야 한다. 영유아교육기관에서 영유아들이 반드시 손을 씻어야 하는 경우와 손 씻는 방법은 다음과 같다.

1) 손을 씻어야 하는 경우

- 영유아교육기관에 도착한 직후
- 간식이나 점심을 배식받기 전
- 간식이나 점심을 먹은 후
- 약 복용 전
- 화장실에 다녀온 직후
- 코를 풀거나 기침, 재채기를 한 직후
- 요리활동 전후
- 바깥놀이 후
- 미술활동 후
- 동식물을 만진 후
- 쓰레기를 버린 후

2) 손 씻는 방법

영유아들이 안전하고 위생적으로 손을 씻게 하기 위해서는 먼저 영유아들의 체위에 적절한 세면대가 준비되어야 하며, 물의 온도는 차갑거나 뜨겁지 않은 적정한 온도의 물이 공급되어야 한다. 손을 씻는 방법은 발달 수준에 따라 천천히 자세하게 설명해 주고 직접 시범을 보여 주어야 하며, 손 씻는 순서도를 세면대 위에 붙여 주어 영유아들이 순서도를 보면서 손을 씻을 수 있도록 해야 한다.

위생적인 손 씻기 방법은 [그림 8-1]과 같다.

| 그림 8-1 | 영유아 손 씻기 방법 및 순서

출처: 부천근로복지공단어린이집.

5. 양치 지도

영유아기의 치아 관리 습관 형성은 일생 동안 건강한 치아를 유지하는 지름길이 되기 때문에 영유아교육기관에서의 영유아 양치 지도는 중요한 영향을 미친다. 그러므로 영유아기부터 건강한 치아 유지를 위한 노력이 필요하다. 이를 위해서는 충치 예방을 위한 적절한 음식물 섭취는 물론 올바른 양치 지도와 정기적인 불소 도포의 필요성, 정기적인 치아 검진 등이 이루어질 수 있도록 가정과 영유아교육기관과의 유기적인 관계가 형성되어야 한다. 영유아들은 치과 치료에 대한 공포심을 가질 수 있고, 가정에는 경제적인 부담이 따르기 때문에 바람직한 치아 관리를 할 수 있도록 양치 지도를 해야 한다.

1) 영아의 잇몸 및 이 닦기

영아를 보육하는 어린이집의 경우 영아들에게 모유나 인공유를 수유한 후에는 부드러운 거즈로 이와 잇몸을 가볍게 닦아 주어 잇몸이나 치아에 남아 있는 당분을 제거해 주어야 한다. 거즈는 1회용으로 한 번 쓰고 버리는 것이 바람직하다. 2~3개의 이가 난 후에는 시중에 판매되는 교사의 손가락을 끼워 이를 닦아 줄 수 있는 부드러운 영아용 칫솔을 사용하고, 그 후 점차 영아의 성장과 이가 나는 개수에 따라 일반적인 영아용 칫솔을 사용한다.

2) 영유아의 이 닦기

영유아들의 이 닦기는 첫 번째 어금니가 난 후부터 칫솔을 사용하여 만 2~3세는 교사가 이 닦기 순서를 지켜 닦도록 도와준다. 영유아가 스스로 하려고 할 경우에도 가까이서 적절한 방법으로 칫솔질을 할 수 있을 때까지 지켜보면서 바른 방법에 대해 지속적으로 지도해 주어야 한다. 유아가 만 4~5세경이 되면 혼자 이를 닦을 수 있게 되지만 혼자 닦도록 그냥 두면 어느 순간에 이 닦기 방법이나 순서를 잊고 대충 닦게 되므로 이 닦기 후 검사를 통해 이 닦기가 습관화될 때까지 각별한 관심과 지도가 필요하다. 또한 영유아가 이 닦기에 흥미를 가질 수 있도록 칫솔과 치약을 스스로 선택할 수 있는 기회를 제공한다. 영유아의 손에 맞는 작고 부드러우며 선호하는 색의 칫솔과 좋아하는 향의 치약을 선택하여 이 닦기가 즐겁다는 인식을 할 수 있도록 하는 것이 중요하다. 치약을 사용한 경우 치약에 따라 영유아에게 유해한 성분이 있을 수 있기 때문에 치약을 고를 때 성분을 잘 파악하여 선택하고, 영유아의 발달 차이로 치약을 뱉지 못하고 삼킬 수 있으므로 천일염이나 죽염을 사용하여 양치를 할 수 있도록 하는 것도 바람직하다.

▶ 영유아들의 올바른 이 닦기 방법

- 이와 잇몸이 접히는 곳에서 칫솔의 털을 45도 각도로 향하게 한다.
- 이와 잇몸이 접히는 곳에서 칫솔의 털을 놓고 윗니는 위에서 아래로, 아랫니는 아래에서 위로 손목을 돌려 칫솔의 탄력을 이용하여 짧게 회전식으로 이의 안과 밖을 털어내듯 닦고 잇몸도 함께 닦는다.
- 음식을 씹을 때 음식이 닿는 윗니 아랫니의 면을 각각 닦는다.
- 칫솔을 세척한 후 혓바닥을 닦는다.
- 이를 닦는 일정한 순서를 각자 정하여 자연스럽게 습관화되도록 돕는다.

예 '오른쪽 윗니의 안쪽 면 → 오른쪽 윗니의 바깥쪽 면 → 오른쪽 아랫니의 안쪽 면 → 오른쪽 아랫니의 바깥쪽 면 → 왼쪽 윗니의 안쪽 면 → 왼쪽 윗니의 바깥쪽 면 → 왼쪽 아랫니의 안쪽 면 → 왼쪽 아랫니의 바깥쪽 면 → 양쪽의 위·아래 씹는 표면 → 혓바닥'과 같은 순서를 따를 수 있다. 영유아의 이는 크지 않기 때문에 윗니와 아랫니를 맞물리게 하고 바깥쪽 면을 닦은 뒤 이의 안쪽 면을 닦을 수도 있다. 이때 바깥쪽 면의 이는 칫솔을 둥글게 돌려 가면서 닦도록 지도한다.

| 그림 8-2 | 영유아 이 닦기 방법 및 순서

자료 제공: Calligrapher 송지안.

09장

영유아의 영양교육

1 영유아 영양교육

2 영유아를 위한 요리활동

1. 영유아 영양교육

영양교육은 영유아에게 올바른 식생활 지식과 습관을 교육활동을 통해 이루고자 하는 것은 물론 영양과 관련된 지식과 기술을 활용하여 실제 식생활에 연결시키는 실천과학이다. 영유아교육기관의 영유아들을 대상으로 개발된 영양교육 프로그램의 활용은 영유아의 잘못된 식습관 개선은 물론 영양지식 수준을 향상시켜 편식이나 비만을 예방함으로써 영유아의 올바른 성장과 발달을 도모할 수 있다.

1) 영양교육의 개념

영양교육(dietary education 또는 nutrition education)은 영양 지도(dietary guidance)라고도 하는데, 단순히 영양(nutrition)이라는 단어와 교육(education)이라는 단어의 결합만이 아니라 개인이나 집단이 영양에 관여하는 지식(knowledge), 태도(attitude), 행동(behavior)에 대하여 영향을 미치게 할 목적으로 학습 경험을 베풀어 주는 과정이다. 다시 말해 영양에 관한 지식을 교육이라는 과정을 통해서 개인 또는 집단에게 생활 개선의 양상을 바꾸어 놓는 실천과학(practical science)이라고 할 수 있다.

2) 영양교육의 목표

영유아기는 식습관 행동과 관련하여 기본 습관이 형성되는 시기이므로 이 시기의 영양교육은 바른 식생활과 바람직한 영양 섭취를 통해 성장을 도모하는 데 필요한 영양지식과 이를 식생활에 올바르게 적용하고 실천할 수 있는 기술과 태도, 활용하는 방안이 포함되어야 한다. 영양에 대한 지식으로는 식품과 영양의 관련성, 영양과 관련된 건강지식, 건강과 관련된 식품의 보건과 위생관리에 대한 교육이 이루어져야 하고, 식행동에 대한 교육으로는 식품 섭취의 방법과 위생, 식태도에 대한 교육으로는 식사 예절, 올바른 식습관 등이 이루어져야 한다.

영양교육 역시 영유아의 성장 발달과 밀접한 관계가 있으므로 다른 활동과 마찬가지로 신체, 운동, 언어, 인지, 사회, 정서적 발달과 통합적으로 연계될 수 있도록 교육이 이루어져야 하며, 성인과 비교하여 많은 차이점과 중요성을 갖고 있으므로 영유아의 발달 수준을 파악하여 세심한 계획과 지속적인 교육이 이루어져야 한다. 영양교육을 함으로써 식품에 대한 긍정적인 인식을 할 수 있고, 이로 인해 편식을 예방하고 식사시간이 즐겁다는 생각을 가질 수 있으며, 식품에 대한 호기심을 가질 수 있기 때문에 다양한 음식을 접하고 먹어 볼 수 있도록 배려하고, 건강에 좋은 식습관을 형성하며 음식 만들기에 직접 참여하는 요리활동을 통해 식품의 변화에 대한 과학적 탐구심을 기르고 식품과 건강의 관계에 대한 이해를 증진시킬 수 있다.

3) 영양교육의 기본 원칙

영유아 시기의 영양 결핍은 발달 전반에 걸쳐 영향을 주게 되므로 영유아는 어떠한 환경에서든지 최상의 영양을 제공받아야 할 권리가 보장되어야 한다. 영유아가 성장하여 스스로 음식을 선택할 수 있을 때까지 성인들은 영유아에게 필요한 영양소와 제공 방법을 알고 영양적 요구를 충족시켜 주어야 한다. 인간의 뇌 발달의 90%는 취학 전 시기 내에 이루어지기 때문에 이 시기에 영양 결핍의 가장 치명적인 결과는 지적 발달의 손상이며, 정신적 잠재력에 부정적인 영향을 미칠 뿐 아니라 정서적으로 산만하고 무기력해지며, 병에 대한 저항력 저하와 함께 성장 후의 신체적·정신적인 상태에 직접적인 영향을 미치게 된다.

어린이집의 경우 100인 이상의 영유아를 보육하는 기관에서만 의무적으로 영양사를 채용하게 되어 있어 영양교육과 관련하여 가장 중요한 시기에 있는 영유아들에게 전문적인 영양교육은 사실상 이루어지기 어려운 실정이다. 전문 영양사가 없는 영유아교육기관에서는 영유아 교사들이 하루 일과 중에 급식과 간식 시간에 상호작용을 통한 영양교육이 형식적으로 이루어지고 있는 상황이다. 때문에 교사 주도적이고 단편적인 영양교육이 아니라 영유아들의 발달 단계와 수준에 맞는 영양에 대한 개념을 형성해 줄 수 있는 영양교육 프로그램 개발을 통해 영양에 대한 구체적인 문제점을 제시하여 일관성을 가지고 반복적이고 지속적으로 교육하는 것이 바람직하다.

영유아교육기관에서 이루어지는 영유아를 위한 영양교육에 있어 고려해야 할 기본 원리를 살펴보면 다음과 같다.

① 영양교육은 신체적·지적 수준을 파악하여 영아기부터 단계적으로 지도한다.

영유아기는 식습관 형성의 기초가 되고 음식에 대한 이해는 영유아의 신체적 기능과 지적 이해력이 요구되므로 영유아의 발달 단계에 기초하여 교육해야 한다. 예를 들면, 영아기(만 1~2세)에는 식품의 이름과 종류에 대한 이해로 시작하여 유아기(만 3~5세)에는 보다 다양한 식품의 이름과 종류에 대한 이해와 함께 음식과 영양과의 관계, 음식과 영양성분에 따른 신체적 건강과의 관계를 다룰 수 있다. 또한 영유아의 바람직한 식습관 형성을 위해 신체 각 부분의 협응력 수준을 고려한 식사 도구 사용에 대한 교육이 필요하다.

② 식품 선택과 음식이 건강에 미치는 영향을 고려하여 일상적인 식생활에서 영양적으로 배려한다.

식품이나 음식의 선택에 있어 영유아들은 성인에 비해 상대적으로 취약할 수 밖에 없고, 성인에 의해 영향을 많이 받으므로 부모나 교사의 행동을 모방하는 가운데 습관화되고, 가정이나 영유아교육기관에서 나오는 음식을 주로 먹게 되므로 성인들의 음식에 대한 선호를 그대로 본받게 된다. 따라서 영양과 건강을 고려하여 선별된 식재료와 조미료를 사용한 음식을 자주 섭취하는 영유아들은 바람직한 식행동으로 유도되기 때문에 일상적인 생활에서 영유아들을 배려한 식생활이 유지되도록 해야 한다.

③ 식생활 습관이 형성될 때까지 지속적이고 반복적으로 지도한다.

영유아 시기의 식품이나 음식에 대한 기호가 식행동에 영향을 미치게 되고 이는 일생의 영양과 건강을 결정하는 중요한 요인이 되기 때문에 바람직한 식품과 음식을 선택할 수 있는 능력을 기를 수 있도록 지속적이고 반복적으로 지도해야 한다. 맛에도 고향이 있다는 말이 있듯이 영유아 시기나 초등학교 시기의 식생활이 성인이 되었을 때 식생활과 유사성이 있다는 연구 결과에서 영유아 시기의 식생활 형성이 이후까지 지속된다는 것에 주목하여 맛을 느끼기 시작하는 이유기부터 영양교육이 이루어져야 한다.

▶ 영유아가 나쁜 식생활 행동을 했을 경우 지도 원칙

- 영유아기의 적절치 못한 행동을 보면 교사와 부모는 곧바로 이야기하여 영유아가 무엇이 적절하지 못한지를 스스로 알고 반복하지 않으려고 노력하게 한다.
- 영유아가 적절하지 못한 행동에 관하여 알지 못하면 즉시 그 내용을 설명해 준다.
- 성인은 영유아의 행동에 관하여 일관성을 갖고 있어야 하며, 영유아의 적절한 행동에 관한 관심과 칭찬은 긍정적인 교육 효과가 크므로 영유아의 바람직한 행동에는 칭찬과 격려를 반드시 해 주도록 한다.

④ 영양교육은 이해하기 쉽도록 구체적인 계획을 세워 지도한다.

영유아는 지적 능력의 미숙함으로 인해 실제적인 경험을 통해 가치관을 정립해 간다. 그렇기 때문에 상황 발생 시 즉각적인 지도로 옳고 그름에 대한 판단을 할 수 있도록 하고 구체적인 영양교육을 통해 쉽게 이해할 수 있도록 지도해야 한다. 또한 식생활과 관련한 행동에 대해 항상 관심을 갖고 바람직한 식생활 행동에 대해서는 구체적인 칭찬과 함께 적절한 보상을 주어 습관화되도록 지도해야 한다.

⑤ 일상생활 속에서 일관성을 가지고 교육해야 한다.

영유아들은 대부분의 시간을 영유아교육기관과 가정에서 지내기 때문에 가정과 영유아교육기관에서 경험하는 식생활 환경은 일관성을 유지해야 영유아들이 스트레스 없이 쉽게 식생활 환경에 적응할 수 있으며, 식습관 형성도 빠르게 이루어질 수 있다. 그러기 위해서는 가정과 영유아교육기관 간에 영유아들에 대한 식생활이나 식습관, 그리고 영양교육에 관한 정보를 공유하여 일관성 있는 지도가 이루어질 수 있도록 해야 한다.

▶ 영유아의 바람직한 영양을 위하여 고려할 점

- 실제 상황에 적절한 영양 환경을 조성한다.
- 성장과 발달에 필요한 영양가 있는 음식과 저지방 음식을 제공한다.
- '바람직한' 영양교육의 예를 제시하면서 실시한다.
- 영양과 관련된 새로운 경험들을 제공하여 영유아의 세계를 확대시켜야 한다.
- 영양 교육가와 건강 전문가는 생물학적·물리적·사회적 환경과 영유아가 섭취하는 음식이 조화되도록 부모와 교사를 도와 영양가 있는 음식을 선택하여 개별적인 식습관을 형성할 수 있도록 도와야 한다.
- 영유아의 전체 에너지 섭취량과 음식에 대한 선호는 영유아의 건강 상태로 반영되어 나타나므로 교사와 부모는 균형 있는 다양한 음식을 제공해야 한다.
- 제공되는 음식을 통해 영유아가 새로운 음식, 새로운 질감, 새로운 맛을 수용하도록 격려하고, 다양한 영양식을 영유아에게 제공하여 그 음식들 중 영유아가 마음껏 고를 수 있도록 허용해야 한다.

출처: Sigman-Grant(1992). 재구성.

4) 영양교육의 내용

(1) 영아기 영양교육

신생아 및 영아기는 짧기는 하지만 인간의 성장 발달은 출생 후 1년 동안 가장 급속한 성장을 보이는 시기이므로 신체적 발달은 물론 사회적·정서적·인지적 발달이 함께 이루어져야 하는 중요한 시기이다. 영아기는 성인에 비해 신진대사가 활발하기 때문에 섭취하는 영양소는 적지만 체중 1kg당 에너지와 영양소의 필요량은 성인보다 큰 것에 비해 에너지와 영양소를 저장해 둘 여유는 없기 때문에 영양 섭취 방법이 적절하지 않으면 영양부족이나 불균형 등의 반응이 심각하게 나타나 성장 발달에 문제가 발생할 수 있다. 따라서 영유아교육기관과 가정에서는 영아의 영양소의 섭취와 음식에 대한 선호가 영아의 건강과 직접 관련된다는 사실을 인지하여 균형 있고 다양한 음식 제공은 물론 영아들이 새로운 음식의 질감과 맛을 경험할 수 있는 기회를 제공하여야 한다. 또한 영아기부터 간식과 식사시간에 즐겁고 흥미로운 경험을 할 수 있도록 바람직한 영양교육과 식습관 형성에 도움이 되도록 하여야 한다. 영아는 신생아기에 비해 음식 요구량과 식욕이 상대적으로 감소할 수 있고 만 1~2세의 경우 음식의 선호도에 있어 자기주장이 강해지기 때문에 평소 잘 먹던 음식을 거부하는 경향을 보이기도 한다. 이러한 경향을 보이는 시기의 영아들도 인지 능력과 의사소통은 가능하기 때문에 일상생활 속에서 적절한 방법의 영양교육을 받음으로써 자신의 신체적 발달 및 건강 유지에 필요한 영양에 대해 이해하게 되고 음식을 골고루 섭취하려는 노력을 하게 된다. 영아를 대상으로 하는 영양교육은 자기 조절적 측면에서 음식에 대한 욕구 충족은 물론 영아의 신체적, 사회·정서적, 인지적 측면에서도 영향을 준다.

〈표 9-1〉은 인지 능력과 의사소통이 가능한 만 1~2세 영아를 위한 영양교육의 연간 계획안의 예이다.

| 표 9-1 | 만 1~2세 영아를 위한 영양교육 계획안

연령	월	주제	활동 내용	비고
만 1~2세	3월	반짝반짝 손 씻기	• 올바른 손 씻기의 방법에 대해 알아본다. • 손 씻기 관련 동영상을 보고, 바르게 씻지 않을 경우 발생되는 질병에 대해 알아본다.	동영상
	4월	제자리에서 먹어요	• 제자리에 앉아서 바른 자세로 식사하는 방법에 대해 알아본다.	그림 자료
	5월	바르게 사용해요	• 숟가락, 포크 등의 바른 사용법에 대해 알아본다.	식사 도구
	6월	정리할 수 있어요	• 식사 후 식판, 턱받이 등 식사 도구를 스스로 정리할 수 있음을 알아본다.	식사 도구
	7월	골고루 먹어요	• 여러 가지 음식을 골고루 먹어야 함에 대해 알아본다.	ppt 활용
	8월	배가 아파요	• 더위에 찬 음식을 많이 먹으면 배가 아플 수 있음에 대해 알아본다.	동영상
	9월	키 쑥쑥 배 쑥쑥!	• 성장에 필요한 음식들에 대해 알아본다.	ppt 활용
	10월	편식왕국	• 편식을 하면 건강에 어떤 영향을 미치는지 알아본다.	동영상
	11월	많이 먹으면 뚱뚱해져요	• 균형된 식생활을 위해 우리가 먹어야 하는 식품의 중요성을 알아본다.	그림 자료
	12월	김치는 맛있어요	• 김장하는 장면을 관찰하고 김치의 영양에 대해 알아본다.	ppt 활용
	1월	감기에 걸리지 않으려면~	• 감기에 잘 걸리지 않기 위해 겨울철 위생관리의 중요성을 알아본다.	ppt 활용
	2월	뼈가 튼튼!	• 뼈가 튼튼해지는 음식들을 알아본다.	ppt 활용

출처: 부천근로복지공단어린이집.

(2) 유아기 영양교육

유아기는 영아기 때의 왕성한 성장 발달에 비해 다소 둔화되기는 하지만 운동량은 많아지고 정신 및 정서 발달이 왕성해지므로 미각과 혀의 감각이 발달하여 음식의 모양, 색깔, 냄새 등에 민감하게 반응하기 때문에 식욕에 영향을 받는다. 그러므로 유아기의 영양교육은 식습관 형성과 기본생활습관을 위해 매우 중요하다.

유아가 발달에 적합한 영양교육을 받게 되면 자신의 성장과 발달에 필요한 영양을 이해하게 되어 실생활에서 음식을 선택하거나 균형 잡힌 식습관을 형성하는 데 도움이 된다. 유아는 자신의 몸에 대한 관심과 영양 섭취에 수동적일 수밖에 없어 성인의 세심한 배려가 필요하기 때문에 단순한 영양교육으로 도움을 주는 것에 그치지 말고 발달에 적합한 영양교육을 실생활에서 적극적으로 제공해야 한다. 예를 들면, 영유아교육기관에서 유아가 간식과 식사를 위한 배식 과정에 직접 참여하여 또래들에게 배식을 함으로써 음식의 소중함과 식생활에 대한 의욕과 관심을 높여 바람직한 식생활을 실천할 수 있도록 한다.

또한 요리활동에 적극적으로 참여할 기회를 제공함으로써 요리활동 중에 영양교육과 관련된 지식을 향상시킬 수 있도록 배려한다. 즉, 교사 주도적인 영양교육이 아니라 유아의 발달수준 범위 내에서 영양에 대한 개념을 형성하도록 다양한 지원을 하여야 한다.

▶ 유아를 위한 식품과 영양 개념

1. 우리 주변에는 다양한 종류의 식품이 있다.
2. 식물과 동물이 식품의 근원이다.
3. 식품은 색, 냄새, 질감, 크기, 모양, 소리가 다양하다.
4. 식품은 다양한 방법, 즉 날것, 요리된 것, 말린 것, 얼린 것, 통조림으로 준비되고 먹을 수 있다.
5. 좋은 식품은 건강, 성장, 에너지 공급에 중요하다.
6. 영양이란 건강, 성장, 에너지 공급을 위하여 먹은 음식을 우리 몸이 사용하는 것이다.
7. 식품은 다음과 같은 종류로 범주화하여 분류할 수 있다.
   ① 곡류 및 가공품 ② 우유 및 유제품 ③ 난류
   ④ 육류 ⑤ 채소 ⑥ 과일
   ⑦ 어패류 ⑧ 두류 및 두유제품 ⑨ 해조류
8. 균형 잡힌 식단은 모든 종류의 식품으로 만들어진 음식으로 구성된다.
9. 식사에 영향을 주는 여러 가지 요소가 있다.
   ① 음식의 매력 ② 조리 방법 ③ 청결/예절
   ④ 환경/분위기 ⑤ 명절
10. 식품을 선정하는 여러 가지 이유가 있다.
   ① 이용 가능성과 비용 ② 가족과 개인의 습관 ③ 미관
   ④ 사회·문화적 관습 ⑤ 매스미디어의 영향

〈표 9-2〉는 만 3~5세 유아를 위한 영양교육의 연간 계획안의 예이다.

| 표 9-2 | 만 3~5세 유아를 위한 영양교육 계획안

연령	월	주 제	활 동 내 용	비 고
만 3~5세	3월	올바른 손 씻기	• 올바른 손 씻기의 방법에 대해 알아보고 바르게 씻지 않을 경우 발생되는 질병에 대해 알아본다.	동영상
	4월	올바른 식사예절	• 식당에서 지켜야할 식사예절 및 숟가락, 젓가락 사용법에 대해 알아본다.	동영상
	5월	봄나물 알기	• 봄나물의 종류와 영양성분에 대해 알아본다.	요리활동
	6월	불량식품 알기	• 불량식품에는 어떤 것이 있는지 알아본다.	ppt활용
	7월	식중독 예방하기	• 식중독에 대해 알아보고 식중독에 걸리지 않기 위한 방법을 알아본다.	그림자료
	8월	편식 왕국	• 편식을 하면 건강에 어떤 영양을 미치게 되는지 알아본다.	ppt 활용
	9월	비만 왕국	• 동영상을 통해 몸을 비만하게 하는 요인을 알아본다.	동영상
	10월	야채 종류 알아보기	• 여러 가지 야채를 탐색하고 야채를 이용한 요리와 영양성분을 알아본다.	요리활동
	11월	감기 예방	• 감기에 대해 알아보고 감기를 예방하기 위해 면역력을 키울 수 있는 식습관에 대해 알아본다.	ppt 활용
	12월	똥은 왜 눌까요?	• 음식이 우리 몸속에 들어가 소화되는 과정과 똥이 만들어지는 과정을 알아보고 배변을 좋게 하기 위한 여러 가지 식사습관에 대해 알아본다.	ppt 활용
	1월	식품 구성탑	• 균형된 식생활을 위해 우리가 먹어야 하는 각 식품의 중요성을 알아본다.	그림자료
	2월	아침밥을 꼭 먹어요	• 아침밥의 중요성에 대해 알아본다.	ppt 활용

출처: 부천근로복지공단어린이집.

(3) 영양교육 일지 작성

영유아들에게 영양교육을 실시한 후에는 〈표 9-3〉과 같은 일지 작성과 함께 평가가 이루어져 다음의 영양교육 계획 시 평가 결과를 반영하도록 한다.

| 표 9-3 | 영양교육 일지(예시)

<table>
<tr><td>실시 일자</td><td>○○○○년 ○○월 ○○일</td><td>장 소</td><td>멀티미디어실</td></tr>
<tr><td>주 제</td><td>올바른 식사 예절</td><td>교육 담당</td><td>○○○ 영양사</td></tr>
<tr><td>목 표</td><td colspan="3">– 가정 및 어린이집에서의 올바른 식사 예절을 알고 바람직한 식생활을 통하여 건강한 신체를 유지하며 균형 잡힌 성장 발달을 도모한다.</td></tr>
<tr><td>교육 계획 및 내용</td><td colspan="3">〈도입〉
– 가정 및 어린이집에서의 식사 모습에 대해 생각해 보며 이야기를 나눈다.
〈전개〉
1. 가정에서의 식사 예절 알기
– 손 씻기 (올바른 손 씻기 방법 알아보기)
– 어른이 먼저 수저를 든 후에 먹기
– 감사하는 마음으로 바른 자세로 앉아 식사하기
– 식사 중 돌아다니지 않기, 반찬 뒤적거리지 않기
2. 어린이집에서의 식사 예절 알기
– 식판 들고 차례로 줄 서기
– 자신의 자리에 바르게 앉아 흘리지 않도록 노력하며 식사하기
– 다 먹은 후 그릇과 자리를 정리하기
3. 공공장소(식당 및 여러 사람이 함께 있는 곳)
– 큰 소리로 떠들지 않고 식사하기
– 뛰어다니거나 돌아다니지 않기
– 음식은 남기지 않도록 먹을 수 있는 만큼 담아서 먹기
〈마무리〉
– 가정 및 어린이집, 공공장소에서의 올바른 식사 예절을 익혀 일상생활 속에서 실천하도록 한다.</td></tr>
<tr><td>교육 자료</td><td colspan="3">– 관련 동영상(11분)
"선물공룡 디보 : 즐거운 식사예절"</td></tr>
<tr><td>평 가</td><td>– 유아들이 좋아하는 '디보' 만화를 통해 올바른 식사예절에 대해 알아보았는데 동영상 자료를 통한 영양교육이여서 집중력도 좋았고 유아들이 쉽게 이해하였다. 동영상 시청 후 올바른 식사예절에 대해 이야기 나누기를 하며 식사예절을 잘 지키기로 약속하였다. 식사 시간에 직접 시연해 보면 교육적 효과가 더욱 높을 것 같다.</td><td colspan="2"></td></tr>
</table>

출처: 부천근로복지공단어린이집.

2. 영유아를 위한 요리활동

요리활동은 실생활 속에서 이루어지는 구체적인 조작적 활동으로서 모든 감각을 사용하여 직접적인 감각 경험과 발달에 도움을 주며, 실물을 가지고 영유아들이 자기 주도적으로 참여하는 효과적인 영양교육의 일환으로 이루어지는 활동이다. 요리활동이 영유아의 편식과 비만, 식습관 개선에 효과적이고 교육적 가치가 높은 활동임에도 불구하고 영유아교육기관에서는 여러 가지 여건들로 인해 활발하게 진행되지 못하고 있는 상황이다. 그러므로 요리활동에 대한 이해와 교육적 효과, 요리활동을 위한 준비, 요리활동 진행에 있어서의 교사 역할 등에 대해 알아보고 현장에서 요리활동이 활발하게 이루어질 수 있도록 돕고자 한다.

1) 요리활동의 이론적 배경

영유아는 일상적인 환경 속에서 시각, 청각, 미각, 후각, 촉각을 통해 감각적 경험을 바탕으로, 영아는 기본생활, 신체운동, 의사소통, 사회관계, 예술경험, 자연탐구의 보육과정을, 유아는 신체운동·건강, 의사소통, 사회관계, 예술경험, 자연탐구에 대한 교육과정의 활동을 수립해 나간다. 요리활동은 오감각을 이용하여 보고, 듣고, 만지고, 썰고, 조리하고, 냄새 맡고, 먹으면서 직접적이고 실제적인 조작을 경험하게 되고, 호기심과 흥미를 가지고 직접 참여하는 놀이인 동시에 학습이라고 할 수 있다. 또한 요리활동은 음식을 먹는다는 즐거움과 함께 모든 영역이 통합된 매우 효과적인 활동으로서 음식을 조리하고 먹는 것으로 끝나는 것이 아니라 계획하기(언어/사회), 시장보기(사회), 계산하기(수학), 재료 준비와 조리에 참여하기(신체), 조리 과정 탐색하기(과학), 상호작용하기(언어/사회), 정리 정돈 하기(기본) 등의 통합적인 교육과정에 매우 효과적이며 다양한 개념 습득과 전인적인 발달을 도모할 수 있는 활동이다.

통합적인 요리활동과 관련지을 수 있는 교육 내용을 2020년 개정된 '만 3~5세 누리과정'의 내용을 중심으로 살펴보면 〈표 9-4〉와 같다.

| 표 9-4 | 통합적 요리활동과 관련된 '만 3~5세 연령별 누리과정'의 영역별 내용

영역	내용 범주	요리활동과 관련된 내용
신체운동·건강	신체활동 즐기기	• 신체를 인식하고 움직인다. • 신체 움직임을 조절한다.
	건강하게 생활하기	• 몸에 좋은 음식에 관심을 가지고 바른 태도로 즐겁게 먹는다.
	안전하게 생활하기	• 일상에서 안전하게 놀이하고 생활한다.
의사소통	듣기와 말하기	• 말이나 이야기를 관심 있게 듣는다. • 자신의 경험, 느낌, 생각을 말한다. • 상황에 적절한 단어를 사용하여 말한다. • 상대방이 하는 이야기를 듣고 관련해서 말한다. • 바른 태도로 듣고 말한다.
	읽기와 쓰기에 관심가지기	• 주변의 상징, 글자 등의 읽기에 관심을 가진다. • 자신의 생각을 글자와 비슷한 형태로 표현한다.
	책과 이야기 즐기기	• 책에 관심을 가지고 상상하기를 즐긴다. • 동화, 동시에서 말의 재미를 느낀다.
사회관계	나를 알고 존중하기	• 나의 감정을 알고 상황에 맞게 표현한다. • 내가 할 수 있는 것을 스스로 한다.
	더불어 생활하기	• 친구와 서로 도우며 사이좋게 지낸다. • 친구와 어른께 예의 바르게 행동한다. • 서로 다른 감정, 생각, 행동을 존중한다. • 약속과 규칙의 필요성을 알고 지킨다.
	사회에 관심 가지기	• 우리나라에 대해 자부심을 가진다. • 다양한 문화에 관심을 가진다.
예술경험	아름다움 찾아보기	• 자연과 생활에서 아름다움을 느끼고 즐긴다. • 예술적 요소에 관심을 갖고 찾아본다.
	창의적으로 표현하기	• 신체나 도구를 활용하여 움직임과 춤으로 자유롭게 표현한다.
	예술 감상하기	• 다양한 예술을 감상하며 상상하기를 즐긴다. • 서로 다른 예술표현을 존중한다.

영 역	내용 범주	요리활동과 관련된 내용
자연탐구	탐구과정 즐기기	• 주변 세계와 자연에 대해 지속적으로 호기심을 가진다. • 궁금한 것을 탐구하는 과정에 즐겁게 참여한다. • 탐구과정에서 서로 다른 생각에 관심을 가진다.
	생활 속에서 탐구하기	• 물체의 특성과 변화를 여러 가지 방법으로 탐색한다. • 물체를 세어 수량을 알아본다. • 물체의 위치와 방향, 모양을 알고 구별한다. • 일상에서 길이, 무게 등의 속성을 비교한다. • 일상에서 모은 자료를 기준에 따라 분류한다. • 도구와 기계에 대해 관심을 가진다.
	자연과 더불어 살기	• 주변의 동식물에 관심을 가진다. • 날씨와 계절의 변화를 생활과 관련짓는다.

출처: 보건복지부(2020). 제4차 어린이집 표준보육과정(보건복지부 고시 제2020-75호).

〈표 9-4〉와 같이 요리활동을 통해 통합적 교육활동을 할 수 있는 만 3~5세 연령별 누리과정의 내용은 매우 다양하다. 요리활동은 단순히 음식을 만들고 먹어 보는 활동에 그치기보다는 누리과정과 영역 간의 연계 및 확장활동을 통해 포괄적인 활동으로 이루어져야 한다. 이를 위해서는 요리활동 상황에 따라 영유아 발달에 맞는 적절한 활동이 될 수 있도록 하는 교사의 역할이 중요하다.

2) 요리활동과 영역별 발달

(1) 요리활동을 통한 신체 발달

누리과정의 신체운동·건강 영역은 실내외에서 신체활동을 즐기고, 건강하고 안전한 생활을 목표로 하는 영역으로 신체활동에 즐겁게 참여하고, 건강하고 안전한 생활습관을 기를 수 있으므로 요리활동과 관련이 있다. 요리활동은 단순한 동작의 반복이나 훈련이 아니라 감각 및 대·소근육 발달과 이들 기관들이 서로 협응을 할 수 있도록 도와준다. 다양한 식품과 식재료를 가지고 요리활동을 함으로써 대·소근육 발달은 물론 오감각의 발달과 두뇌 피질의 연결을 도와 신체 발달에 기여할 수 있다. 또한 영유아의 발달 특성에 따른 적절한 요리활동의 단계에 따라 손과 눈의 협응력과 조절 능력, 감각기관과 근육의 협응력을 촉진시킬 수 있으며 조리 기구를 이용하여 안전하게 요리하며, 적절한 신체 활동을 할 수 있다.

(2) 요리활동을 통한 언어 발달

누리과정의 의사소통 영역은 일상생활에 필요한 의사소통 능력과 상상력을 기르는 것을 목표로 하는 영역으로 일상생활에서 듣고 말하기를 즐기고, 읽기와 쓰기에 관심을 가지고, 책이나 이야기를 통해 상상하기를 즐길 수 있으므로 요리활동과 관련이 있다. 즉, 요리활동을 하면서 각종 재료의 이름이나 조리에 필요한 도구의 명칭, 음식 재료와 관련된 유목 포괄 개념의 낱말을 알 수 있다. 조리 시 해야 하는 '껍질 벗기기, 자르기, 붓기, 휘젓기, 반죽하기'와 같은 행동의 개념과 어휘를 알 수 있으며, '녹인다, 끓인다, 익힌다, 굽는다, 데운다, 식힌다' 등의 조리 상태와 관련된 어휘와 '짠, 쓴, 단, 매운, 딱딱한, 익은, 섞은, 연한, 끈적거리는' 등의 조리와 관련된 서술적 용어와 '데운, 싱싱한, 통통한'과 같은 음식 재료 및 음식의 상태와 관련된 어휘를 알 수 있다. 또한 요리활동을 계획하기 위해 또래나 교사의 말을 듣고 자신의 의견을 말하고, 요리 순서표를 만들기 위해 쓰고 읽어 보며, 조리 과정 중에 조리에 대해 함께 토의하면서 토론과 협력을 위한 상호작용 방법이 향상될 수 있다. 동화를 이용한 요리활동을 할 경우 동화를 들으면서 관심 있는 요리활동에 대해 의견을 말하고, 동화를 관심 있게 읽어 보고, 교사가 읽어 주는 글에 흥미를 갖고 읽기를 즐길 수 있으며, 요리 순서도를 작성하며 쓰기에 흥미를 가질 수 있다.

(3) 요리활동을 통한 사회성 발달

누리과정의 사회관계 영역은 자신을 존중하고 더불어 생활하는 태도를 가지는 것을 목표로 하는 영역으로 자신을 이해하고 존중하며, 다른 사람과 사이좋게 지내고, 우리가 사는 사회와 다양한 문화에 관심을 가질 수 있으므로 요리활동과 연관이 깊다고 할 수 있다. 사회성이란 유아들이 속한 사회·문화 속에서 다양한 사람들과 바람직한 관계를 맺으면서 생활양식을 습득해 나가기 때문에 또래들과의 관계, 교사와의 관계를 조절하면서 자기를 존중하고 타인을 존중하며 영유아들이 가지고 있는 정서를 인식하고 조절할 수 있게 된다. 이러한 사회성 발달을 위한 요리활동은 요리활동의 계획과 준비를 하면서 또래들과 의논할 수 있고, 마음에 들지 않아도 참을 수 있으며, 또래를 돕고 상황을 이해하며 조화롭게 활동할 수 있기 때문에 협동심을 기를 수 있다. 또한 자신의 주장을 고집하지 않고 또래들의 입장을 이해하고 존중하면서 즐겁게 요리활동에 참여함으로써 사교성을 신장할 수 있다. 요리활동은 스스로 계획에 참여하고, 자신의 의견을 말할 수 있으며, 재료나 조리 도구를 스스로 선택할 수 있고, 새로운 생각에 대해 이야기하고, 또래의 활동을 기다려 주고, 계획한 대로 활동할 수 있는 자주성을 기를 수 있다. 그리고 요리활동 순서에 따라 요리를 해야 하기 때문에 순서를 잘 지켜야 하고, 조리 도구의 사용법과 규칙을 지켜 교사의 말을 잘 듣고 요리를 끝낸 후 음식을 먹을 수 있을 때까지 활동해야 하기 때문에 준법성을 키울 수 있다.

(4) 요리활동을 통한 예술적 발달

누리과정의 예술경험 영역은 아름다움과 예술에 관심을 가지고 창의적 표현을 즐기는 영역으로 자연과 생활 및 예술에서 아름다움을 느끼고, 예술을 통해 창의적으로 표현하는 과정을 즐기면서 다양한 예술표현을 존중할 수 있으므로 요리활동을 하면서 심미적인 탐색과 표현, 감상 등의 활동이 가능하다. 요리활동 시작

전 앞치마를 입고 머릿수건을 쓰면서부터 어머니의 역할을 모방하고 단순한 가작화 놀이가 가능하며, 요리활동에 필요한 다양한 재료들을 만지고, 음식 재료의 각기 다른 모양과 색, 생김새를 관찰하면서 주변에서 볼 수 있는 자연적인 요소에 대한 심미적인 탐색을 할 수 있다. 조리가 끝난 후 음식을 접시나 그릇에 담고 예쁘게 꾸며 보고 또래들이 꾸민 음식들을 감상하며 실제적인 예술적 표현과 감상을 즐길 수 있다. 또한 완성된 음식을 가지고 상차림을 하여 엄마, 아빠 역할놀이로 확장한다면 극놀이로 표현하고 감상까지 이루어질 수 있는 통합적인 예술적 활동이 가능해지기 때문에 요리활동을 통해 유아들은 예술적 경험을 충분히 즐길 수 있다.

(5) 요리활동을 통한 탐구력 발달

누리과정의 자연탐구 영역은 탐구하는 과정을 즐기고, 자연과 더불어 살아가는 태도를 가지는 것을 목표로 하는 영역으로 일상에서 호기심을 가지고 탐구하는 과정을 즐기고, 생활 속의 문제를 수학적, 과학적으로 탐구하며, 생명과 자연을 존중할 수 있으므로 요리활동과 관련이 깊다고 할 수 있다. 요리활동을 하면서 수·과학에 대한 개념을 쉽고 재미있게 경험하면서 인지할 수 있으며 호기심과 창의력 발달도 향상시킬 수 있다. 다양한 음식 재료들을 관찰하고, 만져 보고, 맛보고, 자르고, 끓이고, 삶고, 으깨고, 재료와 재료를 섞으면서 물질의 혼합에 대해 탐색하고, 조리를 하면서 물질의 변화 과정과 물리·화학적 변화를 관찰하면서 과학활동에 즐겁게 참여할 수 있다. 또한 요리에 필요한 음식 재료를 준비하면서 가격표, 메뉴판, 상표 등에서 숫자를 살펴볼 수 있으며, 재료와 재료를 서로 비교하면서 차이점을 인식하고, 음식 재료 구입 과정에서 돈의 가치나 교환의 원리를 터득할 수 있다. 저울이나 계량컵, 계량스푼 등을 사용하면서 수와 양, 무게에 대한 개념, 사칙연산, 단위 학습 등을 정립할 수 있다.

3) 요리활동의 계획과 운영

영유아들의 요리활동을 위해 가장 우선되어야 하는 것은 교실 내의 환경 구성과 운영에 대해 구체적이고 세밀한 계획이다. 요리활동을 위한 환경 구성과 운영을 위해 교사가 고려해야 할 요인을 살펴보면 다음과 같다.

- 음식은 영유아들이 즐기는 음식으로 계획한다.
- 빠른 시간에 음식을 맛볼 수 있는 조리 시간이 많이 걸리지 않는 음식으로 계획한다.
- 요리활동의 순서, 단계, 재료 등이 단순하고 간편한 것으로 계획한다.
- 요리활동 계획은 보육과정 및 교육과정과 관련된 음식, 세시 음식, 생일 음식, 행사 관련 음식, 동화 관련 음식, 간식으로 좋은 음식 등 영유아의 관심과 의견을 반영하여 계획한다.
- 요리활동은 준비 시간, 조리 시간, 참여 영유아의 수 등을 고려한다.
- 요리활동은 영유아들이 접근하기 쉽고 다루기 쉬운 재료와 안전한 도구로 준비한다.
- 요리활동 후 확장활동이 활발히 일어날 수 있는 음식으로 계획한다.

(1) 요리활동을 위한 공간 구성

영유아들의 활발한 요리활동을 위해서는 안전하고 청결한 환경이 되도록 구성하여야 한다. 영유아교육기관에 요리활동을 위한 요리방이 따로 마련되어 요리에 필요한 환경 구성과 도구들이 갖추어져 있다면 바람직하겠지만 그렇지 못하다면 각 교실에 요리활동이 가능한 공간을 준비해야 한다. 요리활동은 자주 이루어지는 활동이 아니기 때문에 고정된 공간으로 구성하기보다는 요리활동이 순조롭게 이루어 질 수 있는 공간에 구성하는 것이 바람직하다. 예를 들면, 요리활동은 물을 필요로 하기 때문에 물 사용이 가능한 공간이나 주로 역할놀이가 이루어지는 곳에 요리활동 공간을 계획한 후 영유아들에게 요리활동이 가능한 공간을 알려주어야 한다. 요리활동 공간으로 적합한 활동 공간은 다음의 요소들이 고려되어야 한다.

① 공간 확보와 다른 공간과의 관계

활발한 요리활동을 위해서는 우선적으로 요리활동에 참여할 영유아의 수, 요리활동에 필요한 재료와 도구를 수용할 수 있는 넓은 공간과 책상, 사물함 등이 확보되어야 한다. 또한 요리활동에는 위험한 도구들을 사용해야 하기 때문에 다른 공간으로부터 거리, 전선과의 거리 등이 확보되어야 한다.

② 물 사용의 용이성

요리활동을 하기 위해서는 조리에 필요한 물과 손 씻기, 재료 씻기, 행주 빨기, 그릇 씻기, 조리기구 씻기 등을 위해 필수적으로 물이 필요하기 때문에 물의 사용이 용이해야 한다.

③ 전원 사용의 용이성

음식을 조리하기 위해서는 전기가 필요한 경우가 많기 때문에 벽에 부착된 콘센트에 전열 기구를 연결하였을 때 연결된 전선이 짧게 연결되어 영유아들이 전선에 걸려 넘어지지 않도록 해야 한다.

④ 다른 공간에 대한 관리

요리활동은 대집단으로 이루어질 수 없기 때문에 소집단으로 나누어 순차적으로 이루어질 수밖에 없다. 이럴 경우 요리활동에 참여하지 못한 영유아들에 대한 관리가 적절히 이루어져야 한다. 요리활동은 비교적 시간이 많이 걸리고 요리 과정의 시작부터 끝날 때까지 교사가 영유아들과 함께 해야 하기 때문에 다른 공간의 영유아들 놀이에 참여할 수 없으므로 교사가 교실 전체를 한눈에 살필 수 있는 곳에서 요리활동이 이루어져야 한다.

⑤ 확장활동의 가능성

영유아들은 집중 시간이나 기다리는 시간이 길지 않기 때문에 요리활동 후 바로 음식을 맛볼 수 있도록 배려해야 하고, 단순히 요리활동을 하고 음식을 맛보는 것에 그치지 말고 음식으로 소꿉놀이 같은 확장활동이 이루어지면서 음식을 먹을 수 있도록 상호작용이 이루어지는 것이 바람직하다.

위와 같은 상황들을 고려하여 요리활동이 계획된 전날 환경 구성을 위한 공간의 재구성이 이루어져야 하며, 필요한 재료 및 도구들을 미리 준비해 두어야 한다.

(2) 요리활동에 필요한 도구

영유아들과의 요리활동은 성인들의 요리활동과 달리 번거롭고 세심한 준비와 배려가 필요한 활동이다. 무엇보다 영유아들에게 맞는 요리에 필요한 일반 도구, 측정을 위한 도구, 열 사용을 위한 도구, 요리용 기계, 요리에 필요한 소품 등이 준비되어 있어야 한다. 요리에 필요한 도구는 음식에 따라 요리 도구가 필요하기 때문에 계획된 요리활동에 필요한 도구들로 준비하는 것이 바람직하다. 영유아들이 사용하는 요리 도구와 기계는 다양하지는 않지만 요리활동을 편리하고 정확하게 할 수 있도록 도움을 주며 탐구활동이 가능한 것으로 준비하는 것이 좋다.

| 표 9-5 | 요리활동에 필요한 도구

구분	종류
요리의 일반 도구	우묵한 그릇, 쟁반, 찜통이나 큰 냄비, 프라이팬, 바구니, 큰 숟가락이나 주걱, 국자, 집게, 긴 젓가락, 뒤집게, 체, 끝이 둥글고 톱니가 있는 과도, 플라스틱 빵칼, 잼 바르는 칼, 도마, 가위, 깡통따개, 모양 찍기 틀, 조리 접시, 거품기, 채칼, 절구와 절굿공이, 화채스푼, 기름 솔 등
측정을 위한 도구	계량컵, 계량스푼(Ts: 큰 숟가락, ts: 작은 숟가락), 저울, 시계 등
열 사용을 위한 도구	핫플레이트, 전기 프라이팬, 전자레인지, 오븐, 토스터 등
요리용 기계	믹서, 블랜더 등
요리에 필요한 소품	앞치마, 머릿수건, 면장갑, 위생장갑, 행주, 스펀지, 요리용 책상 덮개 등

① 요리의 일반 도구

요리활동에 필요한 일반 도구는 계획된 음식을 영유아들이 요리하기에 적절한 크기와 모양을 선택하여 위험한 부분은 없는지, 깨질 염려는 없는지, 유해한 성분을 포함하고 있는 재질은 아닌지, 조리되는 과정을 살펴볼 수 있는 재질인지 등을 살펴보아야 한다. 영유아들이 사용하기에 적당한 무해한 플라스틱이나 세라믹, 가벼운 스테인리스 재질이 적당하다.

- 찜통: 찜은 수증기의 열을 이용하여 재료를 익히는 방법이다. 끓이는 것보다 시간이 오래 걸리지만 조리 시 온도 조절이 쉽고, 탈 염려가 없으며, 수용성 영양분의 손실도 적다. 하지만 교실 내에서 사용하기 위해서는 가스레인지가 있어야 하기 때문에 만두나 송편 같은 요리활동 시에는 찜솥에 담는 과정까지만 영유아들과 함께 활동하고 조리실의 가스레인지에 쪄야 한다는 설명을 한다.

- 도마: 도마는 영유아들이 사용하기 편한 가벼운 재질과 크기를 고려하여야 하며 도마 위에 칼자국이 나지 않고 세척과 위생적인 관리가 용이한 것으로 영유아당 한 개를 배정하여 활발한 요리활동이 이루어질 수 있도록 준비한다.
- 칼: 칼은 위험할 수 있으므로 무엇보다 안전성을 고려하여야 하나 안전만을 생각하여 칼날이 무딘 것을 준비하면 재료를 자르는 데 어려움이 있으므로 적당한 날을 선택하여야 한다. 영유아들이 사용하기에 적당한 칼은 칼날 부분이 손잡이 부분보다 길지 않고 칼 끝이 약간 무딘 과도나 자르기용 빵칼, 바르기용 버터칼 등이 바람직하다.
- 모양 찍기 틀: 모양 찍기 틀은 재질이나 모양, 크기 등이 다양하므로 요리활동에 적합한 것을 준비하여야 한다. 스테인리스 재질의 찍기 틀은 찍어 내는 부분이 날카로워 잘 찍어 낼 수는 있지만 날 부분에 손을 베일 수 있기 때문에 날 부분과 손잡이 부분이 분명히 구별되는 것을 선택한다.
- 주걱: 재료를 섞거나 각종 반죽을 정리할 때 필요하며 재질은 고무나 나무, 디자인은 주걱 머리와 손잡이 부분이 이어져 있는 일체형이 좋다. 일체형이 아닌 경우에는 된 반죽을 할 때 주걱 머리 부분이 빠지기도 하니 참고한다.
- 실리콘 주걱: '알뜰 주걱'이라는 이름으로 더 잘 알려진 도구이다. 볶을 때 프라이팬 코팅을 손상시키지 않고, 요리 후 남은 음식을 처리할 때에도 깨끗하게 덜어 낼 수 있다.
- 집게: 집게의 길이와 탄력이 영유아에게 적절해야 하고 음식을 집는 부분이 넓어 쉽게 집히고 음식이 잘 떨어지지 않는 것이 좋고, 열에 강해야 한다. 또한 영유아용 집게는 길이가 짧기 때문에 손잡이 부분은 플라스틱 재질로 되어 열이 전도되지 않아야 하며 음식을 집는 톱니 부분의 세척이 용이해야 한다.
- 뒤집게: 뒤집게는 주로 열이 가해진 음식을 뒤집을 때 사용되기 때문에 영유아들이 뒤집기에 편리한 크기와 모양을 선택해야 한다. 또한 열이 전도되지 않아야 하고 뒤집을 때 힘을 주어 뒤집기 때문에 스테인리스보다는 열에 강

하고 무해한 플라스틱 재질을 준비해 주어야 프라이팬 같은 기구에 손상을 입히지 않는다.

- 국자: 국자는 영유아들이 잡기 편리하게 작아야 하고, 음식물을 뜨는 곳이 우묵하여 국물 있는 음식을 뜰 때 흘러내리지 않아야 요리활동에 어려움이 없고 영유아들이 실망감을 느끼지 않는다.
- 채칼: 채칼의 경우 영아들은 다칠 염려가 있기 때문에 사용하지 않는 것이 바람직하며, 유아들이 사용할 채칼의 경우 채를 써는 단순한 기능만 있는 것이 좋으며, 유아들이 잡기에 편리한 손잡이로 되어 있는 것을 준비해 주어야 한다. 채칼 사용은 무엇보다 안전관리가 필요한 도구이기 때문에 가능한 한 교사가 사용하는 시범만 보여 주고 사용하지 않는 것이 바람직하다.
- 거품기: 거품기는 거품을 내는 용도로 사용하기보다는 재료를 혼합할 때 사용하는 것으로 영유아들의 손으로 잡을 수 있는 크기의 손잡이로 되어 있는 큰 것과 작은 것을 준비한다. 큰 거품기는 큰 그릇에 재료를 한꺼번에 혼합할 때 사용하고, 작은 것은 개별적으로 재료를 혼합할 때 사용하도록 한다.
- 절구와 절굿공이: 절구와 절굿공이는 한 세트로 된 도구로서 재료를 찧거나 으깰 때 주로 사용하는 것으로 무해한 플라스틱 재질로 된 작은 것이 영유아들이 사용하기에 적절하다.
- 체: 체는 빵이나 크래커 같은 과자를 만들 때 가루로 된 재료를 골고루 섞거나 곱게 체를 내려야 할 때 필요하다. 체가 필요한 재료는 대부분 가루이기 때문에 날리거나 흩어지지 않도록 깊이가 깊고 작은 손잡이에 조절 장치가 달려 있어 체 자체를 흔들지 않아도 되는 것이 사용하기에 편리하다.
- 화채스푼: 화채를 만들 때 사용하며 때에 따라 아이스크림 스푼으로도 쓸 수 있어 편리하다.
- 기름 솔: 김을 재거나 과즙, 달걀물을 반죽에 바를 때나 빵 부스러기를 정리할 때 활용하면 좋다.

그 외 일반적인 요리의 도구로서 우묵한 그릇, 쟁반, 큰 냄비, 바구니, 큰 숟가락, 긴 젓가락, 깡통따개, 조리접시 등을 준비할 수 있다.

② 측정을 위한 도구

측정을 위한 도구는 수학적 탐구가 가능한 도구이므로 사용하면서 다양한 수학적 탐구활동이 이루어질 수 있도록 배려하는 것이 요리활동에 효과적이다.

- 계량컵과 계량스푼: 계량컵과 계량스푼은 다양한 크기가 있지만 영유아들은 계량컵과 스푼의 사용에 대해 정확하게 사용하기 어렵기 때문에 계량컵의 경우는 영유아들의 손으로 잡기 쉬운 200cc의 계량컵이 적당하고, 계량스푼의 경우는 1테이블스푼, 1/2테이블스푼, 1티스푼, 1/2티스푼, 1/4티스푼의 5가지 단위로 되어 있으나 가장 큰 스푼과 가장 작은 스푼만을 사용하는 것이 바람직하다.
- 저울: 저울은 주방용 저울로서 100g 단위로 눈금과 숫자가 명확하여 재료를 재는 데 불편함이 없는 것으로 준비한다.
- 요리용 시계: 요리용 시계는 시간을 정하여 음식을 삶거나 끓일 때 필요하며, 5분 단위로 시간을 맞출 수 있고 숫자가 분명한 것이 사용하기에 적합하다.

③ 열 사용을 위한 도구

요리활동에는 필수적으로 열을 사용해야 하는 경우가 많기 때문에 영유아들이 사용하기에 적절한 것으로 준비하여야 하며 무엇보다도 안전에 유의하여 사용하도록 해야 한다.

- 전기 프라이팬: 프라이팬은 음식을 볶거나 부치기에 쉬운 것으로 준비하여 요리활동 특성에 맞게 사용한다. 즉, 재료가 흐트러지기 쉽거나 국물을 넣어 볶아야 할 경우에는 우묵한 것이 적절하며, 전 같은 부치기를 할 때는 턱

이 약간만 있는 평평한 것이 적당하다. 전원 표시와 온도 조절은 영유아들이 확인하기 쉽도록 눈금이 정확하고 명확하게 되어 있어야 하며 접속 부분이 안전한 것을 선택하여 준비한다.

- 전자레인지: 전자레인지를 이용하면 식품의 안과 바깥이 동시에 가열되고 용기는 열을 흡수하지 않아 단시간에 조리가 가능하다. 하지만 전자파의 유해 논란이 있으므로 영유아들의 요리활동에 전자레인지 사용은 가급적 지양하는 것이 바람직하다.
- 미니 오븐: 미니 오븐은 전기의 열로 오븐 내부의 온도를 높여 음식물을 익히는데, 열풍을 강제로 순화시켜 조리 시간을 단축시키는 컨벡션 기능까지 함께 있어 더욱 편하게 쓸 수 있다. 미니 오븐은 공간 활용이 좋고 예열 시간이 짧다는 장점을 가지고 있다. 오븐 안에 남아 있는 음식 냄새는 레몬 조각이나 커피 찌꺼기를 넣거나 10~15분 정도 공회전시켜 제거하면 된다.
- 핫플레이트: 요리방이나 교실에서 요리활동 시 끓이거나 삶기를 해야 할 경우 가스레인지를 사용할 수 없기 때문에 전기를 이용하여 조리할 수 있는 전기냄비인 핫플레이트를 준비하는 것이 바람직하다.
- 토스터: 토스터는 용도에 따라 식빵만 구울 수 있는 것과 크레커나 빵을 구울 수 있는 것도 있다. 오븐이 없을 경우에는 다양하게 사용할 수 있는 토스터를 준비하는 것이 좋다.

④ 요리용 기계

요리용 기계는 과학적 탐구가 가능하기 때문에 요리 과정 중에 과학적 호기심을 불러일으킬 수 있도록 하는 배려와 안전에 유의하여 사용하도록 해야 한다.

- 믹서/주서: 믹서는 꽁꽁 언 얼음도 쉽게 갈 수 있을 만큼 재료가 잘 갈려야 하며 세척이 용이해야 한다. 칼날 아랫부분 틈에 음식물이 끼는 경우가 많아 위생적으로 문제가 생길 수 있다. 주서는 재료를 눌러 짜서 즙을 내는 기

계로, 믹서와 용도가 다르므로 구분해서 사용하면 된다.

- 멀티 핸드블랜더: 다양한 칼날을 용기에 직접 넣고 사용할 수 있어 편리하다. 과일 주스 만들 때, 채소 다질 때, 거품 낼 때 등 용도에 따라 활용도가 높고 세척도 비교적 간단하지만 영유아들이 직접 사용하기에는 위험할 수 있으므로 교사가 사용하고 영유아들은 관찰하도록 한다.

⑤ 요리에 필요한 소품

요리활동을 위해서는 조리에 필요한 도구 이외에 여러 가지 소품들이 갖추어져 있어야 위생적이고 안전한 요리활동이 이루어질 수 있다. 요리활동에 필요한 소품은 영유아들이 직접 착용하고 활동을 하기 때문에 요리 도구보다 더 호기심과 관심을 가질 수 있으므로 디자인, 색, 모양 등을 고려하여 준비해 줌으로써 영유아들이 요리활동에 적극적으로 참여할 수 있도록 한다.

- 앞치마와 모자: 영유아용 앞치마와 모자는 영유아들의 신체 조건을 감안하여 2~3가지 정도의 크기와 영유아들이 선호하는 색이나 모양을 고려한 면 소재가 좋으며, 앞치마나 모자 모두 착용하기에 편리한 것으로 준비하여 요리활동에 호기심을 가질 수 있도록 한다.
- 토시: 토시는 열기구를 이용할 때 안전을 위해서도 필요하지만 요리활동 중에 옷에 음식물이 묻을 경우 영유아들이 요리활동에 대해 거부감을 가질 수 있으므로 영유아의 신체 크기에 맞는 것으로 하되 너무 얇으면 음식물이 밸 수 있으므로 약간 두꺼운 면으로 준비하여 사용하는 것이 좋다.
- 면장갑: 면장갑은 열기구 사용 시 안전을 위해 필요하며 영유아들의 손에 꼭 맞는 것으로 준비해 주어야 한다.
- 위생장갑: 영유아들이 손을 씻고 요리활동에 임한다 해도 손에 아무것도 끼어 있지 않을 경우 아무 곳이나 만지기 쉽기 때문에 위생적인 요리활동을 하기에 어려움이 있다. 요리활동 시작 전 손을 깨끗이 씻고 잘 말린 후 영유아

들의 손에 꼭 맞는 위생장갑을 끼우고 요리활동을 하게 하면 요리활동 시간이라는 것을 인지하고 있기 때문에 쉽게 불결한 곳을 만지지 않아 위생적인 요리활동을 효과적으로 할 수 있다.

그 외 행주, 스펀지, 요리용 책상 덮개 등을 준비해 두어야 청결한 요리활동을 진행할 수 있다.

(3) 요리활동 계획

요리활동 계획은 영유아교육기관의 상황에 따라 영양사가 계획하는 경우와 교사가 계획하는 경우로 나눌 수 있다. 영양사가 상주하고 있는 기관의 경우 간식이나 생일, 세시활동과 같은 행사는 계획은 영양사가 계획하고, 그 밖에 영유아가 선택한 요리활동이나 동화를 이용한 요리활동 계획은 교사가 할 수 있다. 영양사가 없는 기관의 경우는 요리활동의 계획에서부터 준비, 활동, 마무리까지 교사가 모두 해야 하기 때문에 다양한 요리활동을 하는 데 한계가 있다. 영양사나 교사 모두 요리활동을 계획할 때는 영유아의 연령과 발달에 적합한 활동을 선정해야 하고 요리활동에 대한 구체적인 계획을 수립하여야 한다. 영유아의 발달에 적합한 요리활동 계획은 다음과 같은 사항을 고려하여야 한다.

① 연령과 발달에 적합한 요리활동 계획

연령과 발달에 적합한 요리활동 계획은 조리의 난이도 및 복잡성을 고려하여 계획하여야 한다. 영유아들은 연령과 발달 수준에 따라 능력과 기술에 차이를 보이기 때문에 요리활동을 수행할 수 있는 능력과 기술을 파악하는 것이 중요하다. 만 3세 이전의 영유아들은 팔의 대근육 사용이 용이한 요리활동을, 만 4~5세의 유아들은 소근육 사용이 가능하기 때문에 대근육과 함께 소근육 사용이 용이한 요리활동을 계획하는 것이 바람직하다.

- 만 2세경에는 나무주걱이나 국자 같은 대근육을 사용할 수 있는 조리 도구를 이용하여 젓기, 떠서 옮기기 같은 활동과 손으로 만지고 주무를 수 있는 밀가루 반죽 등의 요리활동에 참여하여 대근육의 움직임을 활발하게 하면서 요리활동에 관심을 갖도록 한다.
- 만 3세경에는 전열 기구나 칼 등의 사용이 어렵기 때문에 밀가루 반죽을 떠서 프라이팬에 붓기, 과일 끼우기, 따르고 젓기 등의 요리활동에 참여하여 대근육과 소근육의 움직임을 하도록 한다. 칼을 사용할 경우에는 칼날이 무딘 칼을 이용하여 잎으로 된 채소나 무른 재료를 자르는 활동을 하면서 요리활동에 흥미를 갖도록 한다.
- 만 4세경에는 만 3세에 경험한 것에서 더 복합적인 활동을 할 수 있도록 배려한다. 단단한 재료도 썰어 보고 주의하여 열기구도 사용해 볼 있게 배려하여 요리활동에 적극적인 자세를 갖도록 한다.
- 만 5세의 경우 좀 더 다양하고 복합적인 요리활동이 가능해지고 칼이나 열기구 사용 시에도 스스로 주의하여 사용할 수 있기 때문에 지나친 안전에 대한 요구로 유아들이 요리활동에 소극적으로 임하지 않도록 자율성을 주어야 한다.

〈표 9-6〉은 만 2~5세 영유아의 연령에 적합한 요리활동에 대한 예시이다.

| 표 9-6 | 만 2~5세의 연령에 적합한 요리활동 예시

연령	연령에 적합한 요리 활동	
만 2세	• 행주로 식탁 닦기 • 과일과 채소 따기 • 과일과 채소 씻기 • 음식 재료나 조리 도구 옮기기 • 채소나 음식 재료 물에 담그기	• 채소 잎이나 빵 손으로 자르기 • 식빵 위에 가족 얼굴 꾸미기 • 모양 떡 찍기 • 모양 틀 찍기
만 3세	• 반죽에 물 붓기 • 가루나 반죽 조리 도구 이용하여 섞기 • 닫힌 용기의 음료수를 흔들어 섞기 • 잼이나 버터 펴 바르기 • 카나페 • 식빵 위에 동물 꾸미기 • 과일채소 샐러드 • 과일 꼬치	• 피자식빵 • 쉐이크 • 삶은 달걀 까기 • 반죽 주무르기 • 채소나 과일 씻기 • 음식 담기 • 음식물 쓰레기 휴지통에 넣기
만 4세	• 과일 짜서 즙 내기 • 바나나, 양파 등 채소·과일 껍질 벗기기 • 부드러운 과일과 채소 으깨기 • 부드러운 음식물 플라스틱 칼로 자르기 • 수박화채 만들기 • 스크램블 에그 • 핫케이크	• 떡볶이 • 화전 • 팝콘 • 찐빵 • 강정 • 식탁 차리기 • 조리 도구 치우기
만 5세	• 가루 측정하기 • 달걀 까기 및 거품 내기 • 칼로 자르기 • 꼬마 김밥 • 케이크 • 쿠키 • 과일 빙수	• 월남쌈 • 주먹밥 • 인절미 • 탕수육 • 생선전 • 떡 베이컨 말이 • 구절판

출처: 부천근로복지공단어린이집.

4) 요리활동 시 고려 사항

영유아교육기관에서의 요리활동은 주로 영유아들을 대상으로 하는 활동이기 때문에 다음 사항을 고려하여 구체적이고 세부적인 계획과 실행에 대한 준비가 이루어져야 한다.

(1) 요리활동의 계획과 준비

효율적인 요리활동의 진행을 위해 요리활동이 이루어질 공간 선정과 환경이 마련되어야 하며 음식의 종류 결정, 재료의 선정, 인원수를 감안한 양의 결정, 요리 활동에 필요한 도구의 종류와 수량 결정, 요리 과정의 숙지를 위한 요리 순서표 제작과 조리를 위한 레시피 작성, 요리활동에서 이루어질 교사와 영유아, 영유아와 영유아 간의 바람직하고 확장적인 상호작용에 대해 계획한다. 준비 과정에서는 음식 재료가 바르게 입고되었는지 검수하고, 반드시 유통기한을 확인한 후 음식 재료를 분류하여 전처리 후 보관 방법, 영유아에게 제공할 재료들의 크기와 양을 결정한다.

(2) 요리 순서표(레시피)의 제작

요리 순서표에는 요리활동을 하기 위해 필요한 준비에서부터 요리활동의 마무리까지의 순서가 기록되어야 한다. 또한 음식명, 재료, 도구, 만드는 방법 등 유아들이 쉽게 이해하고 요리활동에 임할 수 있도록 그림과 사진 자료를 사용하여 간단하면서도 명료하게 제작해야 한다. 레시피에는 조리하는 방법에 대해 영유아들이 인지할 수 있도록 그림 자료나 설명이 쉽게 되어야 하며 음식 재료의 양을 잴 때는 저울이나 계량컵, 계량스푼 등의 그림을 제시하여 정확한 양으로 요리를 하여 완성된 음식의 맛과 모양에 대해 성취감을 느낄 수 있도록 제작되어야 한다.

(3) 요리활동에 참여할 영유아의 수와 집단 계획

요리활동은 현실적으로 요리 도구나 시간상의 여건 때문에 개별적인 활동은 어렵다. 하지만 영유아들은 요리활동을 하면서 과정에 대한 기대보다는 음식이 완성되었을 때 맛보는 것에 대한 기대가 더 크기 때문에 점심에 영향이 미치지 않으면서 먹고 싶은 욕구를 충족시켜 줄 수 있어야 한다. 계획한 음식 종류에 따라 개별적으로 이루어질 수도 있고, 조리 시간과 요리활동 시간에 따라 소집단으로 나누어서 진행할 수 있도록 참여할 영유아의 수나 집단을 계획하여야 한다.

(4) 요리활동과 관련한 사전·사후 활동

음식의 종류에 따라 전날 미리 준비를 해야 하는 요리활동이 있다. 사전 준비는 준비에서부터 마무리까지의 모든 과정이 하루 동안에 이루어지지 못하는 요리활동을 할 경우에 발생하게 된다. 예를 들면, 바나나 쉐이크를 계획했다면 전날 바나나를 냉동실에 얼려 두어야 하고, 세시활동으로 진달래 화전이나 쑥버무리, 송편을 만들기 위해서는 전날 근처의 산이나 들에서 진달꽃과 쑥, 솔잎을 채취해야 한다. 녹두로 빈대떡을 부치려면 전날 녹두를 씻어 물에 불려 두어야 하며, 오미자차를 하기 위해서는 전날 오미자를 정수된 물에 담가 두어야 한다. 김장 담그기, 간장 담그기 같은 활동도 배추를 전날 절여 두어야 하고, 메주도 미리 준비해 두어야 하기 때문에 사전 활동이 필요하다. 요리활동의 전 과정을 영유아들과 함께 하기 위해서는 사전 활동에 영유아들을 참여시켜 요리활동에 대한 궁금한 사항이 생기지 않도록 하는 것이 바람직하다. 예를 들면, 당일에 단순한 요리활동만 하고 끝내기보다는 계획과 준비 과정에서부터 재료도 찾아보고 탐색도 하고 필요한 조리도구도 알아보고 사용 방법도 살펴볼 수 있도록 한다. 또한 요리활동에 대한 관심이 지속되면 사후활동도 즐길 수 있도록 배려한다.

(5) 요리 순서 계획

요리활동은 활동 자체가 동적인 활동이고 많은 영유아들이 기대와 흥분을 감추지 못하고 서로 먼저 하려는 경향을 보이기 때문에 '요리할 순서'를 정하는 것이 좋다. 사전에 영유아들과 순서를 지켜 요리할 것에 대한 약속과 함께 순서표를 벽에 붙여 주어 영유아들이 스스로 자기 순서를 인지할 수 있도록 배려한다. 요리할 순서를 정할 때 순서에 대한 순위는 영아들은 교사와 함께 유아들은 유아들끼리 협의하여 정할 수도 있고 보상으로 활용할 수도 있다.

(6) 요리활동 시 청결관리

요리활동은 음식을 조리하여 먹어야 하기 때문에 요리활동 전 과정에 있어 무엇보다 청결 유지가 중요하다.

- 요리활동 시 착용해야 하는 앞치마나 머릿수건, 토시와 면장갑 같은 요리활동에 필요한 활동복과 소품은 위생적인 관리가 이루어져 청결한 복장으로 요리활동에 임할 수 있어야 하며 요리활동 후에는 반드시 깨끗하게 세탁하여 보관하도록 해야 한다.
- 영유아나 교사 모두 긴 머리는 뒤로 묶어 주고, 긴 소매 옷은 피하거나 걷어 주어야 한다.
- 영유아들이 요리활동 중에 신체 일부를 만지거나 조리 도구 이외의 것들을 만졌을 때는 반드시 손을 씻어야 한다는 것을 설명한다.
- 조리 중에 손가락을 빨거나 숟가락을 핥으면 씻도록 도와주고 영유아의 행동과 관련하여 세균의 전염에 대해 알려줄 수 있는 기회로 삼는다.

(7) 요리활동의 관리

요리활동은 산만하고 위험한 요소들을 가지고 있기 때문에 요리활동 전반에 있어 교사의 철저하고 세심한 관리가 필요하다. 요리활동의 준비에서부터 활동, 마무리 과정에 이르기까지 예리한 칼을 사용해야 하고, 뜨거운 전열 기구를 사용해야 하기 때문에 위험한 요소를 가지고 있는 도구에 대한 사전 설명과 약속에 대한 지도가 반드시 이루어져야 한다.

칼은 항상 정해진 자리에 놓아야 하고, 사용 시에는 교사의 허락을 받아야 하며, 사용 중에 들고 돌아다니지 않도록 해야 한다. 재료를 자를 때는 영유아 스스로의 안전을 위해 칼 잡는 법, 썰어야 하는 방향과 위치 등에 대해 자세히 시범을 보여 주어야 한다.

뜨거운 전열 기구 사용에 있어서는 기본적인 작동법에 대해 인지시키고 함부로 조작하지 않도록 해야 하며, 전선에 걸려 넘어지지 않도록 전선을 안전하고 보이지 않는 곳에 고정시켜 주고, 젖은 손으로 콘센트나 전열 기구를 만지지 않도록 해야 하며, 전열 기구를 끈 후에도 잠시 동안 뜨겁다는 것을 유념할 수 있도록 해야 한다. 또한 가열 중인 프라이팬이나 전기냄비 같은 것은 가열대의 중앙에 위치하게 하고 손잡이가 영유아를 향하지 않도록 하여 영유아들이 걷거나 다가왔을 때 몸이나 옷에 걸려 음식이 쏟아지는 위험을 미리 방지해야 한다.

요리활동 시 바닥에 물이나 밀가루 같은 재료들이 흘려 있으면 영유아들이 미끄러질 수 있으므로 즉시 닦아서 미끄러지지 않도록 유의해야 한다. 요리활동이 끝난 후 재료나 음식 찌꺼기들이 휴지통에 버려져 있을 경우에는 냄새가 날 수 있고 더운 여름에는 곤충들이 날아들 수 있기 때문에 요리활동 직후에 비우도록 한다.

5) 요리활동을 위한 식재료

영유아교육기관에서의 요리활동은 완성된 음식을 영유아들이 먹어야 하기 때문에 영양과 건강을 배려한 식재료를 다양하게 준비하여야 활발한 요리활동이 이루어질 수 있다. 〈표 9-7〉, 〈표 9-8〉, 〈표 9-9〉는 식재료의 종류와 색을 내는 천연 재료, 단맛을 내는 재료들을 살펴본 것이다.

| 표 9-7 | 식재료의 종류

구 분	종 류
곡류	쌀, 검정쌀, 보리, 옥수수, 밀, 귀리, 현미, 찹쌀, 율무, 녹두, 좁쌀, 메밀, 팥, 강낭콩 등
채소류	고추, 토마토, 양배추, 피망, 버섯, 호박, 가지, 오이, 양파, 당근, 무, 배추, 감자, 고구마, 파프리카 등
어육류	닭고기, 쇠고기, 돼지고기, 가자미, 광어, 병어, 동태, 참치, 굴비, 북어, 오징어, 조갯살, 굴, 홍합, 갈치, 꽁치 등
과일류	수박, 딸기, 오렌지, 포도, 메론, 사과, 복숭아, 자두, 살구, 참외, 배, 감, 아보카도 등
유지류	마요네즈, 올리브유, 참기름, 포도씨유, 식물성 기름, 들기름, 머스터드 소스 등
우유 및 유제품	우유, 두유, 요구르트, 요플레, 치즈, 버터, 연유, 아이스크림, 생크림, 분유 등

| 표 9-8 | 색을 내는 천연 재료의 종류

색	종 류
노랑색	치자, 샤프란, 호박, 단호박, 카레 등
녹색	시금치, 녹차가루, 쑥가루, 녹색 파프리카 등
붉은색	오미자, 당근, 백련초, 붉은색 고추, 구기자 등
보라색	보라색 양배추, 적양파, 자색 고구마, 포도, 비트 등
검정색	흑미, 오징어 먹물, 서리태, 오디, 검정깨 등

| 표 9-9 | 단맛을 내는 식재료의 종류와 활용법

종류	활용법
양배추	양배추는 씹을수록 단맛이 나서 곱게 다져 드레싱이나 소스에 넣으면 설탕 사용량을 줄일 수 있다. 떡볶이나 고로케 등 아이들 간식을 만들거나 채소를 볶을 때, 수프를 끓일 때 함께 넣어 단맛을 더할 수 있다.
배	배를 믹서에 갈면 고기나 생선 요리 등에 다양하게 사용할 수 있는 배즙이 만들어진다. 특히 고기를 잴 때 후춧가루, 맛술과 함께 넣으면 달콤한 맛과 함께 잡내도 없앨 수 있다. 또한 김치나 샐러드 등을 만들 때 넣어도 좋다.
대추	대추는 생으로 요리에 넣어 단맛을 낼 수도 있지만 물에 푹 끓인 뒤 그 물을 활용하기도 한다. 대춧물은 밑반찬을 만들 때 넣거나 샐러드 드레싱에 섞어 색다른 맛을 낸다.
단호박	단호박은 쪘을 때 가장 달콤하다. 찜통에 부드럽게 쪄서 으깬 뒤 샐러드로 만들거나 그릴에 구워 고기 요리와 함께 먹는다.
양파	양파는 생으로 먹으면 매운 맛이 나지만, 익히면 달콤한 맛이 나는 것이 특징이다. 국이나 찌개를 끓일 때 양념장이나 소스를 만들 때 넣으면 단맛을 더할 수 있다. 고기를 잴 때 양파즙을 뿌리면 잡내도 제거할 수 있다.
물엿	물엿은 단맛을 내는 천연 식재료이다. 갈비찜이나 수정과 등 색이 진한 요리에는 갈색 물엿을, 멸치볶음이나 나물 요리 등 깔끔하고 선명한 색의 요리에는 투명한 물엿을 사용한다.
올리고당	올리고당은 당도가 설탕의 10~30%로 낮은 편이다. 장내 세균 중 비피더스균의 증식을 도와 장을 건강하게 만드는 효능도 있어 요구르트 드레싱을 만들 때 넣으면 좋다.
꿀	비타민과 미네랄 등 다양한 영양분이 함유되어 있어 몸에 좋지만, 특유의 향이 있어 요리에 제한적으로 사용한다.

출처: 이종숙 외(2009). 재구성.

6) 요리활동을 위한 교사의 역할

영유아교육기관에서 제공하는 음식으로는 점심과 오전·오후 간식, 요리활동 시 먹어 볼 수 있는 음식이 전부이다. 요리활동은 학습 효과도 높고 부족한 영양을 공급한다는 측면도 있으므로 다양한 요리활동을 자주 제공하는 것이 바람직하다. 영양교육과 요리활동을 통해 교육적 경험을 제공받게 되는 영유아들을 위한 교사의 역할에는 여러 가지가 있다. 영유아들의 음식에 대한 선호도와 영양적인 균형을 생각하여 발달에 적합한 요리활동을 계획하고, 영유아가 참여하여 성취감을 느낄 수 있는 요리를 선택하여 영유아들과 함께 요리 순서표를 만들고, 요리활동에 필요한 적절한 도구나 기계를 준비하여 요리활동이 원활하게 진행될 수 있도록 계획 및 준비자로서의 교사, 상호작용자로서의 교사, 평가자로서의 교사 역할을 해야 한다.

(1) 계획 및 준비자로서의 교사 역할

요리활동을 계획하고 준비하기 위해서 교사는 다음 사항들을 고려해야 한다.

- 영유아의 발달 수준을 파악하여야 한다. 만 3세 이하의 영유아의 경우 제한된 재료와 한두 가지 기술을 사용할 수 있는 주스 만들기, 채소와 과일을 간단히 씻고 큰 조각으로 자르는 등의 요리를 선택하여 요리활동에 관심을 갖도록 한다.
- 요리활동의 난이도를 파악한다. 요리의 난이도와 필요한 조리 도구의 활용 가능성을 파악하고 연령별 발달을 고려하여 요리를 정해야 한다. 열기구를 사용하지 않고 요리활동이 가능한 주스 만들기, 샌드위치 만들기, 샐러드 만들기, 카나페·쉐이크 만들기 등은 만 2~3세 요리활동으로 적합하며, 간단한 열기구 사용이나 손과 눈의 협응력 및 소근육을 사용해야 하는 밥 짓기, 달걀 삶기, 김밥, 떡볶이, 쿠키 만들기, 스크램블 에그 등은 만 4~5세 유아들의 요리활동으로 적합하다.
- 요리활동 장소 마련과 환경 구성을 한다. 요리활동은 다른 놀이와 달리 복잡하고 산만할 수 있으며 위험한 도구들을 사용해야 한다. 그렇기 때문에 요리활동에 참여하지 않고 순서를 기다려야 하는 영유아들의 활동에 방해가 되지 않으면서 물과 전열 기구를 쉽게 사용할 수 있는 곳에 장소를 마련해야 하고, 요리활동에 필요한 도구들을 준비하여야 한다.
- 요리활동에 참여할 집단을 구성한다. 요리활동은 교사의 세심한 지도가 필

요하기 때문에 대집단으로 활동을 하는 데 한계가 있다. 그러므로 요리의 종류에 따라 개별로 할 것인지, 소집단으로 할 것인지, 협동해서 할 것인지 결정하여 참여할 영유아들의 수와 요리 종류에 맞는 충분한 재료와 도구를 준비할 수 있게 한다.

- 요리활동에 필요한 재료를 준비한다. 요리활동의 종류와 참여 인원이 결정되면 요리활동에 필요한 재료를 충분하게 준비하여 활발한 요리활동이 진행될 수 있도록 한다.
- 요리활동의 진행을 위한 자료를 준비한다. 요리활동에 대한 영유아들의 이해를 돕기 위해 사전 활동, 본 활동, 사후 활동의 전반적인 설명에 필요한 자료를 준비해야 한다. 즉, 사전 활동으로 이야기 나누기, 동화 듣기, 그림 자료나 사진 보기, 견학 등의 활동을 할 수 있다. 본 활동은 영유아들이 요리에 직접 참여하는 활동으로서 재료를 살펴보고 껍질을 벗기고 다듬고 씻고 자르거나 써는 등의 활동을 분담하여 참여하며, 요리 도구를 용도에 맞게 바르게 사용한다. 또한 완성된 요리를 냄새 맡고 만져 보고 촉감을 느끼며 먹어 보는 과정에서 재료들의 변화를 관찰하고 남은 재료나 음식의 처리에 대해 결정하고 사용한 조리 도구 정리와 설거지 등의 뒷정리도 요리활동의 중요한 부분이다. 사후 활동으로는 요리와 관련된 다양한 정보를 가지고 사고를 확장하는 경험활동으로 요리활동을 통해 영유아 자신의 생각, 느낌, 아이디어 등을 언어, 수·과학, 조형, 신체표현, 게임, 음률활동 등의 다양한 활동으로 확장함으로써 요리활동을 중심으로 한 통합적 접근이 가능하게 한다.

(2) 상호작용자로서의 교사 역할

요리활동이 영유아들에게 흥미롭고 의미 있는 교육과정이 될 수 있도록 하기 위해서는 무엇보다 교사의 개방적인 질문과 확장적인 상호작용이 중요하다. 상호작용자로서의 교사 역할과 요리활동의 활성화, 학습적인 효과를 극대화하기 위해서 교사는 요리활동 시 영유아의 질문에 경청하고, 수용하면서 피드백을 해 주어야 하고 영유아의 행동에서 긍정적인 면을 찾아내어 그 점을 부각시켜 주어야 하며, 폐쇄적인 질문보다는 개방적 질문을 사용해야 하며, '왜'라는 질문보다는 '무엇을', '어떻게'라는 질문을 사용해야 한다. 직접적인 질문보다는 간접적인 질문을 사용하고 이중질문보다는 한 번에 한 가지 질문을 하는 것이 효과적이다. 질문을 했을 경우 대답할 수 있는 시간을 충분히 부여하면서 질문에 대한 응답을 기다려야 한다.

바람직하고 긍정적인 상호작용을 위한 고려 사항은 다음과 같다.

- 교사는 요리활동과 관련한 질문을 주고받으면서 영유아들의 생각과 경험을 이야기하도록 격려하고, 영유아의 생각과 경험에 대한 이해 수준을 파악하여 적절하게 응답해 주어야 한다. 즉, '밀가루 반죽을 만들려면 무얼 넣어야 할까?, 달걀을 물에 넣고 끓이면 어떻게 변할까?, 얼린 바나나로 쉐이크를 만들어 먹으려면 무엇이 필요할까?'와 같이 영유아들이 생각하여 대답할 수 있는 개방적인 질문을 해야 하고, 바로 답을 알려주기보다는 영유아들이 다시 한 번 생각해 볼 수 있도록 확장적인 질문을 해야 한다.
- 요리활동을 통해 수 세기, 비교하기, 순서 정하기, 섞기, 갈기, 얼리기, 열 가하기 등과 같은 탐구활동을 즐길 수 있도록 충분한 시간을 주고, 궁금한 사항에 대해 언제든지 질문할 수 있는 자유로운 분위기를 조성해 주어야 한다.
- 요리활동을 통해 자아 존중감 형성과 타인을 배려할 수 있는 사회적 관계를 학습할 수 있도록 해야 한다. 요리활동의 전 과정에 참여하여 음식을 완성해 봄으로써 성취감을 지원하고, 순서를 기다리고 친구들을 기다려 주고 양보하고 함께 나누어 먹음으로써 타인을 존중할 수 있는 능력을 기르도록 해야 한다.
- 요리활동을 통해 신체적 발달을 이룰 수 있도록 대·소근육의 움직임, 눈과 손의 협응력, 신체조절력 등을 기를 수 있도록 해야 한다.

- 요리활동을 통해 안전에 대한 경각심을 갖고 자신을 스스로 보호할 수 있도록 해야 한다. 요리활동 특성상 위험한 조리 도구나 전열 기구 등을 사용해야 하기 때문에 요리를 준비하고 조리하는 과정 중에 위험한 상황이 발생했을 경우 적절하게 대처할 수 있는 능력을 키워 주어야 한다.
- 요리활동을 통해 남녀평등의 개념을 형성하도록 한다. 아직은 사회적으로나 각 가정에서 요리를 어머니가 하는 것으로 인식하고 있는 경우가 많기 때문에 요리활동을 하면서 누구나 요리를 할 수 있다는 평등한 역할을 경험하도록 한다.
- 요리활동을 통하여 다양한 문화를 경험하도록 한다. 다문화 사회에서 살아가야 할 영유아들이 요리활동을 하면서 다양한 음식을 통해 여러 나라의 문화를 경험할 수 있는 기회를 마련하여 여러 나라의 문화를 이해하고 받아들일 수 있도록 해야 한다.

(3) 평가자로서의 교사

요리활동의 계획 및 실행에 대한 반성적인 평가는 다음 활동 계획 시 반영되어 활동이 보다 바람직하게 이루어지도록 하는 중요한 과정이다. 평가는 요리활동과 관련한 그림, 사진, 유아의 쓰기, 토의 자료, 작품 수집, 관찰기록 등의 다양한 방법으로 수집한 자료들을 포트폴리오화하여, 영유아의 요리활동에 대한 흥미, 호기심, 참여도, 주도성, 탐구 의욕 등을 분석해 보고 영유아의 발달 단계의 적합성 등을 평가하여 나타난 결과를 다음 단계의 활동을 위한 계획 및 결정에 반영하여야 한다.

10장

영유아를 위한 요리활동의 실제

본 장의 요리활동의 실제는 영유아교육기관에서 행사나 계절(세시) 등을 고려하고 놀이활동과 관련한 동화를 이용한 요리활동, 간식을 위한 요리활동을 바탕으로 구성하였다.

1. 생일잔치 요리활동

| 표 10-1 | 생일잔치 요리활동 연간계획안

<table>
<tr><th>월</th><th colspan="2">계절</th><th>만 3세</th><th>만 4세</th><th>만 5세</th></tr>
<tr><td>3월</td><td rowspan="3">봄의 생일 잔치</td><td rowspan="3">미역국
잡채
수수팥떡
식혜
〈계절과일〉
딸기
사과</td><td>무지개떡</td><td>떡볶이떡
채소 산적</td><td>매작과</td></tr>
<tr><td>4월</td><td>매작과</td><td>무지개떡</td><td>떡볶이떡
채소 산적</td></tr>
<tr><td>5월</td><td>떡볶이떡
채소 산적</td><td>매작과</td><td>무지개떡</td></tr>
<tr><td>6월</td><td rowspan="3">여름의 생일 잔치</td><td rowspan="3">미역국
잡채
무지개떡
화채
〈계절과일〉
수박
복숭아</td><td>수수팥떡</td><td>잡채</td><td>과일 꼬치</td></tr>
<tr><td>7월</td><td>과일 꼬치</td><td>수수팥떡</td><td>잡채</td></tr>
<tr><td>8월</td><td>잡채</td><td>과일 꼬치</td><td>수수팥떡</td></tr>
<tr><td>9월</td><td rowspan="3">가을의 생일 잔치</td><td rowspan="3">미역국
잡채
무지개떡
화채
〈계절과일〉
배
포도</td><td>강정</td><td>구절판</td><td>수수팥떡</td></tr>
<tr><td>10월</td><td>수수팥떡</td><td>강정</td><td>구절판</td></tr>
<tr><td>11월</td><td>구절판</td><td>수수팥떡</td><td>강정</td></tr>
<tr><td>12월</td><td rowspan="3">겨울의 생일 잔치</td><td rowspan="3">미역국
잡채
국수
식혜
〈계절과일〉
귤
사과</td><td>약과</td><td>수수팥떡</td><td>만두</td></tr>
<tr><td>1월</td><td>너비아니</td><td>약과</td><td>수수팥떡</td></tr>
<tr><td>2월</td><td>수수팥떡</td><td>너비아니</td><td>약과</td></tr>
</table>

출처: 부천근로복지공단어린이집.

활동 1 생일잔치 요리활동

무지개떡

❖ **활동 시간** 40분

❖ **준비물** 멥쌀, 단호박액, 딸기액, 포도액, 백련초액, 흑임자, 쑥가루

❖ **요리 과정**

1. 멥쌀을 깨끗이 씻어 10시간 정도 불린 후, 소쿠리에 1시간 정도 받쳐 놓는다.
2. 불린 쌀에 소금을 약간 넣고 곱게 빻아 쌀가루를 준비한다.
3. 쌀가루를 원하는 색의 가짓수만큼 나눈다.
4. 흰색은 그냥 두고, 각각의 쌀가루에 단호박액, 딸기액, 포도액, 백련초액, 쑥가루, 흑임자에 설탕을 약간 넣어 물을 준 후, 손으로 비벼 체에 내려 놓는다.
5. 시루에 시루밑을 깔고 순서대로 떡가루를 안친다.
6. 김이 오른 찜통에 올려 20~30분간 쪄 낸다.

❖ **사전 활동**

- 요리할 준비를 한 후 모여 앉는다.
- 생일날 케이크 대신 먹을 수 있는 전통 먹을거리에 대해 이야기 나눈다.
  - 요즘엔 생일날 케이크를 먹는데 예전에 우리나라엔 케이크가 없었대. 그럼 케이크 대신 무얼 먹었을까?
- 무지개떡의 명칭을 듣고 떡의 이름에 대해서 이야기 나눈다.
  - 왜 무지개떡이라고 부를까?

- 떡을 만드는 방법에 따른(찌는 떡, 굽는 떡, 빚는 떡, 치는 떡) 떡의 종류를 알아본다.
- 무지개떡 만들기 요리 순서도를 보면서 준비된 재료와 만드는 방법을 살펴본다.

❖ 본 활동

- 쌀가루에 다양한 색깔을 낸다.
  - 노란색을 내려면 어떤 재료를 넣어야 할까?
  - 또 색깔을 내는 재료에는 무엇이 있을까?
- 시루에 색깔별로 쌀가루를 넣고 찜통에 쪄 낸다.
  - 무지개를 본 적이 있니?
  - 무지개는 언제 볼 수 있을까?
  - 무지개는 어떤 색들로 되어 있을까?
  - 여기에 있는 색들을 모두 섞으면 어떤 색이 될 것 같니?
  - 무지개떡의 가장 아래(위)는 어떤 색깔로 만들까?
- 시루에서 무지개떡을 빼내어 접시에 담는다.

❖ 사후 활동

- 함께 무지개떡 케이크로 생일을 축하하고 무지개떡을 나눠 먹는다.
- 시루떡 체조를 하면서 떡 만드는 방법을 회상해 본다.

Tip

- 색을 내는 재료를 한 가지만 넣어 찌면 간단한 설기떡을 만들 수 있다.

활동2 생일잔치 요리활동

떡볶이떡 채소 산적

❖ **활동 시간** 40분

❖ **준비물** 떡볶이떡 60g, 쪽파 20g, 표고버섯 20g, 느타리버섯 20g, 당근 40g, 밀가루 약간, 달걀 5~6개, 식용유, 꼬치

❖ **요리 과정**

1. 재료들을 5cm 정도 길이로 썰어 놓는다.
2. 떡볶이떡은 뜨거운 물에 살짝 데친다.
3. 재료들을 떡 → 표고버섯 → 쪽파 → 느타리버섯 → 당근 순서로 끼운다.
4. 3에 밀가루를 묻혀 달걀을 입힌 후 노릇하게 굽는다.

❖ **사전 활동**

- 요리할 준비를 한 후 모여 앉는다.
- 산적을 먹어 보았던 경험에 대해 이야기 나누어 본다.
  - 산적을 먹어 본 적이 있니? 언제 먹어 보았니?
- 산적에 들어가는 재료를 살펴보고 어떤 음식을 만들 수 있을지 이야기 나누어 본다.
  - 떡, 표고버섯, 쪽파, 느타리버섯, 당근을 선생님이 준비해 왔어. 이 재료들로 어떤 음식들을 만들 수 있을까?
  - (꼬치를 보여 주며) 이것이 무엇인지 아니?
  - 큰 이쑤시개처럼 생겼지. 이것은 꼬치라고 해.
  - 꼬치는 왜 필요한 걸까?

- 유아들과 함께 '떡볶이떡 채소 산적' 만들기 순서에 대해 알아본다.
  - 요리 활동 중 가장 기대되는 활동이 있니?
  - 요리 활동 순서를 기억할 수 있겠니?

❖ 본 활동

- '떡볶이떡 채소 산적' 요리활동을 진행한다.
  - 꼬치에 준비된 재료를 마음대로 끼워 보자.
  - ○○이는 어떤 순서로 재료를 끼웠니?
  - 꼬치에 손이 찔리지 않도록 조심해서 활동해 보자.
  - 재료를 꿴 꼬치에 밀가루와 달걀 중에 어떤 것을 먼저 입혀야 될 것 같니?
  - 불을 사용하는 요리활동을 할 때 지켜야 할 약속에는 어떤 것이 있었는지 기억하니?
  - 달궈진 프라이팬에 산적을 올리니 색깔이 어떻게 변했니?
  - 산적이 익어 가는 냄새가 어떠니?
- 완성된 산적을 접시에 담아 먹어 본다.
  - ○○가 만든 산적을 먹어 본 소감이 어떠니? 어떤 재료가 가장 맛있는 것 같니?
  - 우리가 만든 산적을 누구와 함께 나누어 먹고 싶니?

❖ 사후 활동

- 산적 만들기 게임 교구를 제작하여 유아들의 수조작 놀이활동으로 확장할 수 있다.

  활동 방법 ① 산적의 재료를 다양한 순서로 끼워 둔 제시 카드 준비하기
  ② 여러 장의 제시 카드 중 하나를 뽑아 꼬치에 끼워진 순서대로 모형 재료 끼워 보기
- 다양한 조형 재료를 사용하여 '산적'을 만들어 보는 활동으로 확장할 수 있다.

Tip

- 재료를 꽂는 순서는 유아들이 자유롭게 끼우도록 한다.
- 유아들의 안전을 위해 꼬치는 제거하고 먹도록 한다.

활동 3 생일잔치 요리활동

매작과(타래과)

❖ **활동 시간** 30분

❖ **준비물** 밀가루 30g, 생강즙 5g, 계핏가루 3g, 조청, 식용유

❖ **요리 과정**

1. 밀가루에 소금을 약간 넣어 체에 내린다.
2. 1에 생강즙, 계핏가루를 넣고 잘 반죽해서 비닐에 담아 냉장고에 30분 정도 둔다.
3. 반죽한 밀가루를 0.3cm 두께로 얇게 밀어서 길이 5cm, 폭 2cm의 직사각형으로 썰어 '川'자 모양처럼 길이로 칼집을 넣어 뒤집어 리본 모양으로 만든다.
4. 튀김기름이 150℃ 정도 되었을 때 원하는 색깔보다 약간 약하게 튀겨 낸 후 기름을 빼고 조청에 버무린다.

❖ **사전 활동**

- 요리할 준비를 한 후 모여 앉는다.
- 전통 주전부리 중 전통 과자에 대해 이야기를 나눈다.
- 전통과자를 먹어 보았던 경험에 대해 이야기를 나눈다.
  - 전통 과자를 언제 먹어 보았니? 맛은 어땠어?
- 매작과 만들기 요리 순서도를 보면서 준비된 재료와 만드는 방법을 살펴본다.
  - 여기 가루들이 있는데 무엇이 다르니?
  - 재료들의 냄새를 맡아 보겠니?
  - 가루의 색이 어떻게 다르니?

❖ 본 활동

- 밀가루와 계핏가루를 섞어 반죽을 한다.
  - 반죽을 만질 때의 느낌은 어떠니?
  - 반죽은 왜 냉장고 속에 넣어 둘까?
- 칼을 사용할 때 지켜야 할 약속을 이야기 나누며 반죽을 직사각형으로 자르고 가운데에 칼집을 넣는다.
  - 칼을 사용할 때는 어디를 조심해야 할까?
  - 칼집으로 만든 구멍 속으로 윗부분을 쏘옥 넣어 보자. 어떤 모양이 되니?
- 기름을 달군 후 반죽을 튀겨 낸다.
  - 튀길 때에는 기름이 매우 뜨거우니까 조심해야지. 튀기는 건 도와주실 어른이 함께 있을 때 해야 한단다.
  - 기름에 튀길 때에 물이 들어가면 물과 기름이 섞이지 않고 바로 튀어서 위험한 상황이 발생할 수 있어. 조심해야 해.
- 튀겨 낸 매작과를 조청에 버무린다.
  - 조청은 어떤 맛이 날까?
  - 매작과에 조청을 버무리니 어떻게 되었니?
- 요리 활동 후 주변을 정리한다.
- 접시에 담아 놓은 매작과를 먹는다.
  - 매작과는 어떤 맛이니? 우리가 슈퍼마켓에서 사 먹는 과자 중에 매작과와 비슷한 맛을 내는 것이 있을까?

❖ 사후 활동

- 흰색, 노란색 EVA지나 부직포를 매작과 크기로 잘라 '川'자 모양을 낸 후 매작과 교구를 만들어 역할놀이 영역에서 매작과를 만들어 생일잔치하는 놀이활동을 진행할 수 있다.

Tip

- 물엿을 사용해도 되지만 조청이 유아들의 건강에 유익하다.
- 기름을 사용할 때는 유아들의 안전에 주의한다.

활동 4 생일잔치 요리활동

수수팥떡

❖ **활동 시간** 30분

❖ **준비물** 수수 300g, 찹쌀가루 300g, 팥 500g

❖ **요리 과정**

1. 수수는 7~8시간 정도 불려서 곱게 갈아 낸다.
2. 수수가루와 찹쌀가루를 익반죽해서 경단으로 만든다.
3. 팥을 삶아 내는데 첫 번째 삶은 물을 버리고 물을 많이 넣고 팥이 푹 익을 때까지 삶아 낸다.
4. 다 익은 팥은 버무려서 으깨 준다.
5. 끓는 물에 경단을 넣고 물 위로 떠오르면 조금 더 익힌 후 건져 낸다.
6. 경단을 팥고물에 굴려 옷을 입힌다.

❖ **사전 활동**

- 요리할 준비를 한 후 모여 앉는다.
- 예로부터 수수팥떡을 언제 먹었는지에 대해 영유아들과 함께 이야기를 나누어 본다. (생일날 먹는 수수팥떡)
  - 옛날 우리 조상들은 수수의 붉은 기운이 나쁜 기운을 막아 준다고 해서 아기들의 백일이나 돌이 되면 수수팥떡을 만들어 주셨대.
  - 생일날 먹는 음식에는 또 어떤 음식이 있을까?

- 수수팥떡 만들기 요리 순서도를 보면서 준비된 재료와 만드는 방법을 살펴 본다.
  - 수수팥떡을 만들기 위해 첫 번째로 해야 할 일이 무엇일까?

❖ 본 활동

- 수수팥떡 요리활동을 진행한다.
  - 수수 반죽을 조그맣게 떼어 동그랗게 만들어 볼까?
  - 끓는 물에 경단 반죽을 넣고 끓이면 어떻게 될까?
    왜 위로 떠오르는 거지?
  - 위로 떠올랐다는 건 경단이 다 익은 거래.
    끓는 물에 익힌 수수경단에 어떤 옷을 입혀 볼까?
- 완성된 수수팥떡을 친구들과 함께 나누어 먹는다.
  - 우리가 만든 수수팥떡이 어떤 맛이 나는지 먹어 볼까?
  - 입에서는 어떤 느낌이 나니?
  - 천천히 꼭꼭 씹어서 먹자.

❖ 사후 활동

- 요리활동 후 완성된 수수팥떡을 이용하여 생일 맞은 친구를 위한 수수팥떡 케이크를 만들어 보며 생일파티를 하는 활동으로 확장할 수 있다.
- 동화 '무슨 떡을 만들지?'를 읽어 보며 우리나라의 다양한 떡의 종류에 대해 알아보는 활동으로 확장할 수 있다.

Tip

- 콩가루나 흑임자가루를 묻히면 다양한 색과 맛을 즐길 수 있다.
- 압력솥이나 오쿠 솥을 사용하면 쉽게 팥을 삶을 수 있다.

활동 5 생일잔치 요리활동

과일 꼬치

❖ **활동 시간** 30분

❖ **준비물** 파인애플 1/8개, 사과 1/2개, 방울토마토 3개, 꼬치

❖ **요리 과정**

1. 파인애플과 사과는 먹기 좋은 크기로 자른다.
2. 방울토마토는 꼭지를 제거한다.
3. 사과와 방울토마토를 앞, 뒤에 꽂아 고정시켜 준다.
4. 순서대로 꼬치에 꽂는다.

❖ **사전 활동**

- 요리할 준비를 한 후 모여 앉는다.
- 여름에 볼 수 있는 과일에 대해 이야기 나누어 본다.
  - 여름에 볼 수 있는 과일에는 어떤 것들이 있을까?
  - 친구들이 좋아하는 여름 과일은 어떤 것들이 있는지 이야기해 볼까?
- 과일 꼬치 만들기 요리 순서도를 보면서 준비된 재료와 만드는 방법을 살펴 본다.
  - 이 과일의 이름은 뭘까?
  - 과일의 향을 맡아 볼까? 어떤 향이 나니?
  - 요리활동 중 주의해야 할 것은 무엇일까?

❖ 본 활동

- '과일 꼬치' 요리활동을 진행한다.
  - 과일을 어느 정도 크기로 잘랐으면 좋겠니?
  - 꼬치에 과일을 꽂아 보자.
    과일을 꽂을 때는 꼬치의 끝이 뾰족하니까 조심해야 해.
  - 어떻게 하면 꼬치에 과일을 쉽게 꽂을 수 있을까?
- 완성된 과일 꼬치를 친구들과 함께 나누어 먹는다.
  - 완성된 과일 꼬치를 접시에 어떻게 담는 것이 좋겠니?
  - 과일 꼬치의 맛을 보니 어떠니?
  - ○○는 어떤 과일이 맛있니?
  - 꼬치의 뾰족한 부분에 찔리지 않게 조심해서 먹자.

❖ 사후 활동

- '과일 알아맞히기' 게임을 진행하며 오감각을 이용하여 과일을 탐색해 보는 활동으로 확장할 수 있다.

  게임 방법
  ① 교사는 유아의 눈을 안대를 이용하여 가린다.
  ② 교사가 여러 종류의 과일 중 하나를 선택하여 유아의 입에 넣어 준다.
  ③ 유아는 교사가 입에 넣어 준 과일의 맛을 보고 어떤 과일인지 알아맞혀 본다.

- 과일의 단면 사진 자료를 준비하여 과일의 겉과 속 모습을 관찰해 보는 활동으로 확장할 수 있다.
- 과일을 이용하여 만들 수 있는 다양한 요리에 대해 이야기 나누어 보는 활동으로 확장할 수 있다.

Tip

- 과일은 생으로 먹어야 하기 때문에 부드러운 면세사로 문질러 깨끗이 씻어 소독한 후 요리활동에 사용할 수 있도록 제공한다.
- 과일 세척 시 물에 식초를 몇 방울 떨어뜨리면 소독 및 세척 효과가 있다.

활동 6 생일잔치 요리활동

구절판

❖ **활동 시간** 40분

❖ **준비물** 표고버섯 200g, 느타리버섯 200g, 오이 300g, 피망 200g, 당근 200g, 달걀 5개, 밀가루, 식용유, 겨자장

❖ **요리 과정**

1. 표고버섯은 불려서 기둥을 떼어 낸 다음, 얇게 저며 곱게 채를 썬다.
2. 오이는 굵은 소금에 비벼 깨끗이 손질한 다음 4cm 길이로 토막 내어 돌려깍기 한다.
3. 피망도 가늘게 채를 썰어 소금에 절였다 꼭 짠 다음, 파랗게 볶는다.
4. 당근은 4cm 길이로 채를 썰어 살짝 절였다 꼭 짠 다음 볶는다.
5. 느타리버섯은 가늘게 결대로 찢어서 볶는다.
6. 달걀은 노른자와 흰자를 나누어 소금을 넣고 풀어 얇게 지단을 부친 후, 4cm 길이로 곱게 채를 썬다.
7. 밀반죽은 분량대로 한 다음, 체에 한번 거른다.
8. 약한 불 위에 프라이팬을 올리고, 7을 한 숟가락씩 떠 넣어 부친다.
9. 구절판 틀에 준비된 재료를 색을 맞추어 돌려 담고, 가운데 밀전병을 담는다.
10. 겨자장을 곁들여 밀쌈에 넣어 싸서 먹는다.

❖ **사전 활동**

- 요리할 준비를 한 후 모여 앉는다.
- 구절판에 들어가는 여러 가지 재료를 살펴보고 어떤 음식을 만들 수 있을지 이야기 나누어 본다.

– 재료만을 가지고 어떤 음식을 만들 것인지 예상해 볼 수 있겠니?

- 구절판의 뜻에 대해 이야기 나누어 본다.
  – 왜 이 음식의 이름이 구절판일까?
  – 구절판을 담을 그릇이 몇 개의 칸으로 나누어져 있는지 한번 세어 볼까?
- 유아들과 함께 '구절판' 만들기 순서에 대해 알아본다.
  – 9가지 재료를 준비해야 하는데 어떻게 하면 빠르게 준비할 수 있겠니?
  – 선생님이 준비한 것 외에 다른 재료들을 사용한다면 어떤 재료를 사용해 보고 싶니?

❖ 본 활동

- 구절판 요리활동을 진행한다.
  – 재료들을 어떻게 썰면 좋을까?
  – 밀전병을 어떻게 하면 얇게 만들 수 있을까?
  – 프라이팬에 올린 밀전병의 색깔이 어떻게 변하고 있니?
  – 구절판 접시에 각 재료들을 차례대로 담아 줄 수 있겠니?
- 완성된 구절판을 친구들과 함께 나누어 먹는다.
  – 밀전병에 어떤 재료들을 넣어서 먹고 싶니?
  – 구절판의 재료들을 따로 먹어 보았을 때와 구절판 재료들을 밀전병에 넣어 함께 먹었을 때의 맛은 어떠니?

❖ 사후 활동

- 우리나라의 다양한 궁중음식의 종류를 알아보는 활동으로 확장할 수 있다.
- 펠트지, 박스 등 재활용품을 사용하여 구절판 교구를 만들어 제시하면 역할놀이 활동으로 확장할 수 있다.

Tip

- 구절판 재료는 영유아들이 팀을 나누어 각각 준비하면 시간을 절약할 수 있다.
- 밀전병 사이에는 잣을 얹어 밀전병이 서로 붙지 않도록 한다.
- 영유아들은 겨자장을 싫어할 수 있으므로 묽게 하여 준비한다.

활동 7　생일잔치 요리활동

너비아니

❖ **활동 시간** 40분

❖ **준비물** 쇠고기 500g, 잣가루 약간, 양념장(간장 4와 1/2큰술, 다진 파 2큰술, 다진 마늘 2큰술, 설탕 2와 1/2큰술, 꿀 1큰술, 후춧가루 1/2작은술, 참기름 2큰술, 깨소금 2큰술, 배즙 1/3컵, 생강즙 1큰술)

❖ 요리 과정

1. 쇠고기는 얇게 저며서 마른 면보로 핏물을 제거한다.
2. 쇠고기를 앞뒤로 잘 다져 설탕을 뿌려 20분 정도 재 둔다.
3. 양념장을 만들어 저며 놓은 쇠고기를 넣고 잘 주물러 양념이 골고루 배도록 30분 정도 둔다.
4. 약간 센 불에서 구워 그릇에 담아 잣가루를 뿌려 낸다.

❖ 사전 활동

- 요리할 준비를 한 후 모여 앉는다.
- '너비아니'라는 명칭을 듣고 어떤 음식일지 이야기를 나눈다.
  - '너비아니'라는 요리의 이름을 들어 본 적이 있니?
  - 너비아니는 어떤 요리의 이름일까?
- 너비아니 만들기 요리 순서도를 보며 준비된 재료와 만드는 방법을 살펴본다.

❖ 본 활동

- 쇠고기를 마른 면보로 눌러 주며 핏물을 제거한 후 설탕에 재어 둔다.

- 쇠고기는 어떤 색깔이니?
- 면보로 왜 눌러 주어야 할까?
- 면보로 눌러 줄 때 느낌이 어떠니?
- 설탕을 사용한 요리에는 또 어떤 요리들이 있었지?
- 설탕을 뿌리면 어떤 맛이 날까?

● 고기에 양념장을 부어 잘 주물러 준다.
- 쇠고기에 우리가 만든 양념장을 부어 주자.
- 양념장 색깔을 한번 볼까? 어떤 재료가 들어갔을까? 맛은 어떨 것 같니?
- 양념장을 부은 후에 왜 고기를 주물러 줄까?

● 양념이 밴 고기를 굽는다.
- 구울 때에는 팬이 매우 뜨거우니까 조심해야 해.
  굽는 요리활동은 도와주실 어른이 함께 있을 때 해야 한단다.
- 고기가 타지 않도록 잘 지켜 보자.
- 고기를 구울 때 어떤 냄새가 나니?
- 고기의 색깔은 어떻게 변했니?

● 접시에 담아 놓은 너비아니를 먹는다.
- 너비아니는 어떤 맛이니? 어떤 고기와 맛이 비슷한 것 같니?
- 어떤 음식과 함께 먹으면 더 맛있을 것 같니?

❖ 사후 활동

● 너비아니 만드는 순서를 그림으로 표현하고 우리들의 생일 요리 레시피 책을 만들어 볼 수 있다.

● 레시피 책을 가정으로 보내 가정에서도 너비아니 구이를 만들어 볼 수 있다.

Tip

- 고기를 구울 때 너무 자주 뒤집어 주면 고기에서 나오는 육즙이 증발되기 때문에 한쪽 면이 익었다 싶을 때 한 번만 뒤집어 주는 것이 더 맛있게 굽는 방법이다.
- 면보는 반드시 소독 후 사용한다.

2. 세시풍속 요리활동

| 표 10-2 | 세시풍속 연간 요리활동

월(음력)	절 기	명 절	먹을거리
3월	청명 곡우	삼월 삼짇날(3월 3일)	진달래화전, 화면
		한식(동지+105일)	찬밥, 약밥, 쑥떡, 진달래주
4월	입하 소만	석가 탄신일(4월 8일)	쑥버무리, 미나리 강회
5월	망종 하지	단오(5월 5일)	수리취떡, 쑥떡, 메밀 가루로 빚은 만두
6월	소서 대서	유두(6월 15일)	유두국수, 수단, 건단, 연병
		삼복(6월 10일, 20일, 7월 11일)	여름 과일, 삼계탕
7월	입추 처서	칠석(7월 7일)	밀전병, 밀국수, 과일화채
		백중(7월 15일)	술, 고기, 떡, 과일
8월	백로 추분	추석(8월 15일)	송편, 토란 요리, 배수정과
9월	한로 상강	중양절(9월 9일)	국화주, 국화전, 유자화채, 메뚜기볶음, 청포묵, 모과차
10월	입동 소설	상달	만둣국, 신선로, 김장
11월	동지 대설	동지(11월 11일)	팥죽, 비빔국수, 수정과, 동치미
12월	소한 대한	섣달그믐(12월 31일)	무, 배추적, 결명자차
1월	입춘 우수	설(1월 1일)	떡국, 강정, 약과
		정월 대보름(1월 15일)	부럼, 오곡밥, 묵은 나물, 약식
2월	경칩 춘분	머슴날(2월 1일)	콩볶아 먹기

출처: 임재택 외(2020).

활동 1 세시풍속 요리활동

진달래 화전

❖ **활동 시간** 30분

❖ **준비물** 찹쌀가루, 소금, 꿀, 진달래꽃잎, 올리브오일

❖ **요리 과정**

1. 찹쌀가루에 소금을 약간 넣어 고운 체에 내린다.
2. 진달래꽃은 꽃술은 떼어 내고 꽃잎만 사용한다.
3. 찹쌀가루는 익반죽하여 적당한 크기로 동글동글 만든다.
4. 프라이팬에 식용유를 두르고 반죽을 놓고 누르면서 지진다.
5. 뒤집어서 익은 면에 꽃을 붙인 다음은 뒤집지 않는다.
6. 완성된 진달래 화전에 꿀을 묻혀 낸다.

❖ **사전 활동**

- 요리할 준비를 한 후 모여 앉는다.
- 세시풍속 '삼짇날'에 대한 의미와 유래에 대해 알아본다.
  - 삼짇날은 어떤 날일까?
  - 삼짇날은 추운 겨울을 피해 따뜻한 남쪽으로 갔던 제비들이 돌아오는 날로 진달래를 이용한 화전을 만들어 먹곤 하였대.
- 실외활동을 하며 텃밭에서 '진달래꽃'을 채취한다.
  - 어떤 꽃이 진달래꽃일까?
  - 진달래꽃은 무슨 색이지? 꽃을 먹을 수 있을까?

- 진달래 화전 만들기 요리 순서도를 보면서 준비된 재료와 만드는 방법을 살펴본다.

❖ 본 활동

- 영유아들과 함께 익반죽된 찹쌀가루를 동그랗게 만들고 그 위에 진달래꽃을 올려 장식하고, 프라이팬에 지진다.
  - 이건 찹쌀가루에 따뜻한 물을 넣어 익반죽한 거야.
    같은 찹쌀가루지만, 가루일 때와 반죽이 되었을 때 모양이나 느낌이 어떤지 한번 비교해 볼까?
  - 진달래꽃은 어떤 맛이 나는지 한 번 먹어 볼까?
  - 익반죽된 찹쌀가루를 적당량 떼어 내서 양손을 이용해서 동그랗게 만들어 보자.
  - 동글동글하게 만든 반죽을 어떻게 하면 프라이팬에서 잘 익힐 수 있을까?
  - 접시처럼 납작한 반죽 위에 우리가 채취한 진달래꽃으로 꾸며 보자.
  - 뜨거운 프라이팬을 사용할 때 어떤 점을 주의해야 할까?
  - 먼저, 프라이팬에 기름을 적당히 두르고, 우리가 만든 동그란 모양의 화전 반죽을 조심조심 프라이팬 위에 올려 보자.
  - 화전 반죽이 기름과 만나 뜨거운 프라이팬 위에서 구워지면서 어떤 소리가 나는지 들어 볼까?
  - 우리가 만든 화전 반죽의 모습은 어떻게 변했니?
  - 진달래꽃의 색이 변하지 않게 하려면 어떻게 하면 될 것 같니?
- 접시에 진달래 화전을 담고 먹어 본다.
  - 완성된 화전은 아직 뜨거우니 후후~ 식혀 가면서 먹어 보자.
  - 우리가 만든 화전의 맛은 어떤지 이야기해 볼까?

❖ 사후 활동

- 진달래 화전 만들기 요리활동 후, 가장 기억에 남는 장면을 생각해 보고, 이야기로 표현하거나 그림으로 표현하며 확장할 수 있다.
- 지점토를 이용하여 반죽 모양을 만들고 부직포나 EVA지를 여러 가지 꽃 모양으로 오려 역할놀이 영역에 준비하여 주면 화전 부치기 활동으로 확장될 수 있다.

Tip

- 진달래꽃이 피지 않은 시기에는 대추와 쑥으로 모양을 내기도 한다.
- 텃밭에 진달래꽃이 없을 경우 전날 가까운 산으로 산책 활동을 나가서 진달래꽃을 직접 채취한다.

활동 2 세시풍속 요리활동

쑥버무리

❖ **활동 시간** 40분

❖ **준비물** 쑥 150g, 멥쌀 300g, 소금

❖ **요리 과정**

1. 멥쌀을 10시간 정도 불린 후 물기를 뺀 다음 소금을 넣고 곱게 빻아 놓는다.
2. 쑥을 깨끗이 씻어 채반에 건져 물기를 뺀다.
3. 씻어서 물기를 빼 놓은 쑥에 멥쌀가루를 넣고 가볍게 섞어 준다.
4. 김이 오른 찜솥에 3을 넣어 센 불에서 찌다가 김이 오르면 뚜껑을 덮어 20~30분간 더 찐다.

❖ **사전 활동**

- 요리할 준비를 한 후 모여 앉는다.
- 세시풍속 '한식날'에 대한 의미와 유래에 대해 알아본다.
  - 한식날에 대해 들어 본 적이 있니?
  - 한식날은 찬 음식을 먹는 날이래. 그래서 쑥버무리 같은 음식을 만들어 두었다가 먹었대.
- 텃밭에서 쑥을 직접 채취해 본다.
  - 사진에 있는 쑥의 모습을 잘 관찰하고, 같은 모양의 쑥을 찾아보자.
- 쑥버무리 만들기 요리 순서도를 보며 준비된 재료와 만드는 방법을 살펴본다.
  - 쑥을 이용한 오늘의 요리의 이름은 무엇일까?
  - 쑥버무리를 먹어 보았거나, 본 적이 있니?

❖ 본 활동

- 영유아들과 함께 채취한 쑥을 깨끗하게 씻고, 멥쌀가루와 쑥을 섞은 후, 찜솥에 넣는다.
  - 오늘 사용하는 멥쌀과 찹쌀을 서로 비교해 볼까?
  - 멥쌀가루를 먹어 보자. 무슨 맛이 나니?
  - 접시 위에 올려놓은 쑥 위에 멥쌀가루를 골고루 뿌려 주자. 그리고 쑥이 멥쌀가루 옷을 입는 것처럼 살살 섞어 주자.
  - 쑥과 멥쌀가루가 만나 어떻게 되었니?
  - 멥쌀가루와 잘 섞인 쑥을 준비된 찜솥에 넣어 보자.
  - 뜨거운 불 위에서 20~30분 정도 익힌 후, 어떤 변화가 있는지 관찰해 보도록 하자.
  - 무슨 향이 나니? 모습은 어떻게 변했니?
  - 쑥버무리 말고 쑥으로 무얼 할 수 있을까?
  - 쑥 향이 좋아서 포푸리도 만들 수 있겠구나.
- 찜솥에서 쑥버무리를 빼내어 접시에 담고 먹어 본다.
  - 우리가 만든 쑥버무리의 맛은 어떤지 먹어 보자!
  - 왜 쑥버무리라는 이름이 지어졌는지 알겠니?
    쑥과 가루를 버물버물 하며 만든 음식이라 쑥버무리라고 이름을 지었대.

❖ 사후 활동

- 쑥을 이용하여 즙을 만들어 천이나 도화지에 염색하거나 그림을 그리는 등의 확장활동을 할 수 있다.
- 쑥 팀과 쌀가루 팀으로 나누어 몸을 이용하여 쑥버무리가 되어 보는 사회관계 활동으로 확장할 수 있다.

Tip

- 쑥을 송송 썰어 찌면 쑥을 싫어하는 영유아들도 먹기에 불편하지 않다.
- 쑥 포푸리를 만들어 교실에 모빌처럼 걸어 두면 교실 안의 좋지 않은 냄새를 없앨 수 있다.

활동 3 세시풍속 요리활동

유두국수

❖ **활동 시간** 30분

❖ **준비물** 소면 100g, 생닭 1마리, 애호박 30g, 감자 40g, 당근 10g, 양파 20g, 다진 마늘, 대파

❖ 요리 과정

1. 국솥에 물을 넉넉히 붓고 물이 끓으면 닭을 깨끗이 손질하여 푹 삶는다.
2. 애호박, 당근, 양파, 감자는 채를 썰어 볶아 내어 준비한다.
3. 삶아진 닭고기는 찢어서 따로 준비해 둔다.
4. 닭고기 육수에 2 3를 넣고 소금으로 간을 하여 한 번 더 끓여 낸다.
5. 국수는 끓는 물에 삶아 건져 놓는다.
6. 그릇에 국수를 말아서 넣고 4를 부어 낸다.
7. 지단을 부쳐 얇게 썰어 고명으로 얹는다.

❖ 사전 활동

- 요리할 준비를 한 후 모여 앉는다.
- 유두절의 의미와 풍속에 대해 이야기를 나누어 본다.
  - 유두절이 어떤 날인지 들어 본 적이 있니?
  - 이 날에는 왜 머리를 감을까? 머리를 감고 나면 어떤 느낌이니?
  - 국수를 먹어 본 경험이 있니?
    유두절에는 왜 국수를 먹었을까?

- 유두면 만들기 요리 순서도를 보면서 준비된 재료와 만드는 방법을 살펴 본다.

❖ 본 활동

- 유두면에 들어갈 닭고기를 크기에 알맞게 잘라 본다.
  - 이건 무슨 고기인 것 같니? 고기를 손으로 찢어 볼까?
  - 고기를 손으로 만져 보니 느낌이 어떠니?
  - 우리가 자른 고기를 국수 안에 넣으면 어떤 맛이 날까?
- 유두면을 끓여 국수 그릇에 담고 먹어 본다.
  - 국수를 먹으려면 무엇이 필요할까?
  - 젓가락으로 잘 먹을 수 있겠니?
  - 국수를 먹을 때 어떤 소리가 나니?
  - 국수의 맛과 느낌은 어떠니

❖ 사후 활동

- 역할놀이 공간에 '국수 만들기' 놀이를 할 수 있는 환경을 제공하여 자유롭게 국수를 만들어 볼 수 있다.

  (면: 하얀 털실, 고명: 노란색 펠트, 김 가루: 검은색 펠트 등)

Tip

- 만 2~3세의 경우 국수 면을 잘 씹을 수 없어 먹기에 불편할 수 있으므로 잘게 잘라 주어 수저로 먹도록 한다.

활동4 세시풍속 요리활동

과일화채

❖ **활동 시간** 20분

❖ **준비물** 오미자 200g, 사과 2개, 방울토마토 500g, 파인애플 1/2개, 오렌지 1개, 모양칼, 설탕 약간

❖ **요리 과정**

1. 오미자는 깨끗이 씻어 1L의 물에 담가 냉장고에 넣어 우려낸다.
2. 우려낸 물에 설탕을 약간 넣어 단맛을 맞춘다.
3. 과일은 씻어 사과, 파인애플은 모양 칼을 이용하여 깍뚝썰기로 준비하고, 오렌지와 방울토마토는 과일 모양 따라 썬다.
4. 오미자 물에 3의 과일을 넣는다.

❖ **사전 활동**

- 요리할 준비를 한 후 모여 앉는다.
- 세시풍속 '단오날'에 대한 의미와 유래에 대해 알아본다.
  - 단오날은 어떤 날일까? 단오날에 대해 들어 본 적이 있니?
  - 단오날은 좋은 기운이 가장 왕성한 날로 오미자 화채를 만들어 먹었대.
  - 너희들도 오미자 화채를 먹어 본 적이 있니?
- 오미자 화채 요리 순서도를 보면서 준비된 재료와 만드는 방법을 살펴본다.
  - 오늘 요리활동에 필요한 재료들을 탐색해 보자!
  - 다양한 종류의 과일들이 있네. 과일의 이름은 무엇인지, 어떤 맛이 나는지 함께 알아볼까?

❖ 본 활동

- 영유아들과 함께 오미자 화채에 필요한 다양한 재료들을 탐색한 후, 과일들을 먹기 좋은 크기로 자르고 오미자차에 자른 과일을 넣는다.
  - 오미자를 보았거나 먹어 본 적이 있니?
  - 오미자는 5가지 맛이 나서 오미자라고 한대.
  - 오미자가 가지고 있는 5가지 맛이 어떤 맛들인지 우리가 함께 맛을 보면서 찾아볼까?
  - 오미자차는 무슨 색이니?
  - 칼을 사용할 때는 어떤 점들을 주의해야 할까?
  - 다양한 과일들 중에 너희가 가장 좋아하는 과일을 먼저 썰어 볼까?
  - 과일들을 어떤 모양으로 썰어 보고 싶니?
  - 여러 가지 모양으로 자른 과일들을 오미자차 속으로 쏘옥~ 넣어 보도록 하자.
  - 오미자차 속에 과일들이 잘 섞이도록 하려면 어떻게 해야 할까?
- 요리 활동 후 주변을 정리한다.
- 화채 그릇에 담은 오미자 화채를 먹어 본다.
  - 완성된 오미자 화채는 어떤 맛인지 먹어 보도록 하자.
  - 어떤 맛이 나니?

❖ 사후 활동

- 5가지 맛이 난다는 오미자차를 먹어 본 느낌을 신체로 표현하며 확장활동을 할 수 있다.

Tip

- 사과나 파인애플의 경우 모양 찍기 틀을 이용하여 유아들이 좋아하는 모양을 찍어 보도록 한다.
- 오미자는 전날 생수에 담가 냉장 보관해 두면 맛과 색이 자연스럽게 우러난다.

활동5 세시풍속 요리활동

송편

❖ **활동 시간** 40분

❖ **준비물** 멥쌀가루 500g, 물, 참기름, 송편] 소(밤, 팥, 깨, 설탕), 여린 솔잎

❖ **요리 과정**

1. 멥쌀가루는 끓는 물로 말랑말랑하게 익반죽을 한다.
2. 반죽을 둥글게 빚어 가운데 홈을 파서 소를 넣고 가장자리를 손끝으로 조금씩 눌러 송편 소가 나오지 않도록 원하는 모양으로 빚는다.
3. 찜솥에 솔잎을 깔고 솔잎 위에 면보자기를 덮어 2의 송편을 넣어 15~20분 정도 찐다.
4. 3의 송편을 서로 붙지 않도록 참기름을 바른다.

❖ **사전 활동**

- 요리할 준비를 한 후 모여 앉는다.
- 그림책 『솔이의 추석 이야기』(이억배 글·그림, 길벗어린이, 1995)를 보면서 추석의 의미와 유래에 대해 이야기를 나누어 본다.
  - 추석은 어떤 날이라고 생각하니?
  - 추석에는 왜 송편을 만들까?
  - 송편을 먹어 본 적이 있니? 만들어 본 적이 있니? 느낌이 어땠니?
  - 어떤 색깔의 송편을 본 적이 있니?
  - 왜 송편이라고 했을까?
- 송편 만들기 요리 순서도를 보면서 준비된 재료와 만드는 방법을 살펴본다.

❖ 본 활동

- 반죽을 둥글게 빚어 가운데 홈을 파서 소를 넣고 모양을 만든다.
  - 우리가 원하는 모양으로 마음껏 자유롭게 송편을 만들어 보자.
  - ○○이는 어떤 송편을 만들어 보고 싶어?
  - 손가락으로 꾹꾹 눌러 줘 볼까?
  - 송편은 찌는 떡이기 때문에 찜솥에서 아주 뜨거운 김으로 쪄진대. 송편을 꾹 누르지 않으면 찜기에서 송편이 아이 뜨거워 하면서 터질 수가 있대.
  - ○○의 송편이 멋지게 완성되었구나.
  - 찜솥에 솔잎을 깔아 보자.
  - 솔잎 위에 보를 깔고 송편을 찌면 무슨 향이 날 것 같니?
- 찜솥에서 쪄진 송편을 접시에 담는다.
  - 우리가 만든 송편이 어떤 맛이니?
  - 어떤 소를 넣은 송편이 더 맛있니?

❖ 사후 활동

- 사후 활동으로 노래 '송편'(최수자 작사·작곡)을 불러 볼 수 있다.
- 점토와 다양한 자연물로 송편 만들기 활동을 할 수 있다.
- 솔잎을 따면서 모은 솔방울을 이용하여 조형활동으로 확장할 수 있다.

Tip

- 송편 모양은 자유로운 분위기에서 영유아들이 원하는 모양을 만들 수 있도록 격려한다.
- 송편 소는 밤, 콩, 건포도 등 다양한 재료를 이용할 수 있다.

활동6 세시풍속 요리활동

국화전

❖ **활동 시간** 30분

❖ **준비물** 찹쌀가루, 소금, 꿀, 국화꽃잎, 식용유

❖ 요리 과정

1. 찹쌀가루에 소금을 약간 넣어 고운 체에 내린다.
2. 국화꽃은 깨끗이 씻어 물기를 제거한 후 사용한다.
3. 찹쌀가루는 익반죽하여 적당한 크기로 동글동글하게 만든다.
4. 프라이팬에 기름을 두르고 반죽을 놓고 누르면서 지진다.
5. 뒤집어서 익은 면에 꽃을 붙인 다음은 뒤집지 않는다.
6. 완성된 국화전에 꿀을 묻혀 낸다.

❖ 사전 활동

- 요리할 준비를 한 후 모여 앉는다.
- 세시풍속 '중양절'에 대한 의미와 유래에 대해 알아본다.
  - 중양절은 달과 일이 홀수로 겹치는 날로 국화를 이용한 음식을 만들어 먹었대.
- 말려 놓은 국화를 물에 넣어 어떤 변화가 생기는지 탐색해 본다.
  - 말린 국화가 물을 머금으면 어떤 변화가 생길까?
  - 말린 국화와 물에 넣어 둔 국화를 서로 비교해 볼까?
  - 말린 국화꽃이 어떻게 변하고 있니?
- 국화전 만들기 요리 순서도를 보면서 준비된 재료와 만드는 방법을 살펴본다.

❖ 본 활동

- 영유아들과 함께 익반죽된 찹쌀가루를 동그랗게 만들고 그 위에 국화꽃을 올려 장식하고, 프라이팬에 지진다.
  - 국화꽃을 본 적이 있니? 어디에서 보았니?
  - 국화꽃은 어떤 향과 맛이 나는지 볼까?
  - 준비된 찹쌀반죽을 어떻게 만들면 국화꽃을 얹을 수 있을까?
  - 납작해진 찹쌀반죽 위에 국화꽃으로 꾸며 볼 건데 어떻게 꾸미면 좋을까?
  - 우리가 꾸민 국화전을 보니 어떤 느낌이 드니?
  - 친구들이 꾸민 것도 감상해 보자.
- 프라이팬을 사용할 때, 주의점에 대해 이야기하고 지져 본다.
  - 기름을 두른 뜨거운 프라이팬 위에 우리가 만든 국화전 반죽을 조심조심 올려 볼까?
  - 국화전 반죽이 기름과 만나 지져지면서 어떤 향기가 나니?
  - 국화꽃이 타지 않게 지지려면 어떤 점에 주의해야 할까?
- 지져 낸 국화전을 접시에 담고 먹어 본다.
  - 완성된 국화전의 맛은 어떤지 먹어 보자. 아직 뜨거우니 후후~ 식혀 가면서 맛을 보도록 하자.
  - 국화전의 맛을 어떤 단어나 몸짓으로 표현해 볼 수 있을까?
  - 국화전을 누구랑 함께 먹고 싶니?

❖ 사후 활동

- 지점토를 이용하여 국화전을 만들고 역할놀이에 활용하며 확장활동을 할 수 있다.
- 말린 국화꽃이 물을 머금고 변화하는 과정을 표현해 볼 수 있다.

Tip

- 국화꽃 외에 다양한 식용 꽃을 이용한다.

활동7 세시풍속 요리활동

팥죽

❖ **활동 시간** 40분

❖ **준비물** 팥 200g, 쌀 45g, 쌀가루 50g, 물, 소금

❖ **요리 과정**

1. 쌀은 씻어 물에 2시간 이상 충분히 불려서 소쿠리에 건져 물기를 빼 놓는다.
2. 팥은 씻어서 냄비에 담고 충분히 잠길 정도로 물을 부어 불에 올려 끓인다. 끓어오르면 바로 물만 따라 버리고 다시 물 4컵을 부어 푹 무를 때까지 삶는다.
3. 삶은 팥을 뜨거울 때 주걱으로 반 정도 으깨고 나머지 물을 조금씩 부으면서 고운 체로 걸러 껍질은 버리고 앙금은 가라앉힌다.
4. 찹쌀가루는 뜨거운 물에 소금을 타서 익반죽하여 지름 1cm 정도의 새알심을 동그랗게 빚는다.
5. 3의 가라앉힌 팥의 윗물만 따라서 붓고 불린 쌀을 넣어서 가끔 저으면서 쌀알이 완전히 익을 때까지 끓인다.
6. 쌀알이 완전히 익으면 3의 팥앙금을 넣어 저으면서 잘 어우러지게 끓인다.
7. 6에 새알심을 넣고 새알심이 익어서 위로 떠오르면 소금으로 간을 맞춘다.

❖ **사전 활동**

- 요리할 준비를 한 후 모여 앉는다.

- 동짓날의 의미와 유래에 대해 이야기를 나누어 본다.
  - 동짓날이라는 말을 들어 본 적이 있니?
  - 동짓날에는 왜 팥죽을 먹을까?
  - 팥은 무슨 색깔이니?
- 팥죽 만들기 요리 순서도를 보면서 준비된 재료와 만드는 방법을 살펴본다.

❖ 본 활동

- 새알심을 동그랗게 빚어 본다.
  - 새알심을 어떤 모양으로 만들어 보고 싶니?
  - 동글동글 굴려 볼까? 느낌이 어떠니? 모양이 어떻게 변한 것 같아?
  - 우리가 만든 새알심을 팥물에 넣으면 어떻게 될 것 같니?
- 영유아들이 만든 새알심을 넣고 팥죽을 끓인 후 먹어 본다.
  - 팥죽의 맛이 어떠니?
  - 너희들이 빚은 새알심이 팥죽 속에 들어가면서 무어라고 할 것 같니?
  - 입에서 씹는 느낌은 어떠니?

❖ 사후 활동

- 팥과 새알심을 구분하여 옮겨 보기 게임을 진행할 수 있다.
- 삶지 않은 팥과 삶은 팥을 비교해 보는 활동을 할 수 있다.

Tip

- 팥죽을 끓일 때는 나무주걱으로 저어 주어야 새알심이 삭지 않는다.
- 압력솥이나 오쿠 솥을 사용하면 팥을 쉽게 삶을 수 있다.
- 새알심이 목에 걸릴 수 있으므로 꼭꼭 씹어서 먹도록 한다.

3. 그림책 활용 요리활동

| 표 10-3 | 그림책 활용 요리활동 연간계획안

월	만 3세	만 4세	만 5세
3월	『감자는 약속을 지켰을까?』 〈감자범벅〉	『과자』 〈쿠키〉	『김밥 놀이 좋아』 〈김밥〉
4월	『구나르와 야채 수프』 〈채소 수프〉	『채소 먹는 용, 허브』 〈허브 채소 샐러드〉	『아프지 않게 몸을 지키는 먹을거리』 (튼튼해지는 먹을거리 그림책 3) 〈새싹비빔밥〉
5월	『치즈를 파는 고양이』 〈카나페〉	『고양이네 점심』 〈생선구이〉	『쉿! 엄마 깨우지 마!』 〈케이크〉
6월	『바나나가 좋아』 〈바나나 쉐이크〉	『내가 좋아하는 과일』 〈과일화채〉	『딩동~ 콩이야 우유 왔다!』 〈아이스크림〉
7월	『사과가 쿵!』 〈사과 샌드위치〉	『난 토마토 절대 안 먹!』 〈카프레제〉	『김치는 싫어요!』 〈열무김치〉
8월	『달은 우유일지도 몰라』 〈우유 빙수〉	『딩동~ 콩이야 우유 왔다!』 〈밀크쉐이크〉	『콩도 먹어야지!』 〈콩국수〉
9월	『딸기밭의 꼬마할머니』 〈딸기잼〉	『아빠랑 함께 피자 놀이를』 〈피자빵〉	『갈치 사이소』 〈동태전〉
10월	『야, 생선이다!』 〈참치김밥〉	『오이가 톡!』 〈오이소박이〉	『왜 잘 먹어야 하나요?』 〈감자양파볶음〉
11월	『초록이는 야채를 싫어해』 〈채소 샐러드〉	『구리와 구라의 빵 만들기』 〈핫케이크〉	『커다란 당근으로 무얼 하지?』 〈당근 카레〉
12월	『밀가루는 요리 천재』 〈수제비〉	『김치는 싫어요?』 〈물김치〉	『브론토가 고기를 먹었어요』 〈너비아니 구이〉
1월	『주먹밥이 데굴데굴』 〈주먹밥〉	『루이즈는 급식이 먹기 싫대요』 〈어묵볶음〉	『손 큰 할머니의 만두 만들기』 〈만두〉
2월	『왜 잘 먹어야 하나요?』 〈어묵탕〉	『달걀이랑 반죽이랑』 〈호떡〉	『하나, 둘, 셋, 치-즈!』 〈치즈 떡볶이〉

출처: 부천근로복지공단어린이집.

활동 1 그림책 활용 요리활동

허브채소 샐러드

❖ **활동 시간** 20분

❖ **준비물** 양상추 30g, 오이 1개, 방울토마토 3개, 타임 10g, 로즈마리 10g, 적채, 마요네즈, 딸기 50g

❖ **요리 과정**

1. 양상추는 한 잎 한 잎 따서 깨끗이 씻어 놓는다.
2. 오이와 적채는 채를 썬다.
3. 채소와 타임, 로즈마리는 찬물에 담근 후 물기를 빼고, 방울토마토는 2등분 한다.
4. 딸기를 갈아서 마요네즈에 섞어 소스를 만든다.
5. 물 빠진 채소를 한데 섞고 채소 위에 소스를 뿌린 후 타임과 로즈마리, 방울토마토를 얹어 장식한다.

❖ **사전 활동**

- 요리할 준비를 한 후 모여 앉는다.
- 『채소 먹는 용, 허브』 그림책 내용을 듣는다.
  - 허브는 왜 채소를 먹었니?
  - 채소를 맛있게 먹는 방법이 있을까?
- 허브채소 샐러드 만들기 요리 순서도를 보면서 준비된 재료와 만드는 방법을 살펴본다.

– 어떤 채소로 샐러드를 만들 수 있을까?

– 허브잎은 향이 좋아서 샐러드에 넣으면 좋은 향을 낼 수가 있대.

그림책 정보

• 『채소 먹는 용, 허브』

글 | 질 배스
그림 | 데비 하터
옮김 | 송순섭
출판사 | 푸른날개
출판 연도 | 2007

❖ 본 활동

- 허브채소 샐러드 요리활동을 진행해 본다.
  - 이 채소는 어떤 채소일까?
  - 채소를 씻을 때는 어떻게 씻어야 할까?
  - 빵칼을 사용할 때는 어떤 점을 조심해야 할까?
  - 허브의 향을 맡아 보자. 어떤 향이 나니?
  - 소스를 만들 때 어떤 과일들을 갈아 넣으면 좋을 것 같니?
  - 과일 소스로 채소를 버무려 보자. 모양이 어떻게 변하니?
- 접시에 허브채소 샐러드를 담고 먹어 본다.
  - 샐러드는 어떤 맛이니?
  - 채소를 먹으니까 몸이 무어라고 하니?

❖ 사후 활동

- 여러 동물 융판 자료를 활용하여 육식동물과 채식동물을 분류하여 본다.
- '오늘은 채소 먹는 날'을 정하여 채식을 경험하여 본다.

Tip

• 소스는 마요네즈를 넣지 않고 과일을 이용하여 직접 만들면 식감도 좋고 건강에도 도움이 된다.
• 소스를 만들 때 갈아 넣는 과일을 다양하게 하면 여러 가지 소스의 맛을 즐길 수 있다.

활동 2 그림책 활용 요리활동

카나페

❖ **활동 시간** 20분

❖ **준비물** 크래커, 슬라이스 햄 2장, 치즈 2장, 방울토마토 3개

❖ **요리 과정**

1. 치즈와 햄은 1/4 정사각형 모양으로 자른다.
2. 방울토마토는 깨끗이 씻어 반으로 자른다.
3. 크래커 위에 치즈, 햄을 얹고 그 위에 방울토마토를 얹는다.

❖ **사전 활동**

- 요리할 준비를 한 후 모여 앉는다.
- 『치즈를 파는 고양이』 그림책 속 고양이와 쥐를 인쇄하여 융판에 붙이고 서로의 관계에 대해 이야기 나눈다.
  - 쥐와 고양이는 어떤 친구일까?
  - 왜 쥐는 고양이를 무서워하게 되었을까?
- 『치즈를 파는 고양이』 그림책 내용을 듣는다.
  - 그림책 속에서 고양이 비스킷과 쥐들은 어떤 친구니?
  - 고양이 비스킷은 왜 다른 쥐들을 쫓지 않았니?
  - 고양이 비스킷이 파는 치즈로는 어떤 요리를 할 수 있을까?
- 카나페 만들기 요리 순서도를 보면서 준비된 재료와 만드는 방법을 살펴본다.
  - 카나페를 만들 때에 어떤 재료가 필요할까?

그림책 정보

- 『치즈를 파는 고양이』

글 | 베키블룸
그림 | 파스칼 비에
옮김 | 이희재
출판사 | 계림북스쿨
출판 연도 | 2001

❖ 본 활동

- 카나페 만들기 요리활동을 한다.
  - 치즈와 햄은 어떤 도구로 쉽게 자를 수 있을까?
  - 크래커 위에 어떤 재료를 올려 볼까?
- 카나페를 만든 후에 접시에 담고 먹어 본다.
  - 그냥 크래커만 먹었을 때와 카나페를 만들어 먹을 때 중에서 어떤 것이 더 맛있니?
  - 카나페를 누구랑 나누어 먹고 싶니?

❖ 사후 활동

- 그림책 속 장면을 인쇄하여 그림책 내용 순서대로 나열하며 이야기를 꾸미는 언어활동으로 확장할 수 있다.
- 역할놀이 영역에서 치즈 가게 놀이를 하며 확장할 수 있다.
- 그림책 속 장면에 말풍선을 만들어 속마음을 쓰거나 말하는 언어활동으로 확장 할 수 있다.
- 가정에서 유아들이 직접 카나페를 만들어 부모님께 대접할 수 있도록 준비물과 레시피를 만들어 가정으로 보낸다.

Tip

- 카나페 재료는 계절, 기호에 따라서 변화를 줄 수 있다.
- 카나페는 요리 과정이 간단해서 나이가 어린 영유아들도 손쉽게 요리 활동에 참여할 수 있다.

활동 3 그림책 활용 요리활동

고구마케이크

❖ **활동 시간** 40분

❖ **준비물** 고구마 300g, 생크림 50g, 연유, 카스텔라 빵, 키위, 딸기

❖ 요리 과정

1. 고구마를 찐 후 껍질을 벗겨 으깨고 연유를 섞어서 반죽한다.
2. 카스텔라 빵은 체에 잘 내려 놓는다.
3. 키위는 슬라이스로 썰어 다시 반으로 썬다.
4. 연유와 잘 버무려진 고구마를 쟁반에 평평하게 펴 모양을 만든 후 그 위에 생크림을 입힌다.
5. 생크림 위에 체에 내려진 카스텔라 가루를 뿌려 준다.
6. 5에 키위와 딸기를 보기 좋게 얹는다.

❖ 사전 활동

- 요리할 준비를 한 후 모여 앉는다.
- 그림책 『쉿! 엄마 깨우지 마!』의 제목과 표지를 보고 어떤 상황인지 유추하여 본 후에 그림책 내용을 듣는다.
  - 왜 엄마를 깨우면 안 될까?
  - 아기 원숭이들은 엄마에게 어떤 선물을 했지?
  - 케이크 선물을 받은 엄마 원숭이의 기분은 어땠을까?
  - 아기 원숭이들은 어떻게 케이크를 만들었니?
  - 그럼 우리도 케이크를 한번 만들어 볼까?

- 고구마케이크 만들기 요리 순서도를 보면서 준비된 재료와 만드는 방법을 살펴본다.

그림책 정보

- 『쉿! 엄마 깨우지 마!』

글·그림 | 에일런 크리스텔로
옮김 | 강인
출판사 | 사계절
출판 연도 | 2011

❖ 본 활동

- 찐 고구마의 껍질을 벗겨 으깬다.
  - 고구마의 껍질을 벗기니 무슨 색깔이 되었니?
  - 고구마를 으깰 때 어떤 도구를 사용하면 좋을까?
  - 친구와 함께 으깨 보겠니?
- 카스텔라 빵을 체에 문질러서 가루를 만든다.
  - 카스텔라 빵의 느낌은 어떠니?
  - 왜 체에 내려 가루를 만들까?
- 고구마로 케이크의 모양을 잡고 생크림을 입힌 후에 카스텔라 가루를 뿌리고 과일로 장식한다.
  - 케이크를 어떤 모양으로 장식해 볼까?
  - 생크림을 예쁘게 장식하려면 짤 주머니 안에 생크림을 넣고 짜 주면 되는데 어떤 모양이 될 것 같니?
  - 또 어떤 과일로 장식하면 예쁘게 장식할 수 있을까?

- 완성된 케이크를 친구들과 함께 나누어 먹는다.
  - 고구마케이크는 어떤 맛이니?
  - 고구마가 입 속에 들어갈 때 어떤 느낌이 나니?

❖ 사후 활동

- 케이크 모형을 활용하여 특별한 날 역할놀이를 진행해 볼 수 있다.
- 요리 순서 쪽편지를 가정으로 발송해 가정에서 부모님과 함께 활동해 보도록 한다.

Tip

- 고구마는 심이 없고 노란 빛깔이 나는 밤고구마를 사용하면 더욱 더 맛깔스럽다.
- 고구마는 요리활동 전에 쪄서 식은 다음에 껍질을 벗겨야 한다.

활동 4 그림책 활용 요리활동

토스트피자

❖ **활동 시간** 30분

❖ **준비물** 양파 1/2개, 당근 1/4개, 청피망 1개, 양송이 200g, 쇠고기 200g, 옥수수 30g, 케첩, 식빵, 피자치즈

❖ **요리 과정**

1. 양파, 당근, 청피망은 얇고 잘게 썬다.
2. 양송이는 모양대로 얇게 썬다.
3. 옥수수는 물기를 제거해 둔다.
4. 다진 쇠고기는 양념을 하여 볶은 후 물기를 뺀다.
5. 다진 쇠고기에 1 2 3을 넣어 케첩으로 볶는다.
6. 식빵 한쪽 면에 5를 얹은 후 피자치즈를 뿌려 오븐에 넣어 치즈가 녹으면 꺼낸다.

❖ **사전 활동**

- 요리할 준비를 한 후 모여 앉는다.
- 『아빠랑 함께 피자 놀이를』 그림책 내용을 듣는다.
- 그림책 속 내용을 함께 회상하며 피자 만들기 방법에 대해 생각해 본다.
  - 그림책 속에서 아빠가 피트를 피자로 만들었던 것을 생각해 보자.
  - 먼저 무엇을 했지? (순서 회상하기)

- 우리가 실제로 아빠와 함께 피자 놀이를 해 본다면 어떤 장면이 가장 재미있을 것 같니?

● 토스트피자 만들기 요리 순서도를 보면서 준비된 재료와 만드는 방법을 살펴본다.

- 피자를 만들 때 어떤 재료들이 필요할까?

그림책 정보

• 『아빠랑 함께 피자 놀이를』

글·그림 | 윌리엄 스타이그
옮김 | 박찬순
출판사 | 보림
출판 연도 | 2003

❖ 본 활동

● 토스트피자 만들기 요리 활동을 한다.

- 아빠가 피트에게 했던 것처럼 피자를 만들어 보자.
- 당근, 양파, 피망을 잘라 보니 모양이 어떻게 달라졌니?
- 식빵 위에 우리가 자른 채소들을 올려놓아 보자.
- ○○이가 생각한 모양대로 잘 올려놓고 있니?
- (피자치즈를 보여 주며) 이것은 피자치즈야, 피자치즈를 본 적 있니?
- 치즈를 만져 보니 느낌이 어떠니?
  맛은 어떨 것 같니?
  차가운 치즈는 우리가 피자에서 봤던 치즈와는 다르지?
  이렇게 딱딱한 치즈가 어떻게 쭉 늘어나는 치즈가 될까?

- 치즈의 모양에 대해 탐색하여 열을 가하기 전과 후의 변화를 탐색해 본다.
  - 치즈를 뿌린 피자가 다 익었네.
    우리가 뿌린 치즈가 어떻게 되었니?
    왜 이렇게 되었을까?
    오븐 안에서 어떤 일이 일어난 걸까?
- 피자토스트를 주스와 함께 먹어 본다.

❖ 사후 활동

- 『아빠랑 함께 피자 놀이를』 그림책을 가정에 소개하여 실제로 아빠와 함께 피자 놀이를 하는 시간을 가질 수 있도록 한다.
- 인스턴트 피자와 우리가 만든 피자의 재료들을 비교하는 영양교육 활동으로 확장할 수 있다.

Tip

- 오븐이 없으면 프라이팬에 식빵을 넣어 뚜껑을 덮은 후 피자치즈가 녹으면 꺼낸다.
- 피자빵에 얹을 재료는 팀을 나누어 준비하면 시간을 절약할 수 있다.
- 옥수수는 생협에서 구입하면 병에 든 옥수수를 구입할 수 있다.

활동 5 그림책 활용 요리활동

핫케이크

❖ **활동 시간** 20분

❖ **준비물** 핫케이크 가루 100g, 우유 200ml, 달걀 1개, 건포도, 식용유

❖ **요리 과정**

1. 우유와 달걀을 섞은 물에 핫케이크 가루를 넣어 걸쭉하게 반죽한다.
2. 1에 건포도를 넣어 섞는다.
3. 작은 국자를 이용해 적당량의 반죽을 떠 낮은 온도로 팬에 굽는다.

❖ **사전 활동**

- 요리할 준비를 한 후 모여 앉는다.
- 『구리와 구라의 빵 만들기』 그림책 내용을 듣고 구리와 구라가 빵을 만드는 과정에 대해 이야기를 나눈다.
  - 구리와 구라가 어떤 도구를 사용해서 빵을 만들었지?
  - 구리와 구라가 만든 빵은 어떤 냄새가 났을까?
- 핫케이크 만들기 요리 순서도를 보면서 준비된 재료와 만드는 방법을 살펴본다.

그림책 정보

- 『구리와 구라의 빵 만들기』

글 | 나카가와 리에코
그림 | 오무라 유리코
옮김 | 이영준
출판사 | 한림
출판 연도 | 2011

❖ 본 활동

- 핫케이크 가루를 반죽한다.
  - 핫케이크 가루를 만질 때 느낌이 어떠니?
  - 핫케이크 가루에 우유와 달걀을 섞으면 어떻게 될까?
  - 건포도를 넣으면 핫케이크를 씹을 때 어떤 맛이 날까?
- 팬에 적당한 크기로 반죽을 올려 핫케이크을 구워 본다.
  - 팬을 사용할 때는 뜨거우니 조심해서 활동하자.
  - 반죽을 팬에 구웠더니 어떻게 되었니?
  - 구울 때 냄새는 어떠니?
- 다 구운 핫케이크를 접시에 담아 먹어 본다.
  - 핫케이크는 어떤 맛이니?
  - 우리가 빵집에서 사 먹는 빵 중에 핫케이크와 비슷한 맛을 내는 빵이 있었니?

❖ 사후 활동

- 그림책 『구리와 구라의 빵 만들기』에서 나온 빵 만들기 재료와 핫케이크 재료를 비교해 보며 이야기 나누어 볼 수 있다.
- 밀가루 반죽을 이용하여 모양틀에 찍어 보기 놀이를 할 수 있다.

Tip

- 핫케이크를 구울 때 프라이팬에 기름은 아주 소량만 두르고 반죽 표면에 기포 방울이 생기면 뒤집는다.
- 건포도 외에 유아들이 좋아하는 견과류를 넣어도 좋다.

활동 6 그림책 활용 요리활동

삼색 수제비

❖ **활동 시간** 30분

❖ **준비물** 밀가루 300g, 시금치, 당근, 감자, 호박, 건다시마, 멸치, 마늘, 파

❖ **요리 과정**

1. 시금치와 당근은 곱게 갈아서 즙을 준비하여 밀가루를 넣어 반죽한다.
2. 1을 랩으로 싸 냉장고에 30분쯤 보관해 둔다.
3. 멸치와 건다시마로 국물을 낸다.
4. 감자, 호박을 반달썰기로 준비해 둔다.
5. 3에 감자를 넣어 한소끔 끓인 후 반죽을 얇게 빚어 떼 놓는다.
6. 나머지 채소를 넣은 후 소금, 마늘 등으로 간을 맞추어 낸다.

❖ **사전 활동**

- 요리할 준비를 한 후 모여 앉는다.
- 『밀가루는 요리 천재』 그림책 내용을 듣는다.
  - 밀가루는 왜 요리 천재일까?
  - 밀가루로 어떤 요리들을 만들 수 있지?
  - 그림책 『밀가루는 요리 천재』에 나온 음식 중에 어떤 음식이 먹고 싶니?
- 삼색 수제비 만들기 요리 순서도를 보면서 준비된 재료와 만드는 방법을 살펴본다.

그림책 정보

• 『밀가루는 요리 천재』

글 | 홍윤희
그림 | 혜경
출판사 | 끼리끼리
출판 연도 | 2011

❖ 본 활동

- 밀가루 요리 중 '삼색 수제비'를 만들어 본다.
  - 밀가루 반죽에 시금치즙과 당근즙을 섞었더니 색깔이 어떻게 변했니? 또 다른 색을 넣으려면 어떤 재료를 사용하면 될까?
  - 반죽은 왜 냉장고에 넣어 두어야 할까?
  - 반죽을 냉장고에 넣어 두는 것을 무엇 시킨다고 말할까?
  - 멸치와 다시마로 육수를 낸 음식을 먹어 본 적이 있니?
  - 수제비 반죽을 떼어 낼 때 느낌은 어떠니?
  - 반죽을 떼어 속이 보이는 냄비에 넣어 보자. 어떤 일이 벌어질까?
  - 수제비에는 어떤 양념으로 간을 해야 할까?
- 끓인 수제비를 그릇에 담고 먹어 본다.
  - 어떤 맛이 나니? 수제비를 씹을 때의 느낌은 어떠니?

❖ 사후 활동

- 밀가루 반죽을 활용하여 미술 영역에서 점토놀이를 할 수 있다.
- 밀가루 반죽을 활용하여 역할놀이 영역에서 밀가루 음식을 만들어 음식점 놀이를 할 수 있다.

Tip

- 수제비 반죽은 먹기 바로 직전에 떼서 넣고 끓여야 색깔을 그대로 유지할 수 있다.
- 천연색을 낼 수 있는 다양한 재료를 이용하여 여러 가지 색의 밀가루 반죽을 만들 수 있다.

활동 7 그림책 활용 요리활동

주먹밥

❖ **활동 시간** 40분

❖ **준비물** 밥, 오이 30g, 당근 30g, 김가루, 다진 쇠고기 500g, 깨소금, 참기름

❖ **요리 과정**

1. 밥은 고슬고슬하게 짓는다.
2. 오이, 당근은 다져서 프라이팬에 살짝 볶는다.
3. 다진 쇠고기는 양념을 하여 볶아 둔다.
4. 밥에 볶은 쇠고기, 오이, 당근, 깨소금, 참기름, 김가루를 넣고 동그랗게 주먹밥을 만든다.

❖ **사전 활동**

- 요리할 준비를 한 후 모여 앉는다.
- 『주먹밥이 데굴데굴』 그림책 내용을 듣는다.
  - 이 그림책은 아카바 수에키치 선생님께서 그림을 그리시고 고바야시 테루코 선생님께서 내용을 지어 주셨대. 동화를 만들어 주신 선생님들의 이름을 들어 보니 어느 나라의 사람들 같니?
  - 생쥐 구멍으로 들어간 주먹밥으로 어떤 음식을 해 먹었니?
- 주먹밥 만들기 요리 순서도를 보면서 준비된 재료와 만드는 방법을 살펴본다.
  - 주먹밥을 만들 때에 어떤 재료가 필요할까?

그림책 정보

• 『주먹밥이 데굴데굴』

글 | 고바야시 테루코
그림 | 아카바 수에키치
옮김 | 김난주
출판사 | 비룡소
출판 연도 | 2011

❖ 본 활동

- '데굴데굴 주먹밥'을 만들어 본다.
  - 우리도 할아버지들처럼 주먹밥을 만들어 보자.
  - 주먹밥을 동그랗게 만들고 싶다면 손을 어떻게 해야 할까?
  - 동글동글 예쁘게 빚어 보자.
  - 다른 모양으로도 주먹밥을 만들어 볼 수 있을까?
- 다양한 재료를 활용하여 알록달록한 주먹밥을 만든다.
  - 어떤 재료를 넣으면 더 알록달록한 주먹밥이 될까?
  - ○○색 주먹밥을 만들고 싶으면 어떤 재료를 넣으면 될까?
- 주먹밥을 접시에 담아 내고 먹어 본다.
  - 먹어 보니까 맛이 어떠니?
  - 집에 가서 엄마와도 함께 만들어 보자.

❖ 사후 활동

- 주먹밥을 나누어 주고 싶은 사람을 생각하여 나누어 먹으며 사회관계 증진 활동으로 확장할 수 있다.
- 일본 전래동화 '주먹밥이 데굴데굴'과 우리나라 전래동화 '혹부리 영감님'의 내용을 비교해 보는 활동으로 확장할 수 있다.

Tip

- 영유아들이 싫어하는 채소를 보이지 않게 다져 넣으면 잘 먹는다.
- 밥을 지을 때 멥쌀로만 하는 것보다 찹쌀을 섞으면 주먹밥이 잘 뭉쳐지고 맛도 더 좋다.

4. 간식을 위한 요리활동

간식을 위한 요리활동은 사전 계획 없이 영유아들과 논의하고 협의하여 활동할 수 있다. 평소 먹어 보고 싶은 건강에 좋은 음식이나, 놀이활동과 관련 있는 음식, 평소에 영유아들이 잘 먹지 않으려는 음식, 엄마나 아빠가 좋아하실 것 같은 음식들을 상황에 따라 계획하여 영양교육의 일환으로 요리활동을 한 후 간식으로 먹는다. 〈표 10-4〉는 영유아들이 간식으로 좋아하는 요리활동을 계절별로 정리한 예이다.

| 표 10-4 | 간식을 위한 계절별 요리활동의 예

봄 (3, 4, 5월)	여름 (6, 7, 8월)	가을 (9, 10, 11월)	겨울 (12, 1, 2월)
• 쑥버무리 • 꼬마 김밥 • 봄나물 치킨 샐러드 • 쑥전 • 스크램블 에그 • 딸기 핫케이크 • 냉이 튀김 샐러드 • 앵두화채 • 미나리전 • 딸기아이스크림 • 마늘빵	• 채소 샌드위치 • 방울토마토 카나페 • 감자전 • 과일팥빙수 • 옥수수군만두 • 오이메추리알 꼬지 • 복숭아조림 • 감자고로케 • 매실주먹밥 • 카프레제 • 치킨 또띠아	• 과일 샐러드 • 포도잼 토스트 • 유부초밥 • 송편 • 밤경단 • 고구마 케이크 • 단호박 쿠키 • 버섯 햄버거 • 율란 • 유채화채 • 단호박롤 샌드위치	• 찹쌀부꾸미 • 단호박 찐빵 • 어묵탕 • 카레떡볶이 • 고구마맛탕 • 호두땅콩호떡 • 감귤 젤리 • 해물김치전 • 한라봉 크레이프 • 감귤잼 샌드위치 • 떡꼬치

출처: 부천근로복지공단어린이집.

활동 1 간식을 위한 요리활동

꼬마 김밥

❖ **활동 시간** 40분

❖ **준비물** 밥 150g, 참기름, 깨, 소금, 햄 10g, 단무지 10g, 오이 10g, 당근 10g, 김밥용 김 3g, 식용유

❖ **요리 과정**

1. 고슬고슬하게 지어진 밥에 소금과 참기름, 깨를 넣고 골고루 섞어 준다.
2. 햄과 단무지, 오이, 당근은 사방 0.5cm 두께로 길게 채를 썬다.
3. 오이와 당근은 식용유를 조금 두른 팬에서 각각 소금을 조금 뿌려 살짝 볶아 낸다.
4. 김밥용 김은 살짝 굽고 4등분 하여 김의 2/3 정도만 밥을 깔고 김밥 재료를 얹어 김발을 사용해 돌돌 말아서 먹기 좋은 크기로 썬다.

❖ **사전 활동**

- 요리할 준비를 한 후 모여 앉는다.
- 『김밥 놀이 좋아』(최순영 글, 조민경 그림, 시공주니어, 2007) 그림책을 보면서 김밥 놀이를 해 본다.
  - 김(이불) 위에 OOO밥을 넣고 단무지(베개)도 넣고…….
  - 김밥 놀이 재미있었니? 그럼 우리 함께 김밥을 만들어 볼까?
- 김밥을 먹어 보았던 경험을 이야기 나눈다.

- 김밥을 언제 먹어 보았니?
- 왜 나들이를 갈 때 김밥을 싸 갈까?

❖ 본 활동

- 김 위에 양념한 밥과 다양한 재료를 올린다.
  - 이 밥은 어떤 양념을 넣었을까?
  - 김 위에 밥과 어떤 재료를 올려 볼까?
  - 이런 재료를 넣으면 김밥을 잘랐을 때 어떤 색깔들이 나올까?
  - 오이 대신 넣을 수 있는 재료에는 무엇이 있을까?
- 김발을 이용해 김밥을 말아 준다.
  - 이렇게 김밥을 돌돌 말아 주다가 김의 끝에는 밥풀을 몇 개 붙여 주는 거야. 여기에 밥풀을 왜 붙여 줄까?
  - 김발에 한 번 더 말아서 꾹꾹 눌러 주자.
    꾹꾹 눌러 주지 않으면 김밥이 터질 수 있대.
  - 김발을 마는 느낌이 어떠니?
  - 김밥이 김발 속에서 아프지 않을까?
- 김밥을 적당한 크기로 잘라 먹어 본다.

❖ 사후 활동

- 영유아들이 함께 만든 김밥을 도시락통에 싸서 나들이를 나갈 수 있다.
- 김밥 요리활동을 손유희로 표현하며 놀이할 수 있다.
- 부직포로 된 김밥 만들기 교구를 역할놀이 영역에 준비하여 주면 김밥 싸기 놀이가 지속적으로 이루어질 수 있다.

Tip

- 김을 살짝 구워 주면 맛은 더하지만 영유아들의 요리활동 시에는 쉽게 찢어질 수 있으므로 굽지 않은 김밥용 김을 사용하는 것이 좋다.

활동 2 간식을 위한 요리활동

스크램블 에그

❖ **활동 시간** 30분

❖ **준비물** 달걀 5개, 당근 10g, 양파 10g, 쪽파 10g

❖ **요리 과정**

1. 양파, 당근, 쪽파를 곱게 다진다.
2. 달걀을 풀어서 소금으로 간을 해 놓는다.
3. 달군 프라이팬에 1을 볶은 뒤 2를 부어서 젓가락으로 휘저으며 볶는다.
4. 소금, 후추로 간한다.

❖ **사전 활동**

- 요리할 준비를 한 후 모여 앉는다.
- 달걀로 만들 수 있는 요리에 대해 이야기를 나눈다.
  - 달걀로 어떤 요리를 만들 수 있을까?
  - 달걀을 이용해서 요리를 해 본 적이 있니?
- 스크램블 에그 만들기 요리 순서도를 보면서 준비된 재료와 만드는 방법을 살펴본다.
  - 스크램블 에그를 만들 때 어떤 재료가 들어가지?

❖ **본 활동**

- 스크램블 에그에 넣을 채소를 빵칼로 다진다.

- 빵칼로 썰 때 양파, 당근, 쪽파 중 어떤 채소가 가장 잘 잘리니?
- 동생이 채소를 먹기 싫어하면 채소를 먹을 수 있게 어떻게 도와줄 수 있을까?

● 거품기로 달걀을 푼다.
- 달걀을 풀 수 있는 요리기구는 어떤 것일까?
- 달걀을 푸는 요리 기구 이름을 아니?
- 달걀을 풀 때는 흰자와 노른자가 잘 섞일 수 있게 거품기로 잘 저어 주어야 해.
- 누가 저어 주겠니?
- 달걀 젓는 방법을 선생님이 보여 줄게.

● 달걀은 채소와 함께 볶아 주고 양념을 한다.
- 어떤 양념을 넣어야 더 맛이 있을까?
- 왜 젓가락으로 휘저으면서 달걀을 볶을까?

● 접시에 스크램블 에그를 담아 낸 후 먹는다.
- 달걀프라이를 먹을 때와 무엇이 다르지?
- 채소가 들어갔는데 어떤 맛이 나니?

❖ 사후 활동

● 영유아들이 함께 만든 스크램블 에그를 먹으면서 달걀의 맛과 영양을 이야기 나눌 수 있다.

● 달걀의 영양과 해로운 요소에 대해 살펴보고 알레르기나 아토피가 있는 영유아들은 스스로 먹지 않도록 한다.

Tip

• 요리활동 전에 아토피나 알레르기가 있는 영유아가 있는지 알아보고 그런 영유아에게는 부모님과 상의한 후 제공한다.

활동 3 간식을 위한 요리활동

마늘빵

❖ **활동 시간** 30분

❖ **준비물** 식빵 2쪽, 버터 30g, 다진 마늘 10g, 파슬리 가루 1g, 꿀

❖ 요리 과정

1. 버터는 중탕으로 녹인다.
2. 녹인 버터에 다진 마늘, 꿀, 파슬리 가루를 넣어 잘 섞는다.
3. 솔이나 수저로 식빵에 2를 앞뒤로 고르게 잘 바른다.
4. 프라이팬에 노릇하게 굽는다.

❖ 사전 활동

- 요리할 준비를 한 후 모여 앉는다.
- 마늘을 탐색한다.
  - 마늘의 향(냄새)은 어떠니?
  - 마늘을 먹어 본 적이 있니? 마늘은 어떤 맛일까?
  - 매운 마늘을 쉽게 먹는 방법에는 무엇이 있을까?
  - (파슬리를 보여 주며) 이것은 무엇처럼 생겼니?
  - 파슬리의 향을 맡아 보니까 어떤 향이 나는 것 같니?
- 마늘빵 만들기 요리 순서도를 보면서 준비된 재료와 만드는 방법을 살펴 본다.

❖ 본 활동

- 버터를 녹이고 다진 마늘, 꿀, 파슬리 가루를 넣어 섞는다.
  - 딱딱한 버터를 어떻게 하면 물처럼 만들 수 있을까?
  - 버터를 녹일 때 어떤 냄새가 나지?
  - 녹인 버터에 다진 마늘을 넣으면 어떤 맛이 날까? 맵지 않을까?
- 식빵에 마늘소스를 바르고 팬에 굽는다.
  - 식빵에 마늘소스를 바를 때 어떤 도구를 사용해야 할까?
  - 마늘소스에서는 어떤 냄새가 나니?
  - 달궈진 팬에서 노릇노릇하게 구워 내면 완성! 냄새가 어떠니?
- 요리활동 후 주변을 정리하고 마늘빵을 먹는다.
  - 마늘빵에서 매운 맛이 나니?
    그럼 마늘빵의 맛은 어떠니?

❖ 사후 활동

- 마늘빵과 함께 마실 수 있는 과일 음료수를 만들어 빵집을 구성하여 놀이해 볼 수 있다.

Tip

- 마늘의 강한 향과 매운 맛 때문에 영유아들이 싫어할 수 있으므로 꿀을 많이 첨가하여 단맛을 먼저 느낄 수 있도록 한다.
- 식빵을 다양한 모양으로 자르고 꿀을 많이 발라 마늘빵을 만들면 모양 탐색을 통한 호기심 유발과 함께 꿀의 단맛으로 영유아들이 마늘빵을 거부하지 않고 먹을 수 있다.

활동 4 간식을 위한 요리활동

치킨 또띠아

❖ **활동 시간** 30분

❖ **준비물** 양상추 15g, 오이 10g, 파프리카(노랑, 주황) 20g, 닭고기(가슴살) 20g, 튀김가루, 달걀, 머스터드소스, 마요네즈, 또띠아 40g

❖ **요리 과정**

1. 채소는 가늘게 채를 썰어 물기를 빼 둔다.
2. 닭고기는 밑간하여 달걀, 튀김가루를 입혀서 튀긴다.
3. 또띠아는 살짝 데워 낸다.
4. 또띠아 위에 채소를 얹고 마요네즈와 머스터드소스를 뿌려 돌돌 말아 싼다.

❖ **사전 활동**

- 요리할 준비를 한 후 모여 앉는다.
- 또띠아 요리활동을 소개하고 멕시코의 음식임을 이야기 나눈다.
  - 또띠아는 멕시코라는 나라의 대표적인 음식이래.
  - 멕시코 말로는 토르티야라고 부르는 빵인데 밀가루나 옥수수가루로 기름 없이 구워서 담백한 맛이 나는 아주 얇은 빵이래.
- 치킨 또띠아 만들기 요리 순서도를 보면서 준비된 재료와 만드는 방법을 살펴본다.
  - 오늘 우리는 토르티야에 치킨과 채소를 넣어 치킨 또띠아를 만들 거야.
  - 어떤 채소를 넣으면 더 맛있게 먹을 수 있을까?

❖ 본 활동

- 빵칼로 채소를 썬다.
  - 빵칼로 채소를 썰 때 어떤 채소가 가장 잘 썰리니?
  - 토르티야 속에 채소를 넣어서 먹으려면 채소를 어떤 모양으로 썰어야 좋을까?
- 토르티야 위에 영유아들이 썰은 채소와 치킨을 얹고 소스를 뿌린 후에 돌돌 말아서 싼다.
  - 우리나라 전통 음식 중에도 이렇게 전병에 싸 먹는 음식이 있었는데 어떤 요리였지?
  - 토르티야를 어떻게 싸면 속재료가 빠지지 않을까?
  - 토르티야를 고깔 모양으로 싸 주면 밑 부분이 좁아져서 속재료가 빠지지 않겠지?
  - 빵과 치킨, 채소를 함께 먹으면 어떤 맛이 날까?
- 자신이 만든 치킨 또띠아를 먹어 본다.
  - 치킨 또띠아의 맛이 어떠니?
    어떤 음식과 맛이 비슷하니?
  - 다음에 요리를 한다면 어떤 재료를 넣고 싶니?

❖ 사후 활동

- 치킨 또띠아 만들었던 과정을 그림과 글로 표현하며 '우리들의 또띠아 요리활동' 그림책을 만들어 볼 수 있다.
- 부직포 등을 이용하여 또띠아 요리활동이 가능한 교구를 만들어 역할놀이로 간식을 만드는 놀이활동을 진행할 수 있다.

Tip

- 또띠아는 미리 구워 놓지 않아야 한다. 식으면 딱딱해져서 말 때 찢어지므로 구우면서 말아야 한다.

활동 5 간식을 위한 요리활동

유부초밥

❖ **활동 시간** 45분

❖ **준비물** 조미 유부 5개, 햄 20g, 피망 10g, 당근 10g, 흑임자, 식초, 설탕, 쌀 100g

❖ **요리 과정**

1. 밥은 고슬고슬하게 짓는다.
2. 당근, 햄, 피망은 곱게 다져서 볶는다.
3. 밥에 2의 볶은 채소와 식초, 설탕, 소금, 흑임자를 넣고 버무린다.
4. 조미 유부를 끓는 물에 살짝 데쳐 물기를 꼭 짠 다음 그 속에 버무린 밥을 꼭꼭 눌러 담는다.

❖ **사전 활동**

- 요리할 준비를 한 후 모여 앉는다.
- 유부초밥을 먹어 보았던 경험에 대해 이야기 나눈다.
  - 유부초밥을 먹어 보았니? 어떤 맛이 났니?
- 유부초밥 만들기 요리 순서도를 보면서 준비된 재료와 만드는 방법을 살펴본다.

❖ 본 활동

- 채소를 곱게 다져서 볶은 후에 밥과 함께 버무린다.
  - 주황색은 어떤 채소일까? 초록색은 어떤 채소일까?
  - 또 어떤 재료를 볶아서 넣으면 맛있을까?
  - 식초(설탕, 소금)는 어떤 맛일까?
- 유부에 버무린 밥을 뭉쳐 넣는다.
  - 유부가 찢어지지 않게 살살 펴 보면 주머니가 나오는데 그 안에 뭉친 밥을 넣어 보자. 유부가 어떻게 되었니?
  - 밥이 튀어나오지 않도록 손가락으로 꼭꼭 눌러 주는 거야.
- 요리 활동 후 주변을 정리한다.
- 접시에 담은 후에 유부초밥을 먹는다.

❖ 사후 활동

- 유부 안에 넣을 수 있는 다른 재료를 생각해 보고 영유아들의 아이디어를 바탕으로 요리활동을 진행해 볼 수 있다.

Tip

- 밥은 요리활동 전에 미리 지어 놓는다.
- 조미 유부는 끓는 물에 살짝 데쳐 강한 조미 맛을 감소시켜 사용한다.

활동 6 간식을 위한 요리활동

단호박롤 샌드위치

❖ **활동 시간** 30분

❖ **준비물** 단호박 200g, 식빵 5장, 마요네즈, 소금 약간, 밀대

❖ 요리 과정

1. 단호박을 삶아서 으깬다.
2. 으깬 1에 마요네즈, 소금을 뿌려 간을 맞춘다.
3. 식빵을 밀대로 밀어 준다.
4. 얇게 민 식빵의 테두리를 깔끔하게 잘라 내고 식빵 위에 2를 고루 펴 발라 준 후 먹기 좋은 크기로 자른다.
5. 말다 보면 소가 밀리게 되므로 1/3은 남겨 두고 말아 준다.

❖ 사전 활동

- 요리할 준비를 한 후 모여 앉는다.
- 단호박을 먹어 보았던 경험에 대해 이야기를 나눈다.
  - 단호박으로 만든 어떤 요리를 먹어 보았니?
  - 단호박으로 만든 요리는 무슨 색깔이었니?
  - 단호박을 한번 만져 보자. 느낌이 어떠니?
  - 단호박과 다른 호박은 무엇이 다르니?
  - 친구들이 알고 있는 호박에 대해 이야기해 보겠니?
  - 다른 호박과 단호박은 맛이 어떻게 다를까?

- 단호박롤 샌드위치 만들기 요리 순서도를 보면서 준비된 재료와 만드는 방법을 살펴본다.
  - 밀대는 왜 있을까? 밀대로 무엇을 하려고 할까?

❖ 본 활동

- 삶은 단호박을 숟가락으로 으깬다.
  - 단호박을 으깰 때 느낌은 어떠니? 잘 으깨어지니?
- 식빵을 밀대로 밀어 얇게 만든다.
  - 폭신한 식빵을 밀대로 밀어 보자. 식빵이 어떻게 되었니?
  - 식빵을 왜 얇게 만들까?
  - 폭신한 식빵과 밀대로 밀은 식빵은 무엇이 다르니?
- 식빵의 가장자리를 자르고 으깬 단호박을 식빵 위에 바른다.
  - 식빵 가장자리는 왜 자를까?
  - 어떤 도구로 단호박을 바르면 잘 발라질까?
  - 식빵 위에 으깬 단호박을 발랐더니 어떻게 되었니?
  - 싹싹 잘 펴서 발라 보자.
  - 으깬 단호박을 너무 많이 바르면 샌드위치를 돌돌 말 때 단호박이 튀어 나올지도 모르니까 얇게 바르자.
- 단호박을 바른 식빵을 말아 준다.
  - 김밥을 말 때처럼 첫 부분을 손으로 잘 잡고 살살 말아 주자.
    어떤 모양이 되니?
  - 단호박롤 샌드위치를 먹기 좋게 잘라 보자. 선생님이 도와줄게.
- 요리 활동 후 주변을 정리한다.
- 접시에 담아 놓은 단호박롤 샌드위치를 먹는다.
  - 샌드위치는 어떤 맛이니?
  - 샌드위치에 어떤 재료를 넣으면 더 맛있을까?

❖ 사후 활동

- 미색 부직포와 노란색 작은 뽕뽕이를 이용해 단호박롤 샌드위치 교구를 만들어 역할놀로 간식 만드는 놀이활동을 진행할 수 있다.
- 여러 가지 호박 종류를 모아 관찰과 비교, 서열 활동으로 확장할 수 있다.

Tip

- 식빵이 촉촉할 경우에는 그냥 활용하면 되고 말랐을 경우 소독된 젖은 면보로 싸 주면 부드러워진다. 면보가 없을 경우 전자레인지에 살짝 돌려 따뜻하게 만들어 주면 부드러워진다.
- 단호박은 요리활동 전에 삶아 약간 식힌 다음에 으깬다.

활동 7 간식을 위한 요리활동

카레떡볶이

❖ **활동 시간** 30분

❖ **준비물** 떡볶이떡 300g, 어묵 50g, 양파1/2개, 당근 1/4개, 카레가루 4큰술, 물, 옥수수콘, 대파

❖ **요리 과정**

1. 냄비에 물을 넣고 떡을 보글보글 끓여 준다.
2. 떡이 말랑해지면 손질한 양파와 당근을 넣어 준다.
3. 양파와 당근이 익으면 풀어 놓은 카레를 넣는다.
4. 어묵과 옥수수를 넣고 끓이면 된다.

❖ **사전 활동**

- 요리할 준비를 한 후 모여 앉는다.
- 카레가루를 탐색한다.
  - 이건 무슨 가루일까? 어떤 냄새가 나니? 색깔은 어떻니?
  - 카레를 먹어 본 적이 있니?
  - 카레에는 강황 성분이 많이 들어 있어서 우리 몸이 건강해지는 음식이래. [상처(염증) 치료에도 효과 있음]
- 카레떡볶이 만들기 요리 순서도를 보면서 준비된 재료와 만드는 방법을 살펴본다.
  - 카레떡볶이 요리는 튀기는 요리일까? 찌는 요리일까? 끓이는 요리일까?

❖ 본 활동

- 떡볶이떡과 채소를 넣어 끓인다.
  - 떡볶이떡은 어떤 떡일까?
  - 우리가 자주 먹는 가래떡과 어떻게 다르니?
- 카레를 물에 풀고 떡볶이에 넣어 준다.
  - 카레는 물에 녹을까?
  - 누가 카레를 물에 잘 개어 주겠니?
  - 그런데 카레가 물에 잘 개어지지 않으면 어떤 기구를 이용하면 될까?
  - 달걀을 풀 때 사용하던 기구 생각나니?
  - 고추장 대신 떡볶이에 카레물을 넣어 주면 떡볶이떡이 무어라고 말할 것 같니?
  - 카레가 들어간 물은 어떤 색깔이 되었니? 그럼 떡볶이 색깔은 어떻게 될까?
  - 노란색 음식은 어떤 것이 있을까?
- 떡볶이를 접시에 담아 낸 후 먹어 본다.

❖ 사후 활동

- 고추장으로 만든 떡볶이와 카레떡볶이를 비교하여 이야기해 볼 수 있다.
- 카레물을 이용해 천 물들이기, 붓으로 그리기 활동을 할 수 있다.

Tip

- 카레가루는 물에 잘 섞이지 않으므로 거품기를 준비하여 준다.
- 카레가루나 카레물이 옷에 묻으면 쉽게 지워지지 않으므로 주의한다.

영유아와 영양

부 록

1. 영양소 함량 강조 표시의 기준표
2. 검수 확인표
3. 급식일지
4. HACCP 시스템의 수행과 관리 개요

1. 영양소 함량 강조 표시의 기준표

영양소 함량 강조 표시 기준표		
영양성분	강조 표시	표시 조건
열량	저	식품 100g당 40kcal 미만 또는 식품 100ml당 20kcal 미만일 때
	무	식품 100ml당 4kcal 미만일 때
지방	저	식품 100g당 3g 미만 또는 식품 100ml당 1.5g 미만일 때
	무	식품 100g당 또는 식품 100ml당 0.5g 미만일 때
포화지방	저	식품 100g당 1.5g 미만 또는 식품 100ml당 0.75g 미만이고, 열량의 10% 미만일 때
	무	식품 100g당 0.1g 미만 또는 식품 100ml당 0.1g 미만일 때
트랜스지방	저	식품 100g당 0.5g 미만일 때
콜레스테롤	저	식품 100g당 20mg 미만 또는 식품 100ml당 10mg 미만이고, 포화지방이 식품 100g당 1.5g 미만 또는 식품 100ml당 0.75g 미만이며, 포화지방이 열량의 10% 미만일 때
	무	식품 100g당 5mg 미만 또는 식품 100ml당 5mg 미만이고, 포화지방이 식품 100g당 1.5g 또는 식품 100ml당 0.75g 미만이며, 포화지방이 열량의 10% 미만일 때
당류	무	식품 100g당 또는 식품 100ml당 0.5g 미만일 때
나트륨	저	식품 100g당 120mg 미만일 때
	무	식품 100g당 5mg 미만일 때
식이섬유	함유 또는 급원	식품 100mg당 3g 이상 또는 식품 100kcal당 1.5g 이상일 때
	고 또는 풍부	식품 100mg당 6g 이상 또는 식품 100kcal당 3g 이상일 때
단백질	함유 또는 급원	식품 100g당 1일 영양소 기준치의 10% 이상, 식품 100ml당 1일 영양소 기준치의 5% 이상일 때 또는 식품 100kcal당 1일 영양소 기준치의 5% 이상일 때
	고 또는 풍부	식품 100g당 1일 영양소 기준치의 20% 이상, 식품 100ml당 1일 영양소 기준치의 10% 이상일 때 또는 식품 100kcal당 1일 영양소 기준치의 10% 이상일 때
비타민 또는 무기질	함유 또는 급원	식품 100g당 1일 영양소 기준치의 15% 이상, 식품 100ml당 1일 영양소 기준치의 7.5% 이상일 때 또는 식품 100kcal당 1일 영양소 기준치의 5% 이상일 때
	고 또는 풍부	식품 100g당 1일 영양소 기준치의 30% 이상, 식품 100ml당 1일 영양소 기준치의 15% 이상일 때 또는 식품 100kcal당 1일 영양소 기준치의 10% 이상일 때

2. 검수 확인표

〈검수 확인표〉

○ ○ 어린이집

■ 날 짜: ____________________

■ 조리실(검수 구역) 확인자: 영양사 또는 검수 담당자 서명

식재료명	규격 수량	단위 식품 원산지	식품 포장상태 (O, X)	유통 온도 (℃)	품질 기한	개선 상태 (O, X)	조치	업체명

■ 관리 기준

- 식품 온도 : 냉장식품 및 조리식품은 10℃ 이하, 냉동식품은 냉동 상태 유지
- 포장 상태 : 박스, 냉장·냉동, 진공포장 상태, 녹은 흔적 등을 검토
- 품질 상태 : 각 식품별 검수 기준에 의하여 신선도, 이취 확인

■ 검색 방법

- 냉장·냉동, 조리식품별로 온도계를 꽂아 온도를 측정(또는 표면 온도계 사용)
- 검색 빈도 : 온도관리를 요하는 식재료별로 각 3회 측정

■ 개선 조치

- 반품 또는 공급업자 경고 처분

3. 급식일지

○○ 유치원

- 작성 일자 : 20○○년 ○월 ○일
- 작 성 자 : ○ ○ ○ (확인) • 확 인 자 : ○ ○ ○ (확인)

급식 횟수	월 (　　) 회/ 년 (　　) 회					
급식 단가	(　　) 원					
급식 인원	대상 / 구분	원아			교직원	합계
		만 3세	만 4세	만 5세		
	재적 학생 수					
	급식 학생 수					
	식단명	주요 식재료	수량(kg)	식단명	주요 식재료	수량(kg)
	혼합잡곡밥	혼합잡곡	0.5	채소 달걀말이	시금치	0.5
		백미	6		당근	0.5
	김치 콩나물국	콩나물	1	우엉조림	우엉	4
		김치	1	배추김치	배추김치	4
	채소 달걀말이	달걀	7			
		양파	0.5			
검식 확인	(O, X) ※ 맛, 온도, 질감, 조리 상태, 이물, 이취, 식단의 조화 등을 감안하여 확인					
위생점검 사항						O, X
개인위생 ※조리작업 전 확인	1. 조리종사원 건강 상태(설사, 구토, 손상처 등) 확인 후 적절 조치					
	2. 청결한 조리 전용 위생복장(위생복, 위생모) 착용 여부					
	3. 손톱 청결 및 매니큐어 사용, 장신구 착용 여부					
조리위생 ※조리작업 중·후 확인	1. 유통기한 경과 원료 또는 완제품을 보관·사용하지 않는가					
	2. 올바른 손 씻기 및 조리 식품을 맨손으로 취급하지 않는가					
	3. 쓰레기통은 뚜껑이 있으며, 폐기물은 당일 처리 하는가					
	4. 조리 후 기구, 용기 등을 세척·소독하는가					
	5. 냉장·냉동고, 소독고 등 기기 내부 및 조리실 내부는 청결한가					
	6. 올바른 배식 복장(앞치마, 위생모, 위생장갑, 마스크) 착용 여부					
냉장·냉동고 온도 확인	구분		시간(00:00)		냉장 온도 (0~5℃)	냉동 온도 (−18℃이하)
	출근 후		:		℃	℃
	퇴근 전		:		℃	℃
기타						

4. HACCP 시스템의 수행과 관리 개요

학교급식 HACCP 시스템은 1999년 교육부의 정책연구과제로 추진되어 국내 학교급식 여건에 맞게 변형하여 적용할 수 있는 일반모델(generic model)로 개발된 것이다. 국제식품규격위원회(Codex)가 제시한 HACCP 시스템 12단계 7원칙에 의거하여 미국 FDA의 〈급식업소 및 소매점포 운영자를 위한 HACCP 원칙의 자주적 사용지침서〉를 기본으로 하고 있다.

교육부에서는 학교급식위생관리 지침서를 발행하고 학교급식소 위생관리를 위한 HACCP 제도 절차의 수행 방법을 제시해 왔다. 2016년 제4차 개정판에서는 학교급식 HACCP 제도 일반모델에서 CCP1~CCP5로 중요 관리점을 5가지로 간소화하였으며 여기서 CP1(냉장·냉동고 온도관리), CP2(식기세척 및 소독)를 추가하였다.

공정	위해 요소	한계 기준 (관리 기준)	대상				방법 개선 조치
			대상	방법	빈도	작성자/ 확인서	
CCP1, 식단 검토	미생물의 생존 및 증식	• 학교급식으로 제공하기 부적절한 식단 배제 • CCP2 공정관리가 필요한 식단 파악	식단	식단 검토	식단 작성, 변경 시	영양(교)사	식단 변경, 조리법 변경
CCP2, TCS Food의 공정관리	미생물 증식	• 배식 시작 1시간 30분 이내 혼합(배식 직전에 혼합하는 것이 바람직)	TCS Food	시간 확인	TCS Food 공정관리 시	영양(교)사/ 조리사/ 조리원	혼합시간 조정
CCP3, 검수	미생물 증식	• 냉장식품, 전처리된 농산품 10℃ 이하, 생선 및 육류 5℃ 이하, 냉동식품은 냉동 상태 유지 • 품질은 학교급식 식재료의 품질 관리기준 준수	식재료	온도 측정, 관능검사	검수 시	검수자	반품 및 교환, 식재료 부적합 확인서 발급
CCP2, 식품취급 및 조리과정 (장소 구분이 될 경우)	교차 오염	• 장소구분(전처리실, 조리실) • 도구 구분(식재료 및 조리 전후)	구분 여부	육안 관찰	해당 공정 시	영양(교)사/ 조리사/ 조리원	장소 변경, 도구 변경, 재가열 혹은 폐기
	미생물 생존미생물 생존	• 식품중심온도 75℃(패류 85℃) 1분 이상	가열 조리식품	온도 측정	식품 가열 조리 시	영양(교)사/ 조리사/ 조리원	계속 가열
		• 소독제 유효염소농도 100ppm 5분 침지 혹은 동등한 효과를 가진 살균소독제의 용량 용법 준수	채소 및 과일	소독제 희석 농도 확인 (test paper, 농도측정기)	채소 및 과일 소독 시	영양(교)사/ 조리사/ 조리원	소독제 희석 농도 조정
CCP4B, 식품취급 및 조리과정 (장소 구분이 될 경우)	교차오염	• 전처리와 조리 사이에 작업대 세척·소독 • 도구 구분	세척·소독 및 도구 구분 여부	육안 관찰	해당 공정 시	영양(교)사/ 조리사/ 조리원	작업대 세척·소독, 도구 변경, 재가열 혹은 폐기

공정	위해 요소	한계 기준 (관리 기준)	대상				방법 개선 조치
			대상	방법	빈도	작성자/확인서	
CCP4B, 식품 취급 및 조리과정 (장소 구분이 될 경우)	미생물 생존	• 식품중심온도 75℃(패류 85℃) 1분 이상	가열조리 식품	온도 측정	식품 가열 조리 시	영양(교)사/조리사/조리원	계속 가열
		• 소독제 유효염소농도 100ppm 5분 침지 혹은 동등한 효과를 가진 살균소독제의 용량 용법 준수	채소 및 과일	소독제 희석 농도 확인 (test paper 농도측정기)	채소 및 과일 소독 시	영양(교)사/조리사/조리원	소독제 희석농도 조절
CCP5A 운반 및 배식과정 (단독조리: 식당배식)	미생물 증식과 오염	• 열장음식 57℃ 이상 유지 • 열장 불가 시 조리 후 2시간 내 배식 완료	열장음식	육안 관찰	배식 완료 시	영양(교)사/조리사/조리원	오븐 또는 열장설비 확보, 음식 재가열 혹은 폐기
CCP5B, 운반 및 배식과정 (단독조리: 교실배식)	미생물 증식과 오염	• 조리 후 2시간 내 배식 완료	열장음식	시간 측정	배식 완료 시	조리사/조리원	공정관리, 음식 교체, 식당 공간 확보
CCP5C, 운반 및 배식과정 (공동조리)	미생물 증식과 오염	• 열장음식 57℃ 이상 유지 • 열장 불가 시 조리 후 2시간 내 배식 완료 • 운반과 배식 시 오염 방지	열장음식	온도 확인, 시간 측정, 육안 관찰	운반 급식 시	조리사/조리원 (비조리교 담당자)	상차 시 온도 조정, 운반용기 개선
CP1 냉장·냉동고 온도관리	미생물 증식과 오염	• 냉장고(실): 5℃ 이하, • 냉동고(실): −18℃ 이하	냉장·냉동고(실)	온도 확인	2~3회	조리사/조리원	온도 보정, 고장 시 수리, 식품 이동 혹은 폐기
CP2A식품접촉 표면 세척 및 소독(세척기로 소독이 안 되는 학교)	미생물 생존	• 식판 표면 71℃이상 • 소독 시 소독제 용법·용량 준수 • 식판 및 기구·기물류 표면에 세제 불검출	식기소독고/소독제/식판 및 기구·기물류	온도 확인, 소독제 및 잔류 세제 농도 확인	세척·소독 시	세척 담당자	식기소독고 온도 및 시간 조정, 소독제 농도 조정 및 재세척
CP2B (세척기로 소독되는 학교)	미생물 생존	• 식판 표면 71℃ 이상 • 소독 시 소독제 용법·용량 준수 • 식판 및 기구·기물류 표면에 세제 불검출	세척제/소독제/식판 및 기구·기물류	온도 확인, 소독제 및 잔류 세제 농도 확인	세척·소독시	세척 담당자	세척기 A/S (온도 보정), 소독제 농도 조정 및 재세척
CP2C (세척기가 없는 학교)	미생물 생존	• 식판 표면 71℃ 이상 • 소독 시 소독제 용법·용량 준수 • 식판 및 기구·기물류 표면에 세제 불검출	식기소독고/소독제/식판 및 기구·기물류	온도 확인, 소독제 및 잔류 세제 농도 확인	세척·소독시	세척 담당자	식기소독고 온도 및 시간 조정, 소독제 농도 조정 및 재세척

영유아와 영양

참고 문헌

참고 문헌

강은혜(2009). 영유아 영양교육에 대한 보육교사의 인식 및 어린이집 영양교육의 현황에 관한 연구. 건국대학교 교육대학원 석사학위 청구논문.

경기도교육청(2006). 조리종사원 위생교육 자료. 경기: 경기도 교육청.

교육부(2016). 학교급식 위생관리지침서.

교육부(2017). 유치원 급간식 운영관리지침서.

교육부 (2016). 식품알레르기 교육 참고자료.

교육부, 육아정책연구소(2017). 유치원 급·간식 운영관리 지침서.

교육부, 한국교육개발원(2017). 학부모 모니터단 운영안내서.

김경아(2011). 동화를 활용한 요리활동이 유아의 창의성에 미치는 영향. 강원대학교 산업과학대학원 석사학위 청구논문.

농촌진흥청(2017). 국가표준식품성분표 제9개정판.

대한영양사협회(2010). 임상영양관리지침서.

문수재, 김혜경, 홍순명(2008). 알기 쉬운 영양학. 서울: 수학사.

박소현(2009). 요리활동 중심의 유아 영양교육프로그램 개발. 창원대학교 대학원 석사학위 청구논문.

박태선, 김은경(2011). 현대인의 생활영양. 경기: 교문사.

보건복지부(2020). 제4차 어린이집 표준보육과정(보건복지부 고시 제2020-75호).

보건복지부(2020). 한국인 영양소 섭취기준.

신은수, 강금지, 유희정(2010). 영·유아를 위한 영양과 건강교육. 서울: 창지사.

삼성출판사(2010). 웬만한 간식은 다 있다. 서울: 삼성출판사.

삼성출판사(2011). 웬만한 아이 반찬 다 있다. 서울: 삼성출판사.

송태희, 곽현주, 우인애, 김용선, 이현옥(2010). 아동영양과 건강교육-건강·영양 및 안전. 경기: 교문사.

식품의약품안전처(2013). 분유 먹는 아기를 위해 엄마가 알아야 할 것들.

식품의약품안전처(2015) 영유아급식의 나트륨 줄이기 실천방법.

식품의약품안전처(2017). 영유아 단체급식 가이드라인.

식품의약품안전처(2017). 어린이급식관리지침서.

식품의약품안전청(2016). 식중독 예방진단 컨설팅매뉴얼.

안홍석(1999). 우리나라 영유아의 영양공급 실태. 대한지역사회영양학회지, 4(4), 610-22.

양일선, 이보숙, 차진아, 한경수, 채인숙, 이해영, 박문경(2018). 단체급식. 경기: 교문사.

어린이급식관리지원센터(2013). 영유아 단체급식 가이드라인. 1인 1회 분량.

어린이급식관리지원센터(2017). 어린이 급식관리지침서.

이미영(2011). 엄마표 길거리 간식. 서울: 랜덤하우스.

이상일, 김지영, 김현학, 김화영, 라미영, 남승연, 문수재, 박경애, 손숙미 외(2002). 영유아영양. 경기: 교문사.

이연숙, 임현숙, 장남수, 안홍석, 김창임 (2017). 생애주기영양학. 경기: 교문사.

이종숙, 김연진, 박근주, 강지현, 황선명, 이영민, 이미화, 최진(2009). 현장교사를 위한 영·유아 영양과 활동. 서울: 양서원.

임재택, 김은주, 하정연, 권미량, 조채영(2020). 생태유아교육 프로그램. 경기: 공동체.

전남련, 김진혜, 권경미, 권순남, 강은숙, 홍은미, 손현숙, 이성은(2011). 아동영양학. 서울: 양서원.

정미라, 배소연, 이영미(2014). 영유아를 위한 건강 및 영양교육(개정판). 서울: 양서원.

질병관리청(2017). 2017 한국 소아·청소년 성장도표.

질병관리청(2019). 2018 국민건강영양조사

최혜미, 김정희, 이주희, 김초일, 송경희, 장경자, 민혜선, 임경숙, 변기원, 송은승, 여의주 외(2016). 21세기 영양학. 경기: 교문사.

최혜미, 김정희, 이주희, 김초일, 송경희, 장경자, 민혜선, 임경숙, 이홍미, 겸경원, 김희선, 윤은영(2016). 교양인을 위한 21세기 영양과 건강 이야기. 서울: 라이프 사이언스.

한국영양학회, 보건복지부(2020). 2020 한국인 영양소 섭취기준. 서울: 한국영양학회, 보건복지부

한영신, 정상진, 조영연, 최혜미, 안강모, 이상일 (2004). 아투피 피부염 환아의 식품 알레르겐에 대한 감작률 분석을 통한 식품알레르기의 고찰. 대한지역사회영양학회지, 9(1), 90-97.

Birch, L. L. (1996). Children's food acceptance patterns. *Nutrition Today, 31,* 234-40.

Hurley, L. C. (1980). *Developmental nutrition.* Prentice Hall.

Marotz, L. R. (2009). *Health, safety, and nutrition for the young child.* Delmar cengage learning.

Mahan, L. K., & Escott-Stump, S. (2016). *Krause's food & the nutrition care process* (14th ed.). WB Saunders.

Pipes, P. L., & Trahms, C. M. (1993). *Nutrition in infamcy and childhood*(5th ed.). Mosby-year book.

Brown, J. E. (2016). *Nutrition through the life cycle.* 6th edition, Wadsworth.

Sigman-Grant, M. (1992). Feeding preschoolers: Balancing nutritional and developmental needs. *Nutrition Today, 27,* 13-17.

Tamborlane, W. T. (1997). *The Yale guide to children's nutrition.* Yale university Press.

Taitz, L., & Wardley, B. L. (1989). *Handbook of child nutrition.* Oxford University Press.

Wardlaw, G. M. & Hampl, J. S.(2018). *Perspectives in nutrition.* McGraw Hill.

건강길라잡이(http://www.hp.go.kr)

국립농산물 품질관리원(http://www.naqs.go.kr)

보건복지부(http://www.mw.go.kr). 영유아를 위한 식생활지침.

식품의약품안전처, 식중독예방 대국민 홍보사이트(http://kfda.go.kr/fm/index.do)

식품의약품안전처, 식품나라(http://www.foodnara.go.kr)

식품의약품안전처. 식품안전나라(http://foodsafetykorea.go.kr

식품의약품안전처 영양정책과(http://nutrition.kfda.go.kr/kidgroup)

http://cafe.naver.com/ilovesingtogether

www.blog.daum.net

www.kdclub.com

www.lg-sl.net

저자 소개

- **문혁준** 가톨릭대학교 아동학과 교수
- **김혜경** 가톨릭대학교 식품영양학과 교수
- **박복매** 영등포구육아종합지원센터 센터장

영유아와 영양

초 판 1쇄 인쇄 2021년 3월 5일
초 판 1쇄 발행 2021년 3월 11일

지 은 이 | 문혁준·김혜경·박복매
펴 낸 이 | 김기섭
편 집 인 | 이윤희
펴 낸 곳 | 창지사 www.changjisa.com
08589 서울시 금천구 가산디지털 1로 83 파트너스타워 1차 9층
전화 (02)719-2211~3
팩스 (02)701-9386
등 록 | 1977년 4월 28일 · 제1-421호

ISBN 978-89-426-1435-6 (93370)

값 23,000원